Anne Amend-Söchting

Motiviert und erfolgreich studieren rund ums Lehramt

Tipps für Organisation, Präsentationen, Hausarbeiten und Prüfungen

Klett | Kallmeyer

Zur Einstimmung

Lehrer:innenmangel ist ein omnipräsentes Thema in der aktuellen Medienlandschaft. Nach den Sommerferien 2022 lancierte das Kultusministerium Hessen eine Kampagne[1], um möglichst viele Abiturient:innen oder Berufstätige zu motivieren, einen Lehrberuf zu ergreifen. Zu Beginn des Jahres 2023 fühlten sich unter anderem Politiker:innen oder Vertreter:innen der GEW dazu berufen, konkrete Vorschläge zu formulieren, um der Mangelsituation an Schulen entgegenzuwirken[2].

Es ist nur allzu verständlich, dass man mit launigen Kurzfilmen und Ähnlichem nach schnellen und effizienten Lösungen strebt, dass man z. B. Quereinsteiger:innen mit ins Boot holt, um zu verhindern, dass eine Gruppe minderjähriger Schüler:innen sich selbst überlassen bleibt. „Besser irgendein Mensch steht vor einer Klasse als gar kein Mensch“[3] – so Simone Fleischmann, Präsidentin des Bayerischen Lehrerverbands, die sich selbst diese Worte sagen hört und sich im Grunde ihres Herzens davon distanziert.

All die Anstrengungen, einigermaßen akzeptablen Unterricht zu bieten, dürfen keineswegs kleingeredet werden. Für Phasen der Transition von einem desolaten Status quo hin zu einem qualitativ hochwertigen Soll-Zustand bietet Pragmatisches und damit oft Suboptimales eine Lösung. Konkret: Es ist besser, dass Unterricht überhaupt stattfindet, als dass er ausfällt.

Allerdings gerät gerade im Zuge dieser Funktionalität oft in Vergessenheit, dass vor einer Lehrtätigkeit, egal in welcher Bildungseinrichtung diese ausgeführt wird, ein anspruchsvolles und wissenschaftliches Studium zu bewältigen ist. Dieses besteht aus fachwissenschaftlichen, fachdidaktischen und grundwissenschaftlichen Anteilen, deren jeweilige Quantifizierung wiederum von der angestrebten Lehrtätigkeit abhängt. Als Faustregel ist festzuhalten, dass die fachwissenschaftlichen Anteile im Studium im Hinblick auf ein Lehramt an Gymnasien am höchsten, im Studium im Hinblick auf ein Lehramt an Grundschulen am geringsten sind. Ähnliches gilt für ein Lehramt, das für Förderschulen angestrebt wird. Entsprechend intensiver und nicht weniger wissenschaftlich sind für diese Lehrämter die grundwissenschaftlichen Bestandteile des Studiums.

Bevor man sich auf ein Studium einlässt, sollte man sich der Frage stellen, ob man sich selbst als „studierfähig“ einstuft, ob man dazu bereit und in der Lage ist, mindestens vier Jahre Lebenszeit aufzubringen, an deren Ende viel-

1 Vgl. https://werde-lehrer-in-hessen.de (30.05.2023)

2 *15 Punkte gegen den Lehrkräftemangel.* https://www.gew.de (30.05.2023). Vgl. auch den folgenden Artikel mit Thesen, die nicht unumstritten sind, wie die Online-Diskussion dazu eindrücklich beweist: Michael Felten (2023): *Das hilft schnell gegen den Lehrkräftemangel.* Zeit online. 1. März. https://www.zeit.de (30.05.2023).

3 Jeannette Otto: *Die Lücken im Lehrerzimmer bedrohen das ganze Land.* Die Zeit 41 (2022), S. 35.

fältige Prüfungen stehen, die es intensiv vorzubereiten gilt. Bei ernsthaftem Interesse am Lehrberuf sollte man sich selbst ehrlich prüfen, ob man Freude daran hat, mit Kindern und/oder Jugendlichen zu arbeiten, ob zu prognostizieren ist, dass der notwendige Schwung andauern und nicht von den offensichtlich zu erwartenden Nachteilen des Berufs zerstört werden wird. Langatmige Konferenzen und Stapel von Klausuren, denen man sich nicht zuletzt in den Ferien stellen muss, sind nicht jedermanns und jederfraus Sache.

Dem ist zum einen entgegenzuhalten, dass ein solches „Briefing“ vorab, ein Abwägen der Vor- und Nachteile, für jedes Studium und jede Ausbildung vorgenommen werden sollte. Zum anderen kann man sich zu Beginn der Studienzeit sagen, dass man in puncto Berufstätigkeit, vor allem dann, wenn man sich für einen Bachelorstudiengang (mit oder ohne folgenden Master) entschieden hat, nicht oder nur bedingt festgelegt ist. Der erste berufsqualifizierende Abschluss, als der ein Bachelor bezeichnet wird, und genauso ein Master-Grad, bieten Hintertüren zur Mobilität. Es bestehen also fast immer Anrechnungsmöglichkeiten für andere Studien- und Ausbildungsgänge.

Das *erste Kapitel* des vorliegenden Buches wird einer Reihe von möglichen „Vorab-Entscheidungen“ gewidmet sein. Da erfahrungsgemäß nicht wenige Studierende Probleme mit ihrer Arbeitsorganisation haben, ist es unabdingbar, auch diesen Konfliktkreis zu behandeln. Das geschieht in *Kapitel 2*, nachdem ein Überblick über die mögliche Organisation eines Lehramtsstudiums und die wichtigsten Prüfungsformate gegeben worden ist.

Es folgt die detaillierte Darstellung der bedeutendsten und häufigsten Prüfungsformate: Am Anfang stehen oftmals Klausuren, „kleinere“ mündliche Prüfungen *(Kap. 3)* und Hausarbeiten *(Kap. 4)*. Von hoher Relevanz für den Studienerfolg sind gleichermaßen Präsentationen mit ihren Diskussionen danach *(Kap. 5)*. Ein Blick auf Praktika schließt die Ausführungen ab *(Kap. 6)*.

Alle Kapitel speisen sich aus vielen Lehrveranstaltungen zum Lernen und wissenschaftlichen Arbeiten. Diese, sowie eine Reihe von Gesprächen mit Studierenden, konzentrieren sich im folgenden Text auf absolut Essenzielles und gehen einher mit der Absicht, vor dem Hintergrund dieser Reduktion möglichst viele Leser:innen unterschiedlichster (Lehramts-)Fachrichtungen anzusprechen. Und, eine Art „Disclaimer“: Obwohl das Buch eine Reihe von Tipps zum wissenschaftlichen Arbeiten enthält, ist es selbst nicht wissenschaftlich. Was die Arbeit mit Fußnoten sowie das Literaturverzeichnis betrifft, schon, aber nicht bei den Ratschlägen. Diese sind gewollt präskriptiv und schrecken vor einem gewissen Normierungswillen nicht zurück.

Viel Spaß beim Lesen!

Anne Amend-Söchting

1 Die Entscheidung vorab: Lehrtätigkeit, Schulform, Studienfächer

Alle, die ernsthaft überlegen, ein Studium im Hinblick auf eine Lehrtätigkeit aufzunehmen, sollten sich nicht von Werbekampagnen und vermeintlich günstigen Zukunftsaussichten locken lassen, sondern sich mit Aspekten der Berufswahl auseinandersetzen und sich im Zuge dessen einige Fragen stellen, die beim Allgemeinen von „Querschnittsaufgaben", die sich durch jede Lehrtätigkeit ziehen, beginnen und sich anschließend auf das Besondere der einzelnen Schulformen richten.

Die im Weiteren vorgenommene Trennung zwischen einzelnen Aspekten eines Lehrberufs ist vorwiegend heuristisch, also methodisch, motiviert. In der Komplexität des Lehrens und Lernens sind alle Punkte miteinander vernetzt und beeinflussen sich gegenseitig.

1.1 Augen auf bei der Wahl des Studiums

Das „Kerngeschäft" eines:einer jeden Lehrers:Lehrerin ist selbstredend der Unterricht. Vor der Aufnahme eines Lehramts-Studiums sollte man sich also kritisch prüfen. Die folgende Checkliste hilft Ihnen dabei. Kreuzen Sie an, was auf Sie zutrifft:

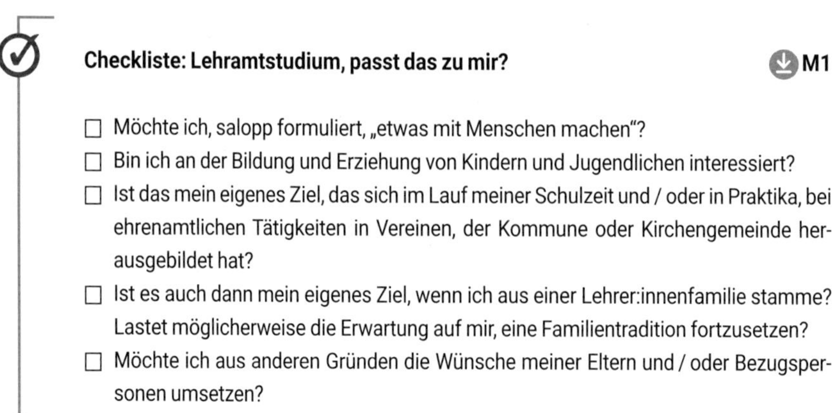

Checkliste: Lehramtstudium, passt das zu mir? M1

- ☐ Möchte ich, salopp formuliert, „etwas mit Menschen machen"?
- ☐ Bin ich an der Bildung und Erziehung von Kindern und Jugendlichen interessiert?
- ☐ Ist das mein eigenes Ziel, das sich im Lauf meiner Schulzeit und / oder in Praktika, bei ehrenamtlichen Tätigkeiten in Vereinen, der Kommune oder Kirchengemeinde herausgebildet hat?
- ☐ Ist es auch dann mein eigenes Ziel, wenn ich aus einer Lehrer:innenfamilie stamme? Lastet möglicherweise die Erwartung auf mir, eine Familientradition fortzusetzen?
- ☐ Möchte ich aus anderen Gründen die Wünsche meiner Eltern und / oder Bezugspersonen umsetzen?

- ☐ Bin ich offen gegenüber anderen Menschen, nehme ich gern eine Rolle als Moderator:in ein? Grundsätzlich ist eine Lehrperson für „education", also Bildung und Erziehung, zuständig. Seit einigen Jahren kursiert jedoch der Begriff des „edutainment" – eine Kombination aus „education" und „entertainment". Im Idealfall fühlt man sich dazu berufen.
- ☐ Nehme ich manchmal in mir und um mich herum eine Aura des Autoritativen wahr?
- ☐ Sind die Anwesenden still, wenn ich einen Raum betrete? Warten sie darauf, dass ich etwas sage?
- ☐ Kann ich mich vielleicht sogar als charismatisch einstufen?
- ☐ Ist es mir nicht nur eine Herzensangelegenheit, mein lange vorhandenes genauso wie mein neu erworbenes Wissen adressat:innenorientiert weiterzugeben, sondern bin ich auch dazu bereit, lebenslang zu lernen und mich auf vielfältige Innovationen einzulassen?
- ☐ Kann ich dem Bildungsauftrag, den ich haben werde, gerecht werden?
- ☐ Freue ich mich daran, zu bestimmten Themen recherchieren zu können, dafür Stunden am Schreibtisch und / oder in Bibliotheken zu verbringen?
- ☐ Bin ich aber ebenso eine Person, die vergnügt bleibt, wenn sie im Licht der Öffentlichkeit steht?
- ☐ Kann ich mich als „Rampensau" präsentieren, ohne dabei allzu privat zu werden und / oder ohne die Contenance zu verlieren?
- ☐ Bin ich dazu bereit, mir neue Inhalte nicht nur zu erschließen, sondern ebenso differenziert darüber nachzudenken und genau zu planen, wie sie optimal vermittelt werden?
- ☐ Werde ich mich lebenslang nicht nur als Lehrende:r, sondern genauso als Lernende:r definieren?
- ☐ Kann ich selbstreflexiv und kritisch gegenüber mir selbst sein, ohne mich dabei niederzumachen oder abzuwerten?
- ☐ Nutze ich die mehrdimensionale Reflexion über das Vergangene, um gegenwärtig über Zukünftiges nachzudenken?

Wenn man über den Tellerrand hinausschaut, trifft man als Erstes auf die Interaktion zwischen Schüler:innen und Lehrer:innen, so dass die Selbstbefragung folgendermaßen weitergeführt werden kann:

Checkliste: Interaktion mit Schüler:innen und Kolleg:innen 

- ☐ Bin ich so resilient (oder könnte ich mir diese Resilienz antrainieren), dass ich in der Lage bin, der intensiven emotionalen Belastung, die mich in allen Schulformen, nicht nur an Brennpunktschulen erwarten wird, standzuhalten?
- ☐ Kenne ich meinen favorisierten Führungsstil bzw. kann ich prognostizieren, dass es mir gelingen wird, den Schüler:innen auf Augenhöhe zu begegnen, gleichzeitig aber auch autoritär zu sein? Mit anderen Worten: Werde ich imstande sein, mich adäquat durchzusetzen, also einen autoritativen Führungsstil zu praktizieren?
- ☐ Bin ich bereit, an meiner professionellen pädagogischen Haltung zu arbeiten? Kann ich mich immer wieder aufs Neue darauf einlassen, Nähe und Distanz auszutarieren?
- ☐ Traue ich mir zu, vor dem Hintergrund von Führungsstil und Haltung dennoch empathisch und authentisch zu sein? Kann ich zumindest vage für mich voraussehen, dass ich die dauerhafte Dynamik zwischen Freiheit und Disziplin werde aushalten können?
- ☐ Kenne ich mich mit Querschnittsaufgaben wie unter anderem Partizipation, Inklusion, Sprach- und Genderbewusstheit aus bzw. kann Prinzipien davon auch dann praktizieren, wenn sie mit den Fächern, die ich unterrichte, inhaltlich nicht so viel zu tun haben?
- ☐ Werde ich lehren können, ohne zu belehren? Sehe ich mich als Lehrperson, die danach strebt, das Beste aus ihren Schüler:innen herauszuholen, definiere ich mich als Menschen, der in erster Linie dazu anregt, das Lernen zu lernen, der seine Schüler:innen so disponiert, dass sie dies als lebenslangen Prozess gestalten?
- ☐ Bin ich inspirierend, ohne dabei „Moralin" zu verstreuen?
- ☐ Bin ich so an der Individualität und am Entwicklungspotenzial meiner Mitmenschen interessiert, dass ich mir vorstellen kann, dies auch an den Eigenheiten von Heranwachsenden zu sein?
- ☐ Bin ich mir meiner Vorurteile bewusst? Weiß ich, dass es ein Mythos ist, ohne solche zu sein? Kann ich daran arbeiten, meine negativen „Vorab-Urteile" auszumerzen?
- ☐ Wird es mir liegen, meine Schüler:innen zu benoten? Bin ich mir darüber bewusst, dass ich gerade im Bewertungsprozess objektiv und gerecht bleiben muss, mich in keiner Weise von Sympathie oder Antipathie manipulieren lassen darf?
- ☐ Welches sind meine autobiografischen Trigger? Welche Schüler:innen würden mich beispielsweise an Menschen aus meiner Kindheit erinnern, mit denen ich Positives oder Negatives assoziiere, so dass diese spontane Retrospektive mein Verhalten beeinflussen könnte?

- ☐ Tendiere ich dazu, mich in irgendeiner Weise anzubiedern? Folge ich der Maxime, auf jeden Fall „cool“ zu sein – sei es mit meinem Kleidungsstil oder einem anderen Habitus, einer bestimmten Sportart oder der Präferenz für einen Musikstil? Alle Präferenzen sollen authentisch sein und nicht artifiziell „rüberkommen“.
- ☐ Wo liegen die Frequenzen meiner Stimme? Bin ich ein „Mäuschen“ oder ein „Stentor“ oder spreche ich wohltönend und zwerchfellgestützt?

Zur interindividuellen Berufsperspektive gehört das Arbeiten in einem Team. Das sollten Sie nicht unterschätzen. Schließlich sind Sie nur während des Unterrichts mit Ihren Schüler:innen allein – und auch dann nicht immer, wenn z. B. sozialpädagogische Fachkräfte oder andere Begleitpersonen mit im Klassenraum anwesend sind.

Checkliste: Teamarbeit

M3

- ☐ Bin ich dazu motiviert, die Schlüsselqualifikationen Team-, Kritik- und Konfliktfähigkeit auszubilden oder verfüge ich eventuell bereits über diese?
- ☐ Kann ich mir vorstellen, dass ich in Zeiten von einerseits Home Office und andererseits tendenziell anonymen „Coworking spaces“ einen Teil meiner Arbeitszeit und vor allem meine Pausen in einem Großraum mit Kolleg:innen verbringen muss? Vielleicht würde mir das aber auch Freude bereiten?
- ☐ Ich bin mir darüber im Klaren, dass ich nur in seltenen Fällen einen eigenen Schreibtisch mit PC und in weitaus selteneren Fällen ein eigenes Büro haben werde. Vielmehr riskiere ich, mich in den Pausen vom Unterricht in einem Kollektivraum erneuter Beschallung auszusetzen. Ich weiß, dass ich mich in dem Soziotop der Mitlehrenden zurechtfinden und aushalten muss, mit ihnen regelmäßig an Konferenzen unterschiedlicher Ausrichtung teilzunehmen.
- ☐ Und wie stehe ich eigentlich zum Thema Bildungs- und Erziehungspartnerschaft? Werde ich es begrüßen, mit Eltern und / oder Erziehungsberechtigten zu arbeiten, Elternabende und Elternsprechtage durchzuführen? Ich weiß, dass ich Eltern auch dann als Expert:innen ihrer Kinder anzusehen habe, wenn sie alles andere als Expert:innentum vermitteln, dass ich verpflichtet bin, sie zu respektieren, wenn sie aus einem anderen Kulturkreis kommen und / oder einen anderen sozialen Hintergrund haben, selbst dann, wenn ihr Wertesystem mit meinem kollidiert und ich mich immer wieder einmal fragen muss, ob ich tolerant gegenüber Intoleranz sein kann.

- ☐ Werde ich mich adäquat gegenüber Eltern und / oder Erziehungsberechtigten positionieren, also z. B. sagen können, dass ich nur nach Vereinbarung per E-Mail zu sprechen bin? Wenn ich nämlich nicht von vornherein für klare Verhältnisse sorge, dann muss ich damit rechnen, angerufen oder nach dem Unterricht abgefangen, letztendlich exakt dann zu einem mündlichen Gespräch gezwungen zu werden, wenn ich nicht dazu bereit bin.
- ☐ Kann ich Konfliktgespräche oder andere problematische Gespräche führen oder moderieren bzw. möchte ich diese Fähigkeit erwerben?
- ☐ Ich rechne damit, auf Eltern zu treffen, die, aus welchen Gründen auch immer, Vorbehalte gegenüber Lehrpersonen haben, die den Extremen der Eingeschüchterten einerseits und der Besserwisser:innen andererseits entsprechen. Während die einen zur bedauernswerten Spezies derjenigen gehören, die ein komplementäres Verhältnis konstruieren, möchten mir die anderen, vielleicht sogar Lehrer:innen, deren Kinder in meinem Unterricht sind, egal ob intentional oder nicht, in mein Handwerk hineinpfuschen. In beiden Fällen gilt es, meine überschießenden Emotionen im Zaum zu halten und diesen Personen professionell zu begegnen.
- ☐ Würde mich dieses Spannungsfeld von Ko-Konstruktion und Chaos überfordern? Wenn Ihnen die Kommunikation mit Erziehungsberechtigten sofort ein flaues Gefühl im Magen beschert, Sie aber gern Ihr Wissen weitergeben wollen und / oder sich aus anderen Gründen für den Lehrberuf geeignet fühlen, dann sollten Sie sich a priori so orientieren, dass Sie nur mit volljährigen Schüler:innen oder Studierenden arbeiten – etwa im Bereich berufliche Bildung oder an einer Universität bzw. Fachhochschule.

Bis hierhin haben sich keine Bedenken in Ihre Fragerunde eingeschlichen? Dann ist es sinnvoll, sich mit einigen Aufgaben im Besonderen zu befassen:

Checkliste: Aufgaben des Lehrberufs

- ☐ Ist es für mich akzeptabel, mein gesamtes Berufsleben hindurch von Lehr- und Stundenplänen abhängig zu sein? Es bieten sich zwar viele individuelle Gestaltungsmöglichkeiten, aber die Determination im Hintergrund ist nicht zu unterschätzen.
- ☐ Dass mein individueller Entscheidungsspielraum in vielen alltäglichen Fragen, die für mich selbst möglicherweise an Pedanterie grenzen, an die sogenannten kleinen und großen Dienstwege gekoppelt sein wird, ist mir bewusst. Ich werde damit klarkommen, dass meine professionelle Identität auch von diesen Dienstwegen, von Konferenzen und Kolleg:innen, von der Schulleitung und vom Schulamt mitgeprägt werden wird.

- ☐ Werde ich daran Gefallen finden, dass ein Teil meines Arbeitstages sehr akribisch durchgeplant ist und ich danach, auch abends und am Wochenende, einen frei zu organisierenden Workload bewältigen muss? Ich erkenne, dass dieses Arbeitspensum notwendig ist, um dauerhaft qualitativ guten Unterricht anzubieten und auch, um Schüler:innen nicht allzu lange auf die Ergebnisse von Lernkontrollen, Klausuren und Hausarbeiten warten zu lassen.
- ☐ Bevor ich mein Lehramtsstudium aufnehme, habe ich schon von vielen Unterrichtenden gehört, dass sie an hohem Korrekturaufkommen leiden, dass die Aktivität des Korrigierens überhaupt sehr belastend sei. Laut eines spaßigen Diktums vegetieren Lehrer:innen „am Korrekturrand der Gesellschaft".
- ☐ Ich denke aber, dass ich dem neutral gegenüberstehe, mehr noch, dass ich auf die Arbeiten meiner Schüler:innen gespannt sein werde.
- ☐ Dass neben dem Unterrichten, Korrigieren, dem Teilnehmen an Konferenzen usw. eine Reihe von Verwaltungsaufgaben, Eintragungen ins Klassenbuch, Dokumentieren von Fehlzeiten der Schüler:innen, auf mich zukommen werden, ist mir nicht neu. Ebenso, dass „Förderplan" und „Nachteilsausgleich" nach spätestens einem Jahr Unterrichten keine Fremdwörter mehr für mich sein werden.
- ☐ Wird es mir gefallen, meine Schüler:innen an außerschulische Lernorte zu begleiten? Damit sind nicht nur kurze Exkursionen, sondern auch längere Klassen- und Studienfahrten gemeint, bei denen ich mich rund um die Uhr auf meine Aufsichtspflicht konzentrieren und daneben auf weitere Lehr- und Begleitpersonen Rücksicht nehmen muss

Es wäre darüber zu philosophieren, ob sich Lehrer:innen mehr als Vertreter:innen anderer Berufsgruppen auf den Spagat zwischen Abhängigkeit und Freiheit einlassen. Ein spekulatives Ja impliziert, dass die Freiheit wohl doch größer sein könnte als in anderen Tätigkeiten, wenigstens bei der Gestaltung der Arbeitszeit. Logischerweise jedoch merzt die Beliebigkeit des Wann und des Wo von Vor- und Nachbereitungen die Verpflichtung als solche nicht aus.

Zudem ergibt sich aus der Abhängigkeit oftmals Sicherheit. Wer sich nach einer soliden beruflichen Position sehnt, wer bereit ist, die entsprechende Abhängigkeit in Kauf zu nehmen, der:die strebe nach einer Verbeamtung. Er:Sie ruhe sich jedoch nicht darauf aus, sondern betrachte dies als zweischneidiges Schwert. Wenn man die Vorteile des Beamtentums genießt, muss man sich in die juristischen Gegebenheiten des jeweiligen Bundeslandes, in dem man verbeamtet wurde, fügen. Ist man dem Beamtenrecht unterstellt, darf man nicht ohne Weiteres streiken oder während der Unterrichtszeit an einer Demonstration teilnehmen. Ein Dienstverweis könnte die Folge sein.

Aber ob mit oder ohne Beamtentum, abhängig ist jede Lehrperson nicht nur von Lehr- und Stundenplänen, sondern auch von den Ferien des Bundeslandes, in dem sie tätig ist. Bin ich also bereit, mein ganzes Berufsleben hindurch, nicht nur während der Zeit, in der meine eigenen Kinder zur Schule gehen, meinen Urlaub in die Ferienzeit des Bundeslandes zu legen, in dem ich tätig bin? Das ist eine der verbleibenden Fragen, die man sich stellen sollte, eine Frage, die von vielen Nicht-Lehrenden verständlicherweise als „Jammern auf hohem Niveau" eingeordnet wird. Zu bedenken ist dabei aber ohnehin, dass auch Lehrer:innen, so wie die meisten anderen Arbeitnehmer:innen in Deutschland, offiziell nicht mehr als 30 Tage Jahresurlaub haben.

Unter der Lupe: „Schwellenpädagogik"

Unter diesem Begriff, der, wie Sie sich denken können, kein offiziell pädagogischer ist, versteht man, dass manche Lehrpersonen sich erst an der Schwelle zum Unterrichtsraum überlegen, was sie in der Unterrichtsstunde tun werden. Manche sind mit der Vorbereitung vielleicht auch schon auf dem Weg zur Schule beschäftigt, so dass sich „Schwelle" mit den Namen von Autobahnen, Straßen oder Bahnlinien ersetzen lässt, ungefähr so: A1-, Schillerstraße- oder Linie 9 ¾ -Pädagogik.

Sehr hartnäckig hält sich das Vorurteil, nach dem Lehrer:innen vormittags recht und nachmittags frei haben, also nach dem Unterricht „chillen" können. Schwarze Schafe gibt es überall – das ist unbestreitbar. Dass ein gewisser Anteil von Lehrkräften, egal ob mit oder ohne Verbeamtung, „Schwellenpädagogik" praktiziert – auch das ist nicht von der Hand zu weisen. Das eine, das Chillen am Nachmittag, geht gern einmal mit dem anderen, der Schwellenpädagogik, einher. In den meisten Fällen jedoch dürfte sowohl die Zweiteilung des Tages in vorgegebene und selbst organisierte Arbeitszeit genauso zum Wohl der Schüler:innen verwendet werden wie alle Korrekturen, Konferenzen, Prüfungen und vieles andere mehr – alles, was nicht selten in den Ferien der Bundesländer liegt.

Lehrer:innen verbringen einen beträchtlichen Teil ihrer Arbeitszeit im Homeoffice. Mit der jeweiligen Schule ist vielleicht sogar ein zusätzlicher Homeoffice-Tag verhandelbar. Tage hintereinander im Homeoffice sind jedoch eher ausgeschlossen, weil uns die Pandemie gelehrt hat, dass die meisten Schüler:innen vom Präsenzunterricht profitieren. Stellen Sie sich also zu guter Letzt die Frage, ob Sie zu den Menschen gehören, die freies Arbeiten im Allgemeinen oder ein „Workation" im Besonderen schätzen. Höchstwahrscheinlich würde das mit einer Lehrtätigkeit kollidieren.

Es ist kaum davon auszugehen, dass Sie bei allen zu erwartenden Aufgaben frohen Mutes sind. Falls Sie beispielsweise keinerlei Edutainment-Talent in sich spüren oder Bedenken wegen der Teamarbeit haben, dann nutzen Sie Ihr Studium als Probeterrain. Präsentationen helfen Ihnen, auszutesten, ob und wie Sie frei sprechen können und zuvor, ob Sie diese gut in einer Gruppe, die sich idealerweise als Team erweist, vorbereiten können.

In jedem Beruf, selbst wenn man noch so dafür brennt, gibt es Tätigkeiten, die öde und sinnentleert sind oder so empfunden werden. Wenn Sie jedoch in einem Praxissemester bemerken, dass der Lehrberuf nicht für Sie geeignet ist, sollten Sie sich umorientieren, bevor Ihr zweiter Ausbildungsabschnitt, das Referendariat, beginnt.

Nachdem Sie sich nun mit den allgemeinen Aspekten des Lehrberufs auseinandergesetzt haben, informieren Sie sich über die Schulformen in Deutschland im Allgemeinen, bevor Sie sich für einen spezifischen Studiengang entscheiden.

1.2 Schulformen

In Deutschland ist Bildung eine Angelegenheit der einzelnen Bundesländer. Es besteht die „Kulturhoheit der Länder“. Genauso wie die qualitativen Unterschiede bei einem Schulabschluss beträchtlich sein können, gibt es Differenzen in der Art und Weise, wie sich ein Schulsystem in einzelne Schulformen bzw. Schularten gliedert. Allein die beiden Etappen des Primärbereichs und des Sekundärbereichs sind überall gleich. Während sich der Primärbereich auf die elementare Bildung in Grundschulen und Förderschulen für die ersten vier Schuljahre bezieht, umfasst der Sekundärbereich alles, was darüber hinausgeht[4], d. h. alle Schulformen, die ab der fünften Klasse gewählt werden können. Inwieweit ab diesem Zeitpunkt bereits die klassische Formen-Trias – Hauptschule, Realschule, Gymnasium – eine Rolle spielt oder ob die Schüler:innen einige Jahre hindurch in einer Gesamtschule unterrichtet werden, ist wiederum abhängig von den Ländern. Für alle, die darauf Wert legen, wird sich in den „alten“ Bundesländern immer eine Möglichkeit der Differenzierung ab der fünften Klasse finden. In den „neuen“ hingegen besteht fast überall die sogenannte „Regelschule“ fort, in der oftmals bis zur 10. Klasse die drei Formen integriert sind und alle Schüler:innen demzufolge, abgesehen von einzelnen Fächern, gemeinsam unterrichtet werden.

Den einzelnen Schulformen lassen sich spezifische Schulabschlüsse zuordnen: Die Sekundarstufe I kann nach der neunten Klasse mit dem Haupt-

4 Vgl. *„Welche Schularten gibt es?“* In: https://bildung.sueddeutsche.de (30.05.2023).

schulabschluss, dem ersten allgemeinbildenden und berufsqualifizierenden, d. h. Grundlage für eine Berufsausbildung darstellenden oder für den Besuch einer zehnten Klasse qualifizierenden, Abschluss beendet werden. Geht man ein Jahr länger zur Schule, bezeichnet die „mittlere Reife" bzw. offiziell der mittlere Bildungsabschluss oder Realschulabschluss, der einen Reigen weiterer Ausbildungsmöglichkeiten oder den Weg zum Abitur eröffnet, das Ende der Sekundarstufe I.

Je nach Bundesland nimmt die Sekundarstufe II zwei oder drei Jahre bis zum Abitur in Anspruch. Das erfolgreiche Absolvieren aller Abiturprüfungen resultiert in der allgemeinen Hochschulreife, mit deren Erreichen grundsätzlich alle weiteren Laufbahnen denkbar sind, wenn weitere Hürden davor, die mitunter anspruchsvollen Bewerbungsverfahren für eine Ausbildung oder ein Studium, überwunden werden können.

Schüler:innen der Sekundarstufe II, die ein besonderes Faible für eine Fachrichtung haben und sich daher frühzeitig spezialisieren möchten, sind gut beraten, wenn sie für ein Abitur an einem beruflichen Gymnasium optieren. Vor dem Besuch des Unterrichts dort kann man meist zwischen den Schwerpunkten Wirtschaft, Technik, Gesundheit und Soziales wählen. Dieser Weg zum Abitur ist so gut wie immer anspruchsvoller, weil die Lerninhalte sich nicht selten bereits mehr an einem ersten Studiensemester als an einer Oberstufe orientieren. Wesentlich ist zu wissen, dass auch aus dieser Spezialisierung ein „Voll-Abitur" hervorgeht und den Absolvent:innen trotz der Spezialisierung die ganze Studien- und Berufsvielfalt offensteht.

Zu den drei primären Schulformen treten zahlreiche weitere hinzu[5]. Erwähnt seien hier lediglich die beiden Richtungen, die ebenfalls in den Programmen der meisten deutschen Universitäten vorkommen: Berufliche Schulen und Förderschulen.

Der Besuch einer beruflichen Schule ist überwiegend ausbildungsbegleitend, mit anderen Worten: Sowohl Auszubildende mit Hauptabschluss als auch Auszubildende mit Realschulabschluss oder Abitur sind auf einer beruflichen Schule zu finden. Unter ihrem Dach versammeln sich unter anderem zukünftige Maler:innen und Lackierer:innen, Fliesenleger:innen, Industriemechaniker:innen genauso wie etwa Krankenpfleger:innen, Erzieher:innen und Sozialversicherungsfachangestellte. Alle absolvieren dort den schulischen Teil ihrer Berufsausbildung. So polymorph und heterogen wie die Schüler:innen sind die Fächer oder genauer, Aufgabenfelder, in die seit den 2010er-Jahren die Ausbildungen in den meisten Bundesländern gegliedert sind. Als identisch erweisen sich in diesem Facettenreichtum die allgemeinbildenden Lernbereiche, nämlich Deutsch, Englisch, Mathematik,

5 Vgl. ebd.

Politik und Religion. Gegenüber den berufsspezifischen Aufgabenfeldern treten diese in den Hintergrund.

Obgleich seit der „UN-Behindertenrechtskonvention“, dem „Convention on the Rights of Persons with Disabilities“ vom 13. Dezember 2006, für alle Menschen das Recht auf Inklusion besteht und demzufolge jede frühpädagogische Einrichtung und jede Schule dazu aufgerufen ist, „inklusiv“ zu werden, ist dieses Ziel in der Praxis aus unterschiedlichsten Gründen nur bedingt umzusetzen. Für Kinder mit besonderen Bedürfnissen, in erster Linie mit ausgeprägten kognitiven Beeinträchtigungen, ist in manchen Fällen der Besuch einer Förderschule indiziert und oft besser als die Teilnahme an einer Inklusionsklasse. Die Schulpflicht erstreckt sich auch hier bis zur neunten Jahrgangsstufe, wird aber in vielen Fällen verlängert.

In Deutschland befinden sich die meisten Schulen in öffentlicher Trägerschaft, stehen also direkt unter der Ägide des jeweiligen Bundeslandes. Doch obwohl sich die private Bildungslandschaft im Vergleich zu einigen europäischen Nachbarn, wie etwa Frankreich oder Großbritannien, weniger entfaltet hat, gibt es auch in Deutschland eine Reihe von Schulen in freier Trägerschaft. Meist sind sie konfessionell oder auf der Grundlage einer besonderen Art von Pädagogik organisiert. Im regulären Fall spezialisieren sich Lehrer:innen erst nach dem 2. Staatsexamen dafür.

1.3 Welches Lehramt studieren? – Besondere Erwägungen

Nach diesem Schnelldurchgang durch die Eckpfeiler des deutschen Schulsystems sollten Sie analysieren, welche Schulform und welche Altersgruppe für Sie infrage kommen. Eine neue Reflexionsrunde ist also anzuraten.

1.3.1 Grundschule

Als unumstößliche Faustregel gilt hier, dass man sich nur dann für den Elementarbereich entscheiden darf, wenn man ein echtes Interesse an Kindern bis zum Alter von zehn oder elf Jahren hat, wenn man sich uneingeschränkt zutraut, verantwortungsvoll mit Grundschüler:innen umzugehen und eine Basis für weiterführende Bildung zu legen, indem man eine nachhaltige Freude am Lernen weckt und Kulturtechniken vermittelt. Der Lehrer:innen-Mangel ist im Bereich der Grundschule besonders schwerwiegend, denn es ergeben sich Defizite, die später nur mit Mühe zu korrigieren sind. Wie virulent die Situation bereits ist, beweisen nicht zuletzt die Ergebnisse der Internationalen Grundschul-Lese-Untersuchung 2021 (IGLU), die im Mai 2023 vorgestellt wurden. Die folgende Checkliste kann vielleicht bei der Entscheidung helfen:

Checkliste: Grundschule ja oder nein? M5

- ☐ Bin ich dazu imstande, Beziehungsarbeit zu leisten?
- ☐ Interessieren mich Fragen der Pädagogik und Didaktik mindestens genauso wie die Inhalte, die es den Kindern nahezubringen gilt?
- ☐ Bedenke ich, dass ich in einigen Bundesländern Deutsch und Mathematik unterrichten muss? Bringe ich diesen Fächern Freude entgegen und möchte ich auch beide Fächer unabhängig von didaktischen Erwägungen studieren?
- ☐ Kann ich damit umgehen, dass sich ein Kind oder eine Gruppe von Kindern an mich bindet? Kann ich für die Altersstufe 6 bis 10 Nähe und Distanz ausbalancieren?
- ☐ Wie geht es mir, wenn mir Kinder unbequeme Fragen stellen oder Formen des elementaren sozialen Umgangs, etwa das Siezen von Erwachsenen, nicht oder noch nicht beherrschen? Bin ich dazu bereit, ihnen auch Verhaltensnormen näher zu bringen?
- ☐ Ist es für mich in Ordnung, wenn ich mit den Kindern Regeln des Zusammenlebens im Klassenraum und in der Schule aushandeln muss?
- ☐ Kann ich mich selbst als Vorbild sehen, mich als Modell betrachten, an und mit dem die Kinder auch außerhalb des Unterrichts, etwa in den Pausen oder in der Nachmittagsbetreuung, lernen? Habe ich dafür die notwendige Reife oder meine ich zumindest, diese erlangen zu können?
- ☐ Wie sieht es mit Formalitäten aus? Weiß ich, dass ich diese bis in kleinste Details regeln muss? Meine Aufgabe wird es nicht nur sein, Kindern und Eltern mitzuteilen, welche Hefte zu beschaffen und welche Hausaufgaben zu erledigen sind. Gleichermaßen muss ich mit großer Geduld vermitteln, wie die Hefte zu führen und wie die Hausaufgaben anzufertigen sind.
- ☐ Kann ich emotional zugewandt und doch rational sachlich auf herausforderndes Verhalten reagieren? Kommuniziere ich dabei kongruent?
- ☐ Bin ich disponiert dazu, intensiv mit Eltern und / oder Erziehungsberechtigten zu arbeiten und kann ich professionell auf jene reagieren, die meine Art, zu unterrichten, mit Skepsis betrachten – auf Eltern etwa, die ab der ersten Klasse ein rigides Rechtschreibtraining erwarten?
- ☐ Bin ich mir darüber im Klaren, dass ich für Schüler:innen der vierten Klasse eine Empfehlung für die weiterführende Schule aussprechen muss? Kann ich den eventuellen Einspruch der Eltern genauso ertragen und damit umgehen wie den Gedanken, dass ich die folgende Schulkarriere wesentlich mitbestimme?

1.3.2 Haupt- und Real- sowie Gesamtschule / Regelschule (bis 10. Klasse)

Die erste Voraussetzung ist hier, dass man keine Furcht vor pubertierenden Jugendlichen empfindet, die zweite, dass man Herausforderungen liebt und meint, daran auch persönlich wachsen zu können. Sie mögen noch existieren, die gemütlichen weiterführenden Schulen am Rand einer Kleinstadt, doch sie sind wohl eher eine Ausnahmeerscheinung.

Checkliste: Passt das mittlere Schulsystem zu mir? **M5**

- ☐ Bin ich ein Mensch, der Herausforderungen begrüßt und der gern, um mit Thomas Mann zu reden, mit anderen „die Klinge der Idee kreuzt", selbst dann, wenn es schwer ist, die Ideen der jeweils anderen Partei, der Schüler:innen, ernst zu nehmen?
- ☐ Verfüge ich über eine hohe Frustrationstoleranz, bin ich also resilient genug, die „Null-Bock-Stimmung" vieler Schüler:innen, ihr Lärmen und ihr Pöbeln, nicht als Angriff auf meine Person zu missdeuten?
- ☐ Kann ich mit wüsten Beschimpfungen umgehen, auch mit diversen Streichen, die meist harmlos bleiben, aber durchaus einmal aus dem Ruder laufen können?
- ☐ Bin ich bereit, über meinen Unterricht hinaus auch Sozialarbeit zu leisten, etwa Schüler:innen beizustehen, die familiäre und / oder psychische Probleme haben?
- ☐ Ist es für mich in Ordnung, wenn ich mein Wissen über die vielfältigen Social Media-Gattungen regelmäßig aktualisiere und auch in der Lage sein muss, damit umzugehen? Nur auf diese Weise kann ich Prozessen des Cybermobbings begegnen.
- ☐ Ist es für mich ein Leichtes (oder lasse ich mich gern auf die Herausforderung ein), mich über gängige KI-Programme, etwa ChatGPT, zu informieren und mich so in diese einzuarbeiten, dass ich sie selbst (partiell) anwenden und ihre Nutzen sowie Risiken mit meinen Schüler:innen diskutieren kann?
- ☐ Werde ich in diesen Programmen so kundig sein, dass ich ihren unrechtmäßigen Einsatz werde identifizieren können?
- ☐ Obwohl ich mitunter den berechtigten Eindruck haben werde, dass es nicht darauf ankommt, welche Fächer ich unterrichte, bin ich mir der Tatsache bewusst, dass es nicht ausreicht, à la Fack ju Göhte den „coolen Typen von nebenan" zu mimen, sondern dass es trotz und gerade wegen der problematischen Klientel unabdingbar ist, in mindestens zwei Fächern ein solides und belastbares Wissen zu haben. Dieses Wissen hält kritischen Fragen stand und wird auf der Grundlage mancher Schüler:innenbemerkungen so pervertiert und zerpflückt werden, dass ich es legitimieren und neu ordnen muss.

1.3.3 Allgemeinbildende und berufliche Gymnasien

An sich – so sollte man meinen – sind Lehrkräfte auf einem Gymnasium vor den vielen Störfaktoren aus den anderen Schulformen gefeit. Aber, weit gefehlt – mehr und mehr weiten sich die oben skizzierten Problemfelder in den gymnasialen Bereich hinein aus, selbst in die gymnasialen Oberstufen hinein. Zukünftige Studienrät:innen tun also gut daran, sich möglicher psychosozialer Schwierigkeiten ihrer Schüler:innen bewusst zu sein und damit zu rechnen, mit mindestens Unbequemem konfrontiert zu werden.

Dennoch dominieren, nicht nur im Unterricht der Sekundarstufe II, die Aspekte der Fach- und sogar Wissenschaftlichkeit.

Checkliste: Ist das Gymnasium etwas für mich?

- ☐ Ergo: Gibt es Fächer, die ich liebe, denen meine wissenschaftlich akzentuierte Leidenschaft gilt?
- ☐ Bin ich bereit, diese in einer Oberstufe so zu lehren, dass ich meine Schüler:innen „fachlich infiziere", die Inhalte also stets motiviert und engagiert vermittle?
- ☐ Bilde ich mich in diesen Fächern kontinuierlich fort? Halte ich mich über neue Erkenntnisse in meinen Disziplinen auf dem Laufenden?
- ☐ Setze ich mich nicht nur selbst mit Neuem auseinander, sondern kann ich meine Schüler:innen auch dazu bewegen? Gelingt es mir, sie zu Kompliz:innen meiner Expertise zu machen?
- ☐ Kann ich mich auf Diskussionen einlassen, die nicht immer fachlich sind, die möglicherweise die Qualität meines Unterrichts und meine Art, Inhalte zu vermitteln, betreffen?
- ☐ Bin ich dazu in der Lage, nicht nur die Fachlichkeit im Besonderen, sondern auch die Studierfähigkeit meiner Schüler:innen im Allgemeinen zu fördern?
- ☐ Wie gehe ich mit Schüler:innen um, die an meinen Kursen teilnehmen müssen, um ihr Abitur zu erlangen, die aber z. B. im Fach Mathematik nicht imstande sind, einfache Gleichungen zu lösen oder im Fach Englisch keinen korrekten Satz sprechen und/oder schreiben können? Erstreckt sich meine Wertschätzung auf diese Schüler:innen oder tendiere ich dazu, meine Macht dahingehend auszuspielen, dass ich grundsätzlich leistungsstarken Schüler:innen mit einer fachlichen Schwäche ihre „Hochschulreife" torpediere? Sollte ich diese Gefahr bei mir bemerken, rufe ich mir immer wieder ins Bewusstsein, dass es eine Welt im Abseits meiner Fachlichkeit gibt und dass es mir nicht zusteht, alles unter dieser Perspektive zu totalisieren.

- ☐ Wie allerdings konfrontiere ich Schüler:innen, die in vielen Fächern Probleme zeigen, mit ihrem manifesten Scheitern? Wie kann ich ihnen vermitteln, dass nicht sie als Person infrage gestellt werden, sondern allein ihre fachlichen Leistungen?
- ☐ Ist es für mich in Ordnung, wenn ich als Oberstufenlehrkraft an herausfordernden Abschlussprüfungen teilzunehmen habe? Meine Schüler:innen muss ich auf das jeweilige Landesabitur vorbereiten, ich selbst muss mich danach ausgeklügelten und aufwändigen Korrekturverfahren widmen.
- ☐ Trotz mancher Unbequemlichkeiten erfreue ich mich rundum daran, mich mit meinen Schüler:innen auf eine fachliche Reise zu begeben, neue Wege zu erschließen und auch – rein geographisch – Exkursionen an ungewöhnliche Lernorte zu begleiten.

1.3.4 Berufliche Schulen

Eine Grundlage des Unterrichts an Beruflichen Schulen ist die Verzahnung von theoretischen und praktischen Aspekten eines Faches. Wenn Sie sich also für das Anwendungsspektrum eines Faches oder überhaupt für ein in der Schule eher ungewöhnliches Fach und / oder Aufgabenfeld interessieren, dann sind Sie hier richtig und sollten sich Folgendes fragen:

Checkliste: Berufsschule ja oder nein?  **M5**

- ☐ Werden mich nicht nur theoretische, sondern ebenfalls praktische Aspekte eines Fachgebiets dauerhaft inspirieren und dazu motivieren, meine Kenntnisse, Kompetenzen und Fähigkeiten zu erweitern und zu erneuern?
- ☐ Bin ich bereit, so intensiv wie möglich mit den jeweiligen beruflichen Praxisfeldern, also z. B. mit Industrie- oder Wirtschaftsunternehmen, IT-Gesellschaften oder sozialpädagogischen Institutionen, zu kooperieren?
- ☐ Kann ich mir vorstellen, meinen Schüler:innen, falls notwendig, bei der Suche und Auswahl einer Praktikant:innenstelle behilflich zu sein, sie in ihren Praktika zu besuchen, dabei zu überprüfen, ob sie sich gut in ihre Tätigkeiten einfinden und eine:n Anleiter:in haben, der:die ihnen beratend zur Seite steht, sie weder über- noch unterfordert und erst recht nicht allein unliebsame Tätigkeiten ausführen lässt?
- ☐ Biete ich meinen Schüler:innen in den Aufgabenfeldern, die ich unterrichte, gern Team- und Projektarbeit, weil sie damit besonders auf viele berufliche Tätigkeiten vorbereitet werden? Gefällt es mir, wenn ich mehr als in anderen Schulformen und mehr, als ich es von meinem eigenen Unterricht her gewohnt bin, innovative Methoden des Unterrichtens austesten kann? Mit Frontalunterricht werden diese kaum mehr etwas zu tun haben.

- ☐ Möchte ich jedoch vor allem ein allgemeinbildendes Fach an einer Beruflichen Schule unterrichten? Falls dies zutrifft, weiß ich, dass sich meine erwartungsgemäß heterogene Schüler:innenschaft oftmals fragen wird, warum sie sich unter anderem mit Englisch oder Religion beschäftigen muss, was doch für eine Tätigkeit als z. B. Industriemechaniker:in, Banker:in oder Erzieher:in nicht notwendig sei. Gegenüber solchen Bemerkungen bin ich einerseits resilient, andererseits kann ich jedoch mit Argumenten im Abseits vom gängigen Ergebnisfetischismus parieren.
- ☐ Völlig unabhängig davon, ob ich in Aufgabenfeldern oder in allgemeinbildenden Fächern unterwegs bin, kommen mancherlei Beratungstätigkeiten auf mich zu. Werde ich mich gern darauf einlassen? Wie sieht es aus, wenn Jugendliche besonderen Bedarf haben, etwa dann, wenn sie psychisch oder physisch erkrankt sind? Wie werde ich überhaupt mit der sich ständig intensivierenden Vulnerabilität meiner Schüler:innen umgehen können?
- ☐ Doch trotz einiger Bedenken lasse ich mich gern auf das spannende Umfeld einer Beruflichen Schule ein. Die Herausforderung werde ich akzeptieren.

1.3.5 Förderschulen und Inklusionspädagogik

Mehr noch als an Grundschulen steht hier der Aufbau einer tragfähigen und belastbaren Beziehung zu den Schüler:innen im Fokus. Wer sich für den Unterricht an einer Förderschule interessiert, sollte sich jungen Menschen, die oft am Rand unserer Gesellschaft stehen, locker und vorurteilsbewusst nähern und ein Charisma ausstrahlen, das nonverbal echte und tiefe Zuwendung indiziert. Ein paar wenige Fragen vorab sind auch hier sinnvoll:

Checkliste: Interessiere ich mich für einen Bereich der Förderschule? **M5**

- ☐ Habe ich Interesse an Kindern und Jugendlichen mit besonderen Bedürfnissen? Eventuell habe ich im Rahmen eines Freiwilligen Sozialen Jahres Erfahrungen mit ihnen sammeln können und festgestellt, dass ich gern mit ihnen lerne und arbeite.
- ☐ Traue ich mir zu, Kindern und Jugendlichen mit Beeinträchtigungen ungekünstelt und ohne Scheu zu begegnen? Werde ich die Nähe zu ihnen ertragen können?
- ☐ Kann ich emotionale Zuwendung aufbringen und mich dennoch distanzieren?
- ☐ Würde mir die Tätigkeit an einer Förderschule entgegenkommen oder würde ich es bevorzugen, an einer allgemeinbildenden Schule in Inklusionsklassen zu unterrichten und darauf zu achten, dass die immense Querschnittsaufgabe Inklusion umgesetzt wird?

- ☐ Kenne ich das sogenannte „Normalitätsprinzip“? Kann ich meine Schüler:innen mit dieser Zielsetzung so fördern, dass sie ein im besten Sinne durchschnittliches Leben werden führen können?
- ☐ Ich weiß, dass ich gerade im Kontext der Arbeit mit Menschen mit Behinderungen eine enorme lebensweltliche Verantwortung in mir trage. Es wird Momente geben, in denen ich meine, gegen Windmühlen zu kämpfen. Aber in meinen Anstrengungen werde ich nicht nachlassen.

Nachdem Sie sich all diese Fragen zu den in Deutschland verbreitetsten Schulformen gestellt haben, ist es nicht ausgeschlossen, dass Ihnen keine davon zusagt. Wenn Sie dennoch gern unterrichten möchten, könnte für Sie der expandierende Sektor außerschulischer Bildung für alle Altersgruppen, insbesondere Erwachsene, geeignet sein. Dafür existieren Studiengänge, so etwa Bildungsmanagement im Allgemeinen oder Abenteuer- und Erlebnispädagogik im Besonderen. Nicht nur, aber speziell hier, lässt sich die Chance für Spätberufene verorten – für Menschen, die sich nach einem Studium, das nicht zum Lehramt führen sollte, letztendlich doch zum Lehren berufen fühlen.

1.4 Studiengänge mit dem Ziel Lehramt – viele Wege führen nach Rom

So vielfältig wie die Schullandschaft selbst sind die Studien- und Ausbildungsgänge, die in eine Lehrtätigkeit münden. Der über Jahrzehnte hinweg unhinterfragte Weg, sich direkt zu Beginn des Studiums für eine der Schulformen zu entscheiden und das Ziel 1. Staatsexamen zu verfolgen, beginnt, sich aufzulösen und hängt vom Bundesland ab, in dem sich die Universität befindet. Während z. B. an hessischen Universitäten, abgesehen vom Ziel Lehramt an Beruflichen Schulen oder Förderschulen, Lehramtsstudierende das 1. Staatsexamen anstreben, entscheiden sie sich an niedersächsischen Universitäten zu Beginn des Studiums für einen „Zwei-Fach-Bachelor“, der mit Lehrveranstaltungen zu den Grund- bzw. Bildungswissenschaften erweitert wird und erst zu einem späteren Zeitpunkt zu einem bestimmten Lehramt hinführt.

Aber egal, welcher Abschluss zu Beginn definiert wird, alle Lehramtsstudiengänge beinhalten eine Mischung aus Theorie und Praxis, wobei zunächst, ganz zu Recht, eventuell nach einem Orientierungspraktikum vorab, die theoretischen Phasen im Mittelpunkt stehen.

Vor der Aufnahme eines Studiums empfiehlt es sich, bei unterschiedlichen Universitäten Informationen einzuholen und/oder eine Studienberatung in Anspruch zu nehmen. Dabei ist es nicht verkehrt, sich über den bekannten geografischen Radius hinauszubewegen, die eigene vertraute Zone zu verlassen und sich in andere Bundesländer zu begeben, um die Studienoptionen dort kennenzulernen. Zu bedenken ist eventuell, dass es Zulassungsbeschränkungen gibt. Sollte ein Numerus clausus vorhanden sein, bewegt sich dieser in den meisten Fällen im mittleren bis niedrigen Notenbereich.

1.4.1 Lehramt an Grundschulen

Studiengänge, die zum 1. Staatsexamen für das Lehramt an Grundschulen hinführen (an nicht wenigen deutschen Universitäten nach wie vor „L1"), umfassen in der Regel eine Studienzeit von sechs Semestern, zu der sich ein Prüfungssemester addiert. An vielen Universitäten, so auch an der Goethe-Universität in Frankfurt/M.[6], müssen Studieninteressierte vor dem 1. Semester, eventuell noch in den ersten Semesterferien, ein Orientierungspraktikum in Einrichtungen der Kinder- und Jugendhilfe ableisten. Dieses lässt sich mit einem Freiwilligen Sozialen Jahr oder einer anderen vergleichbaren Tätigkeit, auch im Ausland, ersetzen.

In Hessen wählen zukünftige Grundschullehrer:innen drei Unterrichtsfächer, von denen zwei festgelegt sind: Deutsch und Mathematik. Die Auswahl für das dritte Fach ist meistens recht vielfältig: Sie reicht von Fremdsprachen, Englisch und Französisch, über Evangelische und Katholische Religion hin zu Sachunterricht, Kunst, Musik oder Sport. An manchen Universitäten kann man sich auch für islamischen Religionsunterricht entscheiden.

Zu diesen Fächern, inklusive ihrer Fachdidaktik, treten die sogenannten Grundwissenschaften oder, in neuerer Diktion, Bildungswissenschaften, hinter denen sich meist, bei von Uni zu Uni unterschiedlichen Schwerpunktsetzungen, Pädagogik, Psychologie und Politik verbergen. In Frankfurt/M. werden diese von allgemeiner Grundschuldidaktik und ästhetischer Bildung ergänzt.

Die Praxisphasen im Studienverlauf, mit anderen Worten die schulpraktischen Studien, bestehen aus zwei Praktika, die in die vorlesungsfreie Zeit fallen. Sie werden von der Universität organisiert, von einer Lehrveranstaltung vor- und von einer anderen nachbereitet[7].

Insgesamt erreicht man im L1-Studium 180 Credit points[8] (s. Abb. 1, S. 25).

6 Dieses Beispiel wurde wegen der sehr transparenten Übersicht auf der Website gewählt.

7 Vgl. zu diesen Informationen: Lehramt an Grundschulen. https://www.uni-frankfurt.de (30.05.2023).

8 Credit points (CP) werden manchmal noch als ECTS-Punkte bezeichnet (European Credit Transfer System-Punkte) oder schlichtweg als LP (= Leistungspunkte). Jedem CP liegen 25 bis 30 Stunden „Workload" zugrunde. Dieser setzt sich aus der Anwesenheit in Lehrveranstaltungen (ca. 1/3 der Zeit) und eigener wissenschaftlicher Aktivität (ca. 2/3 der Zeit) zusammen. Vgl. dazu die Erläuterungen in Kapitel 3.

Gesamt 180 CP		
	Bildungswissenschaften	36 CP
	Allg. Grundschuldidaktik	14 CP
	Ästhetische Bildung	6 CP
	Schulpraktische Studien (2 x 14 CP)	28 CP
	Deutsch	32 CP
	Mathe	32 CP
	3. Unterrichtsfach	32 CP

Abb. 1: Lehramt an Grundschulen: Aufbau und Credit points (Lehramt Grundschulen. www.uni-frankfurt.de, 30.05.2023).

1.4.2 Lehramt an Haupt- und Realschulen

So wie im Hinblick auf das 1. Staatsexamen für das Lehramt an Grundschulen sind auch mit dem Ziel 1. Staatsexamen für das Lehramt an Haupt- und Realschulen (L2) sechs Studiensemester zu bewältigen. Ihre Zusammensetzung ähnelt zwar der Struktur des L1-Studiums, jedoch müssen Studierende lediglich zwei Unterrichtsfächer mit ihrer jeweiligen Didaktik wählen. Außerdem erweitert sich das Spektrum der Fächer um zumindest Chemie, Erdkunde, Geschichte, Informatik, Physik, Politik und Wirtschaft. Studierende können sich für ein zusätzliches Unterrichtsfach entscheiden, sind aber nicht dazu verpflichtet.

Die Praxisphasen sind mit dem Grundschulstudium identisch: Ein Orientierungspraktikum soll vor der Aufnahme des Studiums liegen, die schulpraktischen Studien mit ihren Vor- und Nachbereitungen folgen in den vorlesungsfreien Zeiten. Studierende im L2-Studiengang erreichen ebenfalls 180 Credit Points:

Gesamt 180 CP		
	Bildungswissenschaften	46 CP
	Schulpraktische Studien (2 x 14 CP)	28 CP
	1. Unterrichtsfach	53 CP
	2. Unterrichtsfach	53 CP

Abb. 2: Lehramt an Haupt- und Realschulen: Aufbau und Credit points (www.uni-frankfurt.de, 30.05.2023).

Die Leistungspunkte setzen sich anders zusammen als im L1-Studium, denn die Bereiche „Allgemeine Grundschuldidaktik“ und „Ästhetische Bildung“ fallen zugunsten der beiden Fächer und ihrer Didaktik weg.

1.4.3 Lehramt an Gymnasien

Studierende, die das Ziel 1. Staatsexamen für das Lehramt an Gymnasien (L3) verfolgen, können sich mehr als ihre Kommiliton:innen in den L1- und L2-Studiengängen auf ihre Unterrichtsfächer konzentrieren, deren fachwissenschaftliche Anteile meist weit über die didaktischen Anteile hinausgehen. Ein Studium im L3-Sektor galt und gilt als vollwertiges wissenschaftliches Studium. Zu früheren Zeiten, je nach Fächern, war das 1. Staatsexamen für das Lehramt an Gymnasien vergleichbar mit dem Abschluss Diplom oder Magister Artium, heutzutage ist es mit einem Master-Grad in eine Reihe zu stellen.

Im Gegensatz zu einem L3-Studium in den letzten Jahrzehnten des vergangenen Jahrhunderts allerdings hat sich die Anzahl der zu belegenden bildungswissenschaftlichen Lehrveranstaltungen an den meisten Universitäten ungefähr verdoppelt. Nahezu dasselbe gilt für den fachdidaktischen Anteil der Unterrichtsfächer.

Außer den vom L1- und L2-Bereich bekannten Fächern bestehen nun auch die Optionen Griechisch, Italienisch, Latein und Spanisch.

L3-Studierende benötigen kein Orientierungspraktikum, dafür besteht aber zumindest an hessischen Universitäten ein ganzes Semester aus Schulpraxis. In den insgesamt acht Semestern erzielen die Studierenden 240 Credit Points:

Gesamt 240 CP		
	Bildungswissenschaften	66 CP
	Praxissemester*	28 CP
	1. Unterrichtsfach	88 CP
	2. Unterrichtsfach	88 CP

Abb. 3: Lehramt an Gymnasien: Aufbau und Credit points (https://www.uni-frankfurt.de, 30.05.2023).

So wie im Zuge des Erwerbs eines Bachelor- oder Mastergrades müssen Studierende im Hinblick auf ihr Staatsexamen, egal ob in den Studiengängen L1, L2 oder L3, eine wissenschaftliche Hausarbeit verfassen, deren Thema aus einem der studierten fachwissenschaftlichen, fachdidaktischen oder grund- bzw. bildungswissenschaftlichen Bereiche stammt. Ist diese Hausarbeit bestanden, also mit mindestens der Note ausreichend bewertet, folgen eine Reihe schriftlicher und mündlicher Prüfungen, die sich sowohl auf die Inhalte der fächerbezogenen als auch der grundwissenschaftlichen Module beziehen.

Das Semester, in dem die Prüfungen absolviert werden, ergänzt die Studienzeit von sechs bzw. acht Semestern.

Während die jeweiligen universitären Prüfungsämter für Bachelor- und Masterprüfungen zuständig sind, bestehen für die Staatsexamina gesonderte Prüfungsstellen. In Hessen ist es die Hessische Lehrkräfteakademie, bei der sich Studierende für ihre Examina anmelden müssen.

1.4.4 Berufliche Schulen

Wurde die immense Polyvalenz einer angestrebten Lehrtätigkeit an Beruflichen Schulen bis zur Bologna-Reform mit einem eigenen Lehramtsstudiengang (L4) abgedeckt, so gehen dem Referendariat und dem 2. Staatsexamen inzwischen an den meisten Universitäten Bachelor- oder Masterstudiengänge voraus.

An der Universität Gießen z. B. trifft man auf „das konsekutive Studienangebot Berufliche und Betriebliche Bildung (BBB) mit den Abschlüssen Bachelor / Master of Education“[9], an der Universität Kassel ist es demgegenüber möglich, zwischen verschiedenen Studiengängen der „Fächergruppe Lehramt und Berufspädagogik“ zu wählen – zwischen „Metalltechnik und Elektrotechnik“, dem „Fach Gesundheit“, das in Kooperation mit der Hochschule Fulda angeboten wird, und „Wirtschaftspädagogik“[10].

Die drei berufspädagogischen Studiengänge der Universität Kassel sehen von Anfang an die Wahl eines zweiten, allgemeinbildenden, Fachs – Chemie, Deutsch, Englisch, Französisch, Mathematik, Politik, Physik, Religion, Spanisch oder Sport – vor, daneben ein „erziehungs- und gesellschaftswissenschaftliches Kernstudium“[11], also Module in den Bildungs- oder Grundwissenschaften.

Um beispielsweise im Fach Wirtschaft ein Referendariat an einem Beruflichen Gymnasium antreten zu können, ist der Erwerb des Mastergrads notwendig. Auf den Bachelor mit seinem „breiten Grundlagenwissen“ folgt eine Spezifizierung mit anspruchsvollen Zugangsvoraussetzungen: Dies sind neben der Bachelorprüfung im Studiengang Wirtschaftspädagogik oder einem gleichwertigen Abschluss mindestens 48 Wochen Arbeits- bzw. Berufserfahrung im kaufmännisch-administrativen Bereich, außerdem Schulpraktika, ein Motivationsschreiben und ein Auswahlgespräch.

Im Bachelor-Studiengang erwerben die Studierenden 180 Credit Points, im folgenden Master-Studiengang noch einmal 120. Daraus ergibt sich die folgende Aufteilung:

9 *Lehramt an beruflichen Schulen.* https://www.uni-giessen.de (30.05.2023).

10 *Wirtschaftspädagogik (Bachelor).* https://www.uni-kassel.de (30.05.2023).

11 Ebd.

Master of Education (120 CP)			
Sem.	Fachrichtung	Zweitfach	Kernstudium
1–4 120 CP	Masterarbeit + Kolloquium 19 CP		
	Fachwissenschaft 18 CP Didaktik Fachrichtung 15 CP Schulpraktikum 6 CP = 39 CP	Fachwissenschaft ca. 28 CP Didaktik ca.12 CP SPS Zweitfach 6 CP = 46 CP	2 Vertiefungsmodule à 8 CP = 16 CP
Bachelor of Education (180 CP)			
Sem.	Fachrichtung	Zweitfach	Kernstudium
1–6 180 CP	Bachelorarbeit 11 CP		
	Fachwissenschaft 90 Credits Didaktik der beruflichen Fachrichtung 9 Credits = 99 Credits	Fachwissenschaft ca. 28 Credits Didaktik ca. 6 Credits = 34 Credits	Einführungsmodul 4 Credits 4 Basismodule à 6 Credits Schulpraktikum 18 Credits = 46 Credits
Vorher oder parallel im Bachelor	Einschlägige Berufsausbildung oder einschlägiges einjähriges Betriebspraktikum (kann bis zur Anmeldung zur Bachelorarbeit nachgeholt werden)		
Vorher	Allgemeine Hochschulreife oder Fachhochschulreife		

Abb. 4: Lehramt an Beruflichen Schulen. Aufbau und Credit points anhand des Beispiels Wirtschaftspädagogik (Website der Universität Kassel vom 6. Februar 2023).

Es zeigt sich, dass die Studienzeit bis zum Referendariat zehn Semester beträgt. Das Abitur, das im Übrigen durch andere Qualifikationen ersetzt werden könnte, reicht als Zulassungsvoraussetzung nicht aus.

Gerade auf dem ehemaligen L4-Sektor sind Quantität und Qualität der Studiengänge schier unüberschaubar, ist das Angebot von Universitäten und Fachhochschulen von einem Höchstmaß an Diversität geprägt. Wenn man Interesse an beruflicher Pädagogik hat, ist es also gerade in diesem Feld unbedingt anzuraten, sich vor Antritt eines Studiums umfassend, d. h. an vielen Universitäten in möglichst unterschiedlichen Bundesländern, zu informieren.

1.4.5 Inklusionspädagogik

Wurde das weite förderpädagogische Spektrum bis zur Bologna-Reform an vielen Universitäten mit einem eigenen Lehramt abgedeckt, so ist es heute oftmals üblich, einen Bachelor- und/oder Master-Abschluss im Fach „Inklusionspädagogik“ oder „Inklusive Pädagogik“ zu erwerben.

An manchen Universitäten, so etwa der Universität Frankfurt/M., besteht weiterhin die Studienstruktur des Lehramts an Förderschulen. So wie in den L1-, L2- und L3-Studiengängen belegt man Module in den Bildungs- bzw. Grundwissenschaften, man leistet vor Beginn des Studiums ein Orientierungspraktikum ab und später in der vorlesungsfreien Zeit zwei weitere Praktika.

Im Gegensatz zu den anderen Lehramts-Studiengängen entscheidet man sich nur für ein Unterrichtsfach mit seiner Fachdidaktik, wobei sich die Optionen mit dem Lehramt an Haupt- und Realschulen vergleichen lassen. Als wesentlich für das Lehramt an Förderschulen manifestieren sich die besonderen pädagogischen bzw. förderpädagogischen Fachrichtungen, so z. B. die Förderschwerpunkte soziale und emotionale Entwicklung, Lernen und geistige Entwicklung[12].

Auch dieses Lehramt umfasst insgesamt acht Semester, in denen 240 Credit Points erreicht werden:

Gesamt 240 CP	Bildungswissenschaften	46 CP
	Schulpraktische Studien (2 x 14 CP)	28 CP
	1. Unterrichtsfach	53 CP
	Sonderpädagogische Fachrichtungen	113 CP

Abb. 5: Lehramt an Förderschulen. Aufbau und Credit points (www.uni-frankfurt.de, 30.05.2023)

Entscheidet man sich für einen Bachelor in Inklusionspädagogik, so bedeutet dies, genauso wie in allen anderen Bachelor-Studiengängen im Hinblick auf ein Lehramt, dass erst nach dem folgenden Master-Studiengang ein Referendariat angetreten werden kann.

Wo auch immer Sie hintendieren werden – so multiperspektivisch wie im 21. Jahrhundert war die Studienlandschaft niemals zuvor. Dasselbe gilt für die Informationsmöglichkeiten vor Antritt eines Studiums.

Und wenn Sie sich einmal entschieden haben, wenn Sie, falls erforderlich, ein Orientierungspraktikum beendet haben werden, sollten Sie immer mit Eifer bei der Sache sein und die Hürden, die sich bestimmt einmal vor Ihnen aufbauen werden, als Herausforderung akzeptieren, die es zu bewältigen gilt.

12 Vgl. *Lehramt an Förderschulen*. https://www.uni-frankfurt.de (30.05.2023).

2 Lehre, Lernen, Prüfungen, Pro- und Präkrastination

Während es bis in das neue Jahrtausend hinein gängige Praxis war, ein Studium in Semester, Lehrveranstaltungen und Prüfungen – im Wesentlichen Zwischenprüfung oder Vordiplom und Abschlussprüfungen (1. Staatsexamen, Diplom oder Magister Artium) – zu gliedern, werden alle Studiengänge seit der Bologna-Reform in Modulen strukturiert, die aus einer oder mehreren Lehrveranstaltungen bestehen. Darüber hinaus sind nahezu alle Zwischen- und Vordiplomprüfungen verschwunden, weil es üblich ist, nach einer Studienzeit von nur sechs oder sieben Semestern den ersten berufsqualifizierenden Hoch- oder Fachhochschulabschluss, den Bachelor, zu erwerben.

Was es bei modularisierten Lehramtsstudiengängen zu beachten gilt, mit welchen Lehr- und Lernformen Studierende konfrontiert werden und welche Prüfungsleistungen anstehen, was kompetenzorientiertes Lernen bedeutet, welche Probleme auf Studierende eventuell zukommen und wie diese überwunden werden können – all das soll im nun folgenden Kapitel behandelt werden.

2.1 Module

Der Begriff „Modul", auf das lateinische Wort „modus" und seine Verkleinerungsform „modulus", das Maß, zurückzuführen, hat spätestens ab den 2000er-Jahren eine steile Karriere hingelegt. Dabei dürften sich die hochschulreformerischen Bestrebungen weniger am Lateinischen als eher an der Bedeutung von „Modul" in der Elektro- und Computertechnik orientiert haben. In diesen Disziplinen meint „Modul" laut „wissen.de" eine „kompakte Schaltungseinheit aus mehreren Bauteilen (Widerständen, Transistoren u. a.), als Bauelement in konventionelle [...] Schaltungen eingesetzt"[13].

Ein Modul in Studiengängen ist ebenfalls eine kompakte Einheit aus mehreren Bauteilen, nämlich – so wie auf der Website der Technischen Universität Darmstadt zu lesen ist – „ein in sich abgeschlossener Lernblock, der den Erwerb festgelegter Kompetenzen ermöglicht und mit dem eine bestimmte Anzahl an Credit Points (CP) erworben werden kann"[14].

Dass Studiengänge in Modulen strukturiert werden und wie genau das zu erfolgen hat, ist unter anderem in den Studienakkreditierungsverordnungen

13 *Modul. Elektronik.* https://www.wissen.de (30.05.2023).

14 *Was ist ein Modul? Was ist eine Lehrveranstaltung?* https://www.tu-darmstadt.de (30.05.2023).

der Bundesländer, so etwa im Gesetz- und Verordnungsblatt für das Land Hessen vom 9. August 2019, festgelegt: „Die Studiengänge sind in Studieneinheiten (Module) zu gliedern, die durch die Zusammenfassung von Studieninhalten thematisch und zeitlich abgegrenzt sind"[15]. Die Modulinhalte seien so zu bemessen, dass sie in ein oder zwei Semestern gelehrt werden könnten. Nur in Ausnahmefällen dürfe ein Modul mehr als zwei Semester in Anspruch nehmen[16].

In jedem Studiengang sind Pflichtmodule und Wahlpflichtmodule zu absolvieren, d. h. Module, die für alle Studierenden obligatorisch sind und solche, die aus einer vorgegebenen Gruppe von Modulen ausgewählt werden müssen und die für den Abschluss des Studiums benötigt werden. Je nach den universitären oder fachhochschulischen Gegebenheiten treten Wahlmodule hinzu, fakultative Module also, die nach Belieben zu dem Studien-Pflichtteil addiert werden können.

Jedes Modul ist eine Art „Mini-Studium", weil in seinem Verlauf häufig kleine Referate zu halten oder festgelegte Texte zu schreiben sind, vor allem jedoch, weil am Ende eine Prüfung steht. Diese kann eine größere Einzelleistung sein oder sich aus mehreren kleineren Teilen zusammensetzen. An den meisten Universitäten und Fachhochschulen ist es Pflicht, sich für die Modulprüfungen anzumelden. Dies geschieht in elektronischer Form.

Ein Vademekum für jeden Studiengang, also eine essenzielle Schrift, ist an deutschen und europäischen Hochschulen das Modulhandbuch. Manchmal steht es als eigenständige Publikation zur Verfügung, immer finden sich die Beschreibungen der Module als Anhang in den jeweils relevanten Prüfungsordnungen. Bereits vor dem eigentlichen Studium sollte man sich damit auseinandersetzen[17], weil man dann in der Lage ist, relativ genau abzuschätzen, was einen in den einzelnen Modulen erwartet. Laut der bereits zitierten Verordnung soll die Beschreibung eines Moduls mindestens die folgenden Elemente enthalten:

- Inhalte und Qualifikationsziele des Moduls,
- Lehr- und Lernformen,
- Voraussetzungen für die Teilnahme,
- Verwendbarkeit des Moduls,
- Voraussetzungen für die Vergabe von Leistungspunkten nach dem European Credit Transfer System (ECTS-Leistungspunkte),
- ECTS-Leistungspunkte und Benotung,

[15] § 7: Modularisierung. Studienakkreditierungsverordnung (StakV). Vom 22. Juli 2019. In: Gesetz- und Verordnungsblatt für das Land Hessen. Nr. 15. 9. August 2019. https://www.akkreditierungsrat.de (30.05.2023), S. 188.

[16] Vgl. ebd.

[17] Die meisten Prüfungsordnungen und / oder Modulhandbücher sind als Download erhältlich, ansonsten: Uni usw. anschreiben, sich direkt danach erkundigen.

- Häufigkeit des Angebots des Moduls,
- Arbeitsaufwand und
- Dauer des Moduls[18].

Um diese Punkte zu verdeutlichen, sei eine vollständige Modulbeschreibung in ihren Einzelbestandteilen als Beispiel aufgeführt[19]. Es handelt sich um die „Einführung in die Bildungswissenschaften", ein propädeutisches Modul, das an der Universität Frankfurt/M. für die Studierenden aller Lehramtsstudiengänge mit dem Abschluss Staatsexamen verpflichtend ist.

BW-A	Einführung Bildungswissenschaften	Pflichtmodul L 1, L 2, L 3, L 5	8 CP = 240 h	6 SWS
			Kontaktstudium 6 SWS / 90 h	Selbststudium 150 h

Abb. 6: Basisinformation Modul anhand des Beispiels „Einführung in die Bildungswissenschaften" (https://www.uni-frankfurt.de, 30.05.2023).

Neben dieser Information ist der ersten Zeile der Beschreibung zu entnehmen, wie viele ECTS-Leistungspunkte (CP = Credit Points) erreicht werden und mit welchem Arbeitsaufwand zu rechnen ist. Die acht Leistungspunkte basieren auf 240 Zeitstunden, so dass einem Punkt 30 Lern- bzw. Arbeitsstunden zugeordnet werden. Von diesen 240 Stunden verbringen die Studierenden 90 in Lehrveranstaltungen, die verbleibenden 150 sind für das Selbststudium vorgesehen. Über 15 Wochen hinweg, also ein Semester hindurch, besuchen die Studierenden sechs Stunden in der Woche eine Vorlesung oder ein Online-Tutorium (vgl. die weiter unten genannten Lehr- und Lernformen). Während derselben Zeit investieren sie durchschnittlich zehn eigenständig zu organisierende Lernstunden pro Woche in dieses Pflichtmodul. Die 30 Stunden pro Leistungspunkt – dieser in der Studienakkreditierungsverordnung als „Gesamtarbeitsleistung der Studierenden im Präsenz- und Selbststudium von 25 bis höchstens 30 Zeitstunden"[20] definiert – sind eine fiktive Größe. Je nach Vorkenntnissen und Lerngeschwindigkeit verschiebt sich das zugrundeliegende Verhältnis von ca. 1:2 Präsenz und Selbststudium, so dass manche Studierende bei 1:1, andere hingegen bei 1:3 ankommen.

Direkt nach der ersten Zeile werden die Inhalte des Moduls aufgeführt. Sowohl bei diesen als auch bei den folgenden Lernergebnissen manifestiert sich die Kompetenzorientierung der Studiengänge.

---

18 StakV, op. cit., S. 188.

19 Anhang II für den Studienanteil Bildungswissenschaften. Uni-Report der Goethe-Universität Frankfurt am Main vom 19. September 2018, S. 7. https://www.uni-frankfurt.de (30.05.2023).

20 StakV, op. cit., § 8: Leistungspunktesystem, S. 189.

Inhalte
Das Modul führt in die vier Kompetenzbereiche der Bildungswissenschaften ein. Es werden zwei Vorlesungen zu den inhaltlichen Grundlagen für das Studium der Module BW-B: Unterricht, BW-C: Erziehung, BW-D: Diagnostik und Beratung sowie BW-E: Innovation besucht. In jeder Vorlesung sollen Bezüge zum Querschnittsthema Inklusion hergestellt werden.
Lernergebnisse / Kompetenzziele
Die Absolventinnen und Absolventen dieses Moduls ... • kennen die Bedeutung des Studiums der Bildungswissenschaften im Lehramtsstudium; • kennen Grundbegriffe der vier Kompetenzbereiche Unterricht, Erziehung, Diagnostik und Beratung sowie Innovation und können die Relevanz der zu erwerbenden Kompetenzen für ihre spätere Lehrpraxis einschätzen; • kennen Arbeitsfelder und Perspektiven der an den Bildungswissenschaften beteiligten Disziplinen und können ihre Bedeutung für die Lehrerbildung und ihre spezifischen Beiträge zur Gestaltung von Schule und Unterricht einschätzen.

Abb. 7: Inhalte eines Moduls anhand des Beispiels „Einführung in die Bildungswissenschaften" (www.uni-frankfurt.de, 30.05.2023).

Von den „vier Kompetenzbereichen" der Bildungswissenschaften ist die Rede, in die eine inhaltliche Einführung geboten werde. Hinter diesen, so erfährt man bei den Zielen, verbergen sich „Unterricht", „Erziehung", „Diagnostik und Beratung" sowie „Innovation", die wiederum in die Gruppen der Fach-, Selbst-, Sozial- und Methodenkompetenz gesplittet werden könnten.

Die für die Bildungswissenschaften obligatorische Propädeutik macht in ihren Kompetenzzielen auf die Vernetzung von Theorie und Praxis im Lehramtsstudium aufmerksam. Schon im Verlauf des ersten Semesters lernen die Studierenden die „Relevanz der zu erwerbenden Kompetenzen für ihre spätere Lehrpraxis" einzuordnen und – so heißt es weiter –, „sie können ihre Bedeutung für die Lehrerbildung und ihre spezifischen Beiträge zur Gestaltung von Schule und Unterricht einschätzen".

Zwar benötigt man für das Einführungsmodul selbst keine weiteren formalen Voraussetzungen neben der Einschreibung für das Studium, lediglich für die Teilnahme an der Klausur einen Nachweis über die Teilnahme an der Lehrveranstaltung, jedoch geht aus dem Passus zu den Inhalten hervor, dass nur der erfolgreiche Abschluss der Einführung es ermöglicht, für das Studium der spezielleren bildungswissenschaftlichen Module und für Module innerhalb der einzelnen Lehramtsstudiengänge zugelassen zu werden.

Nach einigen Formalien, darunter die Klarstellung, dass das Modul für andere Studiengänge nicht verwendbar sei[21], taucht die Zeile „Modulbeauftragte /Modulbeauftragter" auf, in der kein Name steht. Üblich ist es, dass für Module eine Lehrperson als Verantwortliche benannt wird, die ein Auge darauf

[21] Das mag erstaunen, aber festzuhalten ist, dass Module natürlich für andere Studiengänge angerechnet werden können, nur nicht direkt dafür zu verwenden sind.

hat, dass alle Lehrenden die Inhalte des Moduls adäquat umsetzen und die auch Studierenden bei Problemen und Fragen zur Seite steht.

Teilnahmevoraussetzungen für Modul bzw. für einzelne Lehrveranstaltungen des Moduls	
Teilnahmenachweis als Voraussetzung für die Teilnahme an der Klausur	
Zuordnung des Moduls (Studiengang / Fachbereich)	L 1, L 2, L 3 und L 5 Bildungswissenschaften / FB03, 04 und 05
Verwendbarkeit des Moduls für andere Studiengänge	./.
Häufigkeit des Angebots	Jedes Semester
Dauer des Moduls	Ein Semester
Modulbeauftragte / Modulbeauftragter	[...]

Abb. 8: Weitere Informationen zum Modul „Einführung in die Bildungswissenschaften" (www.uni-frankfurt.de, 30.05.2023).

Die letzten Zeilen der Modulbeschreibung sind den Voraussetzungen für die Vergabe der acht Credit Points sowie den Lehr- und Lernformen gewidmet. Mit Leistungsnachweisen im engeren Sinne, also benoteten Lernkontrollen, ist im Verlauf des Moduls nicht zu rechnen, wohl aber mit vier Pflicht-Aufgaben im Online-Tutorium. Die Modulabschlussprüfung selbst besteht aus einer Klausur, die maximal 90 Minuten Zeit in Anspruch nehmen soll.

Teilnahmenachweise	Aktive Teilnahme im Online-Tutorium, bestehend aus 4 Pflichtaufgaben, als Voraussetzung für die Teilnahme an der Modulprüfung
Leistungsnachweise	./.
Lehr- / Lernformen	Vorlesung, Online-Tutorium. Die Vorlesung kann in Form eines Flipped Classrooms durchgeführt werden.
Unterrichts- / Prüfungssprache	Deutsch
Modulprüfung	**Form / Dauer / ggf. Inhalt**
Modulabschlussprüfung bestehend aus:	Klausur (höchstens 90 Minuten)
kumulative Modulprüfung bestehend aus:	./.
Bildung der Modulnote bei kumulativen Modulprüfungen:	./.

Abb. 9: Teilnahmenachweise und andere Informationen zum Modul „Einführung in die Bildungswissenschaften" (https://www.uni-frankurt.de, 30.05.2023).

Die beiden offenen Zeilen der Modulbeschreibung legen nahe, dass in manchen Modulen kumulative Modulprüfungen vorgesehen sind. Solche Prüfungen zerfallen in mehrere Teilprüfungen, die kumuliert bzw. deren Ergebnisse „angehäuft" werden und aus deren Durchschnitt sich die Gesamtnote für das jeweilige Modul errechnet.

Das zweite Beispiel[22], von dem allein die formalen Aspekte interessieren sollen, unterstreicht erneut das angenommene Verhältnis von 1 (Präsenz) zu 2 (Selbststudium). Obwohl es in der Studienakkreditierungsverordnung heißt, dass „unter den Voraussetzungen für die Teilnahme" an Modulen „die Kenntnisse, Fähigkeiten und Fertigkeiten für eine erfolgreiche Teilnahme und Hinweise für die geeignete Vorbereitung durch die Studierenden zu benennen" sind[23], ist es übliche und gute Praxis, sich damit zu begnügen, aufzuführen, welches Modul als Voraussetzung für die Teilnahme oder, so wie hier, die Modulprüfung, abgeschlossen sein muss.

Das Modul setzt sich aus zwei Lehrveranstaltungen zusammen, die nicht genauer benannt werden, grundsätzlich Seminare sind, aber andere Lernformen, so etwa Exkursionen und Hospitationen beinhalten. So wie im ersten Beispiel wird auch hier die „regelmäßige und aktive Teilnahme" erwähnt. Niederschlagen soll sie sich im Erledigen von „Übungs- und Portfolioaufgaben". Für die Modulabschlussprüfung, die lediglich in einer der beiden Lehrveranstaltungen des Moduls absolviert wird, bestehen verschiedene Optionen.

Mehr noch als das erste Beispiel illustriert die Beschreibung des Pflichtmoduls „Allgemeine Grundschulpädagogik und -didaktik", dass sich sowohl die Lehr- und Lernformen als auch die Prüfungsformen durch Diversität auszeichnen.

Dies darf jedoch nicht über die ausgeprägte Orientierung auf ein Ziel hin, die in allen modularisierten Studiengängen besteht, hinwegtäuschen. Es besteht kaum Raum für ein positives Laissez-faire, für lockeres forschendes Lernen oder für Interessen, die den konkreten Stoffplan überschreiten. Daher sollte man für alle in diesem engeren Rahmen gebotenen Freiheiten sensibel sein, sie ergreifen und ausschöpfen.

22 Anhang I für den Studienanteil Allgemeine Grundschulpädagogik und -didaktik. Uni Report der Goethe-Universität Frankfurt/Main vom 17. April 2018, S. 6. https://www.uni-frankfurt.de/ (30.05.2023).

23 StakV, op. cit., § 7: Modularisierung, S. 188 f.

<table>
<tr><td rowspan="2">AGD-A [Elementary Education]</td><td rowspan="2">Allgemeine Grundschulpädagogik und -didaktik</td><td rowspan="2">Pflichtmodul</td><td colspan="2">7 CP (davon 3 CP BW und 4 CP FD) = 210 h</td><td rowspan="2">4 SWS</td></tr>
<tr><td>Kontaktstudium 4 SWS / 60 h</td><td>Selbststudium 150 h (davon 30 h Prüfungsvorb.)</td></tr>
<tr><td colspan="6">Inhalte</td></tr>
<tr><td colspan="6">[...]</td></tr>
<tr><td colspan="6">Lernergebnisse / Kompetenzziele</td></tr>
<tr><td colspan="6">[...]</td></tr>
<tr><td colspan="6">Teilnahmevoraussetzungen für Modul bzw. für einzelne Lehrveranstaltungen des Moduls</td></tr>
<tr><td colspan="6">Voraussetzung für die Modulprüfung: Abschluss des Moduls BW-A Einführung Bildungswissenschaften.</td></tr>
<tr><td colspan="3">Mögliche Lehr- / Lernformen:</td><td colspan="3">Seminar, Exkursion, Forschungswerkstatt, Seminar in Kombination mit Hospitation</td></tr>
<tr><td colspan="3">Studiennachweise / ggf. als Prüfungsvorleistungen:</td><td colspan="3">–</td></tr>
<tr><td colspan="3">Teilnahmenachweise:</td><td colspan="3">In beiden Lv: regelmäßige und aktive Teilnahme, z. B. Übungs- oder Portfolioaufgaben</td></tr>
<tr><td colspan="3">Leistungsnachweise:</td><td colspan="3">–</td></tr>
<tr><td colspan="6">Modulprüfung Form / Dauer / ggf. Inhalt</td></tr>
<tr><td colspan="3">Modulabschlussprüfung bestehend aus:</td><td colspan="3">In einem zeitlichen Zusammenhang zu einer der beiden Lehrveranstaltungen
• Referat (ca. 10 Min / Person), mit schriftlicher Ausarbeitung (ca. 5 –7 Seiten) oder
• Screencast (ca. 10 Min / Person), jeweils mit
• schriftlicher Ausarbeitung (ca. 6 – 8 Seiten) oder
• Hausarbeit (ca. 8 –10 Seiten) oder
• Portfolio oder
• mündliche Gruppenprüfung (30 min für 3 bis 4 Personen)</td></tr>
</table>

Abb. 10: Modulbeschreibung des Beispiels „Allgemeine Grundschulpädagogik und -didaktik" (www.uni-frankfurt.de, 20.05.2023).

2.2 Lehr- und Lernformen

In Zeiten der Prämodularisierung traf man im Verlauf eines Studiums auf Propädeutika, Vorlesungen, Seminare für Anfänger:innen und Fortgeschrittene (Pro- und Hauptseminare), Übungen, Praktika und Kolloquien, die je nach Inhalten in den Studienverlauf eingeordnet wurden. Diese Lehrformen finden sich heute alle unter dem Dach von Modulen wieder. Je nach Studiengang werden sie in der Modulbeschreibung entweder direkt benannt, so etwa können zwei Vorlesungen oder eine Vorlesung und ein Seminar usw. ein Modul bilden, oder sie tauchen als Begriffe unter der Rubrik „Lehr- und Lernformen" auf. Eine Kombination von beidem ist denkbar.

Wichtiger als dies ist jedoch die Tatsache, dass die traditionellen Veranstaltungsformen durch eine Palette weiterer Lehr- und Lernformen ergänzt werden. Da fließt auch schon einmal „alter Wein in neuen Schläuchen", häufiger jedoch sind die „neuen Schläuche" bzw. Formen gerade in der Lehrer:innenausbildung als Kompensation früherer Defizite, einem Mangel an Unterrichtspraxis etwa, entstanden, des Weiteren sind sie auf die pandemisch mitbedingte, zunehmende Medialisierung von Universitäten und Fachhochschulen zurückzuführen.

Ohne einen Anspruch auf Vollständigkeit zu erheben, folgt nun als Erstes ein Überblick über die Veranstaltungsformen, auf die man am häufigsten in einem Lehramtsstudium trifft, ungefähr so, wie sie im Verlauf des Studiums auftreten.

Veranstaltungsformen

Propädeutikum: Ein Propädeutikum bzw. eine Einführungsveranstaltung macht mit den Grundlagen eines Faches vertraut. Sie kann in Vorlesungs- oder Übungsform abgehalten werden. Oft ist sie eine Kombination aus beidem.

Vorlesung: „Diese Vorlesung ist auch für Erstsemester geeignet. Die können dann einmal einen richtigen Professor sehen" – so begrüßte noch Anfang der 1990er-Jahre ein Anglist seine Studierenden in einer Vorlesung zum amerikanischen Drama in der ersten Hälfte des 20. Jahrhunderts. Dass damit eine Barriere errichtet wurde, die den Lehrenden im frontalen Vortragen monopolisierte, braucht nicht eigens betont zu werden.

Eine Vorlesung im Sinne eines Lehrvortrags zu einem kohärenten Stoff oder einem Thema dürfte in allen Studiengängen nach wie vor von großer Bedeutung sein. Gewandelt hat sich flächendeckend das Verhältnis zu den jeweiligen Lehrenden, egal ob sie Professor:innenstatus haben oder zum sogenannten „akademischen Mittelbau" gehören. Zwar steht nach wie vor die Vermittlung des Stoffes im Zentrum, doch das, was früher eine One-Man- oder One-Woman-Show war, hat sich heute so geöffnet, dass Studierende wenn nicht jederzeit, so doch in bestimmten Abständen Fragen stellen können.

Außerdem erhalten die Zuhörenden heute im Normalfall mehr Begleitmaterial als nur eine Zitaten- und / oder Literaturliste. Lehrende stellen meist ihre Folien oder ein Skript zur Verfügung, das für Mitschriften und das darauf basierende selbstständige Lernen dient.

Übung: Eine Übung vertieft den zuvor in einem Propädeutikum oder einer Vorlesung vermittelten Stoffbereich. Meist werden nur kleinere Gruppen von Studierenden zugelassen. In manchen Kontexten kommt der Begriff „Tutorium" vor, der in der überwiegenden Anzahl der Fälle für die begleitenden Übungen zu einem Propädeutikum zum Einsatz kommt. Tutor:innen sind oft Studierende in höheren Semestern, die einen Job als wissenschaftliche Hilfskraft angenommen haben.
Die Bandbreite von Übungen ist immens, ihre Frequenz abhängig von den gewählten Fächern: Übungen reichen vom Lösen von Gleichungen oder anderen Aufgaben im Bereich der Mathematik über Übungen zu kreativem Schreiben in Deutsch und Übersetzungen in den Fremdsprachen bis hin zu Planspielen in wirtschaftlichen Fächern oder Versuchsreihen in Biologie, Chemie oder Physik.

Seminar: Im Vergleich zu einer Einführungsveranstaltung oder einer Vorlesung ist das Thema eines Seminars spezifischer gefasst. Das lateinische Verb „seminare", „säen" oder „hervorbringen", auf das sich das Wort zurückführen lässt, erläutert, was in einem Seminar getan wird: Es geht darum, neue Erkenntnisse früchtebringend weiterzugeben, so, dass auf ihrem Nährboden weitere Forschungen entstehen. Seminare sind traditionell eher im geistes- und sozialwissenschaftlichen bzw. dem im weitesten Sinne kulturwissenschaftlichen Bereich zu verorten. Während die Diskussion neuerer Forschungsthemen in einem Proseminar, das für Studienanfänger:innen geeignet ist, oft eher verhalten bleibt, sollte sie in einem Hauptseminar (oder nur „Seminar") sehr lebendig sein. In beiden wird erwartet, dass sich die Teilnehmenden intensiv am jeweiligen Diskurs beteiligen.

Kolloquium: Bei diesem Begriff muss zwischen einem Kolloquium als Lehrveranstaltung, einem Kolloquium als Prüfungsform und einem Kolloquium als Tagung wissenschaftlicher Expert:innen unterschieden werden. Letzteres kommt im Rahmen eines Studiums seltener vor.
Zwar ist „Kolloquium" für eine Veranstaltungsform veraltet, doch es taucht hin und wieder auf als – so die Etymologie – „Gespräch". Man könnte sagen, dass ein Kolloquium, das so gut wie immer für Studierende im letzten Semester angeboten wird, eine wissenschaftlich verdichtete Form eines Seminars darstellt, in der die eigenen Arbeiten der Studierenden – Bachelor-, Master- oder Examensarbeiten – ein Präsentations- und Diskussionsforum erhalten. Damit bereitet ein solches Kolloquium auf die mündliche Bachelor- oder Masterprüfung vor, die ebenfalls als Kolloquium bezeichnet wird.

Praktikum: Lehramtsstudierende haben schon seit jeher Praktika zu absolvieren. Dennoch ist das Praktikum selbst keine Lehrveranstaltung im eigentlichen Sinn. Vielmehr sind Praktika eingebettet in vor- und nachbereitende Lehrveranstaltungen – oft eine Mischung aus Seminar und Übung –, die man unter dem Dach eines Moduls zusammenfasst. Wenn man sich jedoch für ein naturwissenschaftliches oder technisches Fach – vorwiegend für Gymnasial- oder Berufsschulkontexte – entschieden hat, können Labor- oder Feldpraktika eine Rolle spielen, bei denen eine Reihe von Versuchen durchzuführen sind, um das in der Theorie bereits Gelernte anzuwenden.

Als althergebrachte, doch keineswegs ausgediente, sondern im Gegenteil sehr aktuelle Lehr- und Lernformen, die beide kaum einen Status als Lehrveranstaltung haben, lassen sich Hospitationen und Exkursionen hinzufügen:

Hospitation: Zu Beginn eines Schulpraktikums ist es üblich und absolut notwendig, im Unterricht der praxisrelevanten Gruppen anwesend zu sein, das Lehr- und Lerngeschehen akribisch genau zu beobachten und dazu Notizen anzufertigen. Die gewonnenen Einsichten können im Idealfall mit der Lehrperson, meist in Personalunion mit der Praxisanleitung, reflektiert werden und eine gute Grundlage für die eigenen Unterrichtsversuche bilden.

Exkursion: Im Kontext des pädagogischen Anteils eines Lehramtsstudiums können unter anderem Exkursionen zu Schulen angeboten werden, die sich als reformpädagogisch oder andere Weise alternativ und / oder innovativ verstehen und die ihre Pforten für Studierendengruppen öffnen. Schier unüberschaubar sind die Exkursionsmöglichkeiten, die im Studium der einzelnen Unterrichtsfächer in Betracht kommen. Aber egal, welche Art von Exkursion zur Debatte steht: Es ist immer begrüßenswert, außeruniversitäre Lernorte zu nutzen und dabei den eigenen Horizont zu erweitern.

Weitere innovative Veranstaltungsformen (unvollständige Liste)

Lehrveranstaltungen auf Distanz: Hinter diesem Sammelbegriff können sich alle bereits bekannten Lehr- und Lernformen verbergen. Während der pandemiebedingten Lockdownphasen musste an allen in Deutschland existierenden Hochschulen in Windeseile digitales Lernen eingesetzt werden – weitestgehend konzeptionslos über Zoom oder andere Videoangebote. Wenn aus diesen Phasen etwas Positives hervorgegangen ist, dann die weiterführende Entwicklung digitaler Lehre und die Einsicht, dass es für viele Lehrveranstaltungen nicht oder nur in manchen Teilen notwendig ist, in einem Kollektivraum physische Präsenz zu zeigen. Gegenbeispiele könnten bestimmt zuhauf angeführt werden, aber grundsätzlich gilt: Es entspricht der Autonomie vieler Studierender und Lehrender mehr und steigert sowohl die Effektivität des Lernens als auch die Qualität des Lehrens, wenn man im Homeoffice bleiben kann.

Lehrveranstaltungen hybrid bzw. als „Blended Learning": „Hybride" Lehrveranstaltungen sind solche, in denen Lehrende und Lernende Präsenzanteile mit E-Learning-Elementen kombinieren. Auch diese können in allen bekannten Formen durchgeführt werden. Mehr als reine Präsenz- oder Distanzveranstaltungen setzen sie eine stringente Organisation voraus, über die alle Beteiligten informiert sind und der sie ohne Ausnahme zustimmen. In der Kombination liegt sicherlich die Zukunft des Lehrens und Lernens. Zum „Blended Learning" gehört der „Flipped Classroom", knapp gesagt die digitale Vorbereitung auf eine Präsenzveranstaltung. Studierende sehen sich vor einer Vorlesung oder einem Seminar eine Videoaufnahme an, auf der die Präsenzveranstaltung basiert.

Lern- und Forschungswerkstatt: Diese finden sich oft im Rahmen allgemeiner Grundschulpädagogik und -didaktik, so etwa an der Universität Frankfurt, wo weniger der Charakter einer Werkstatt im engeren Sinne als vielmehr die Option erster eigener Forschungen fokussiert wird. Es böte sich Studierenden die Möglichkeit, „methodisch kontrollierte Verfahren kennen zu lernen, kleinere empirische Studien zu erarbeiten und auf der Basis der Beratung durch andere Teilnehmende und die Lehrperson methodische Kompetenzen zu entwickeln“[24]. Die Durchführung sei „seminarförmig mit einem hohen Peer-Teaching-Anteil“[25], dabei werde vorausgesetzt, dass die Studierenden aktiv mitarbeiteten und eigene Forschungsprojekte in Angriff nähmen[26].

Seminar als Service Learning: Der Begriff des „Service Learning“ kommt ursprünglich aus den USA und hat sich in den letzten Jahren auch an deutschen Schulen und Universitäten verbreitet. Dahinter steckt die Idee einer Verknüpfung von Lernen und gesellschaftlichem Engagement. Beispielsweise wurde am Zentrum für Lehrerbildung der Universität Trier das Projekt PerLe entwickelt, deren Teilnehmer:innen „Inhalte aus dem Lehramtsstudium mit gemeinnützigem Engagement“[27] verbinden. Ähnliche Projekte sind an der Universität Kassel entstanden[28], Service-Learning hat ebenso seinen festen Platz in den Bildungswissenschaften an der Universität Frankfurt[29].

Seminar mit Praxisanteilen: Auch in anderen Lehrveranstaltungen können ganz unterschiedliche Praxisanteile ihren Platz finden. „Mit Praxisanteilen“ heißt nicht mehr und nicht weniger als eine über das gesamte Seminar oder die Übung hinweg bestehende Kooperation mit der pädagogischen Praxis. In dieser könnte es um die Beobachtung bestimmter Handlungsbereiche auf Hospitationsbasis oder aber genauso um das Ausprobieren kleinerer Unterrichtssequenzen gehen.

Aus welchen Lehr- und Lernformen genau sich ein Lehramtsstudium zusammensetzen mag, ist weit weniger bedeutend als die Diversität der Formen selbst, mit denen die Vielfalt der Arbeitsfelder rund um die Institution Schule perfekt abgebildet wird.

2.3 Mitarbeit in Lehrveranstaltungen, Studienleistungen und Kommunikation mit Lehrpersonen

Von den 30 Stunden Studienzeit, die einem Leistungspunkt entsprechen, sind ca. zehn Stunden „analoge“ oder „digitale“ Präsenz, die unbedingt ernstzunehmen ist, obwohl an den wenigsten Universitäten eine Kontrolle der Anwesenheit erfolgt.

In beiden Beispielmodulbeschreibungen taucht die Formulierung „aktive Teilnahme“ auf – im Einführungsmodul Bildungswissenschaften muss diese

24 Uni-Report (17. April 2018), op. cit., S. 3.

25 Ebd.

26 Vgl. ebd.

27 *PERLE – Potenziale entdecken & Leadership entwickeln.* 2016–2018. https://www.uni-trier.de (30.05.2023).

28 *Beispiele für Service Learning an der Universität Kassel.* https://www.uni-kassel.de (30.05.2023).

29 Vgl. Uni-Report vom 19. September 2018, op. cit., S. 6.

„aus 4 Pflichtaufgaben" bestehen, im ersten Modul der allgemeinen Grundschuldidaktik tritt zu „aktiv" das Adjektiv „regelmäßig" hinzu. Nachgewiesen werden soll beides mit „z. B. Übungs- oder Portfolioaufgaben". Solche Aufgaben, deren Erledigung – so wie im Einführungsmodul Bildungswissenschaften – für die Teilnahme an der Modulprüfung vorausgesetzt wird oder die – so wie im zweiten Beispielmodul – den Stellenwert eines „Studiennachweises" oder einer „Prüfungsvorleistung" einnehmen, dürfen deshalb nicht vernachlässigt werden.

Sollte darüber hinaus die Anwesenheit nicht gecheckt werden, darf man diese in den meisten universitären Kontexten etwas lockerer nehmen, mit anderen Worten: Es empfiehlt sich schlicht und einfach, zu priorisieren. Lehrveranstaltungen, deren Stoff kompliziert und komplex ist, sollten ausnahmslos besucht werden, andere, bei denen vielleicht der Eindruck entsteht, dass Diskussionen ins Leere laufen und diese weder Fachkompetenzen noch andere fördern, sollte man kritisch prüfen und sich ggf. gegen die regelmäßige Präsenz entscheiden – vor allem dann, wenn man weiß, dass man im Selbststudium weiterkommt. Aber gerade in Lehrveranstaltungen, in denen man nicht immer erscheint, sollte man intensiv mitarbeiten und unter Beweis stellen, dass man trotz des Fehlens mit dem neuen Stoff vertraut ist und diesen auf unbekannte Kontexte transferieren kann.

Eine Grundregel für alle digitalen oder hybriden Lehrveranstaltungen lautet: Kamera an. Ob man sich selbst als video- oder fotogen einstuft oder nicht, ist dabei völlig irrelevant. Ganz klassisch zählen am Bildschirm der gute Eindruck und die Frage, inwieweit es gelingt, sich durch maßvolle Mitarbeit einen Platz im Gedächtnis der jeweiligen Lehrperson zu sichern. Der oft beschworene „gute Eindruck" ist keine sinnentleerte Hülle, sondern beruht auf allem, was bereits behandelt wurde: Interesse, Motivation, authentische Kommunikation, nichts Gestelltes und Gestelztes.

All das gilt auch und vor allem dann, wenn Studierende über den Unterricht hinaus mit Lehrpersonen kommunizieren, wenn sie z. B. Themen für Referate, Hausarbeiten oder Prüfungen absprechen oder lediglich den Termin für eine Präsenzsprechstunde vereinbaren müssen. Manches lässt sich vielleicht am Rande des Unterrichts in einem „Tür- und Angelgespräch" klären, manches andere ist vorwiegend über digitale Kommunikation zu regeln. Dabei sollte man sich den oft beschworenen und leicht abgenutzten Begriff der „Netiquette" in Erinnerung rufen. Praktisch gewendet heißt das, dass jeder schriftliche Austausch mit Lehrenden (und ebenso anderen Personen, an die man sich offiziell wendet), geschehe er über E-Mail, Moodle, Microsoft Teams oder andere Web-Plattformen, dem formalen Muster eines Anschreibens gehorchen muss.

Tipps: So gelingt der E-Mail-Austausch mit Lehrenden und anderen „offiziellen“ Personen

- Wählen Sie eine passende Anrede zu Beginn und eine ebensolche Grußformel am Ende. Adressen von Absender:innen und Empfänger:innen sind in digitalen Kontexten meist nicht notwendig, ein Datum erscheint im E-Mail-Empfangsordner.
- Für die passende Anrede gibt es verschiedene Optionen, von denen manche sehr förmlich daherkommen, andere jedoch, ein simples „Hallo“ z. B., ein absolutes „No go“ sind. Wenn Sie sich eher zur „alten Schule“ zugehörig fühlen, dann sollten Sie die E-Mail mit einem „Sehr geehrter Herr XY“ oder „Sehr geehrte Frau Z“ beginnen und ggf. den Doktorgrad (Dr.) und, falls vorhanden, die Amtsbezeichnung (Professor:in) dazu nennen. Beide dürfen inzwischen abgekürzt werden, wobei darauf zu achten ist, dass „Dr.“ nicht, „Prof.“ aber sehr wohl in der weiblichen Kurzform, „Prof.in“, verwendet wird. Mögliche Anreden wären demzufolge „Sehr geehrter Herr Prof. Dr. XY“ oder „Sehr geehrte Frau Prof.in Dr. Z“.
- Offiziell gilt für akademische Grade und Amtsbezeichnungen, dass sie nur dann im schriftlichen und mündlichen Sprachgebrauch entfallen, wenn ihre Träger:innen darauf hingewiesen haben. Im 21. Jahrhundert dürften aber die meisten Akademiker:innen damit einverstanden sein, dass sie auch ohne ihr explizites Placet nur mit Namen angesprochen werden.
- Ein „Sehr geehrter Herr XY“ oder eine „Sehr geehrte Frau Z“ reichen aus, die Sie aber in Mail-Kontexten informeller mit „Lieber“ oder „Liebe“ bzw. auch Guten Tag, Herr XY“ respektive „Frau Z“ ersetzen können. Ob nach „Guten Tag“ ein Komma steht oder nicht, darüber scheiden sich die Geister.
- Setzen Sie kein Ausrufezeichen hinter die Anrede. Nach ihr steht ein Komma und eine Absatzmarke trennt sie vom eigentlichen Nachrichtentext. In diesem sind Rechtschreibung, Ausdruck und Grammatik tadellos.
- Gliedern Sie Ihre Nachricht in Sinnsequenzen.
- Achten Sie auf typische Fehlerquellen, z. B. die Groß- und Kleinschreibung von Personalpronomen oder die Verwechslung von Relativpronomen („das“) und Konjunktion („dass“).
- Planen Sie vor dem Absenden genügend Zeit für gründliches Korrekturlesen ein, damit nicht versehentlich ein „Sie“ oder „Ihr“ mit Kleinbuchstaben auftritt. Auch der umgekehrte Fall, also eine falsche Großschreibung, findet sich ganz oben auf der Fehler-Beliebtheitsskala.
- Auf den Text folgt wieder eine Absatzmarke, bevor Sie eine Grußformel einsetzen. Sie sind erneut mit einer gewissen Variationsbreite konfrontiert: „Mit freundlichen Grüßen“ oder, etwas lockerer, „Freundliche Grüße“ bilden einen angemessenen offiziellen Mail-Abschluss. Relativ neutral sind „Viele“ oder „Schöne Grüße“, die als

„Beste" oder „Herzliche Grüße" an Intensität gewinnen und deshalb bei einem schriftlichen Erstkontakt eher nicht anzuraten sind. Wenn ein Gruß solo daherkommt, was völlig in Ordnung ist, ist die Grammatik besonders zu beachten. Üblich sind allerdings nur „Mit freundlichem Gruß" oder „Schönen Gruß".

- Unabhängig davon, wie die Grußformel ausfällt: Sie steht in einer separaten Zeile und geht ohne Komma dem Namen voran, der den Abschluss der Nachricht bildet.

Das Verfassen von Entschuldigungsschreiben, das in der Schule gang und gebe war, ist an Universitäten und Fachhochschulen nicht auszuschließen. Während die eigentlichen Prüfungsleistungen so gut wie immer nur auf der Grundlage ärztlicher Atteste verschoben werden können, reichen für Prüfungsvor- bzw. Studienleistungen, Hospitationen oder kleinere Praxisanteile in Lehrveranstaltungen möglicherweise Entschuldigungen von Studierenden, die – so wie andere Nachrichten – zwischen eine Anrede und eine Grußformel zu platzieren sind. Ein Standardfehler ist, dass Schüler:innen und Studierende sich selbst entschuldigen, anstatt um Entschuldigung zu bitten.

Wenn Lehrveranstaltungen, Mitarbeit, Kommunikation mit Lehrpersonen gut gelaufen sind, dürfte alles Kommende, die Prüfungsleistungen in den Modulen und schließlich der Abschluss des Studiums, gut zu bewältigen sein.

2.4 Prüfungsleistungen und Examina

So wie bei den Lehrveranstaltungen kann man zwischen tendenziell traditionellen und eher innovativen Formen differenzieren. Althergebracht ist ebenso die Unterscheidung zwischen schriftlichen und mündlichen Prüfungsformen, die in den meisten Fällen bestehen bleibt.

Ganz oben auf der Liste üblicher Prüfungsleistungen stehen Hausarbeiten und Referate bzw. Präsentationen, dicht gefolgt von Klausuren und mündlichen Prüfungen. Außerdem gesellen sich, je nach gewählter Fachrichtung, Essays, Portfolios oder digitale Prüfungsformate hinzu. Während kürzere Präsentationen nicht selten den Status einer Studienleistung besitzen, also für die „aktive Teilnahme" an einer Lehrveranstaltung erforderlich sind, gehören Hausarbeiten und Klausuren nahezu immer zu einer Modulprüfung. Außerdem ist es für alle Abschlüsse eines Lehramtsstudiums, sei es das 1. Staatsexamen, Bachelor oder Master, unausweichlich[30], eine wissenschaftliche Hausarbeit zu verfassen.

30 Vgl. die Überblicke im Kapitel 1.

Prüfungsleistungen

Wissenschaftliche Hausarbeit: Knapp definieren lässt sich diese als selbstständige schriftliche Bearbeitung einer fachspezifischen oder fächerübergreifenden Aufgabenstellung. Um das Profil Hausarbeit näher zu bestimmen, werden Begriffe wie *Thema, Frage-* oder *Aufgabenstellung* oft unterschiedslos herangezogen. Doch das ist spätestens dann, wenn es an das Abfassen der Arbeit geht, weiter zu differenzieren: Aus der Aufgabenstellung ergibt sich ein Thema, das so reduziert wird, dass sich daraus eine Fragestellung oder, besser, Forschungsfrage ergibt. In sozial- und erziehungswissenschaftlichen Disziplinen bearbeitet man diese oft auf der Grundlage eigener empirischer Forschungen oder eventuell nur literaturgestützt, d. h. auf der Basis bereits vorliegender Studien.
Hausarbeiten im Rahmen eines Lehramtsstudiums müssen vielleicht explizit mit Bezug auf die pädagogische Praxis verfasst werden, damit sie erkennen lassen, dass die Studierenden nach didaktisch-methodischer Anleitung imstande sind, Studium und Praxis miteinander zu verknüpfen. So ist es denkbar, konkrete Unterrichtssituationen zu analysieren oder „Fallstudien" zu herausfordernden Schüler:innen anzufertigen.
In manchen Modulen dürften die Themen und Forschungsfragen für Hausarbeiten von vornherein festgelegt sein, in anderen ist die Suche nach einem geeigneten Thema und dessen nachfolgende Konkretisierung ein Teil des Selbststudiums.
Der geforderte Umfang einer Hausarbeit kann von Modul zu Modul variieren, beläuft sich bei Modulprüfungen meist auf ca. zehn bis maximal ca. 25 Seiten. Beim Formatieren der Arbeit sind Schriftarten wie Times New Roman, 12 Punkt, oder Arial, 11 Punkt, üblich, jeweils mit 1,5-fachem Zeilenabstand und angemessenen Rändern auf der linken und rechten Seite des Blatts.

Essay: Meist um einiges kürzer und konzentrierter, gleichwohl ebenso von einer Fragestellung ausgehend, ist der (oder das) Essay. Er ist weniger wissenschaftlich, eher geprägt vom „Versuch", sich einem Problem persönlich zu nähern, dieses argumentativ geschickt zu umrunden und somit unter Beweis zu stellen, dass man strukturiert vorgehen und einen gut lesbaren Text produzieren kann.

Portfolio: Diese schriftliche Prüfungsform hat sich im neuen Jahrtausend an vielen Universitäten etabliert. Ein solches zu bewerten, lässt sich problematisch an, weil ein Portfolio, so wie die Etymologie nahelegt, ein „getragenes Blatt" involviert, sich dahinter letztendlich eine „Lose-Blatt-Sammlung" verbirgt, die primär eine Dokumentation für die Person ist, die das Ganze zusammenstellt und möglichst mit einem Inhaltsverzeichnis versieht.
Doch auch wenn an manchen Universitäten für einige Module eine Portfolio-Prüfung eingeführt worden ist oder diese eine Wahlmöglichkeit darstellt, braucht darüber der Charakter des Portfolios als tendenziell persönliches Entwicklungsinstrument nicht in Vergessenheit zu geraten. „Ein Portfolio stellt eine lehrveranstaltungsbegleitende Prüfungsform dar, die den Lernprozess der Studierenden während der Veranstaltung dokumentieren soll[31]", so heißt es im „Überblick über einige Prüfungsformen" der Katholisch-Theologischen Fakultät der Universität Würzburg. Als „mögliche Bestandteile ei-

31 *Überblick über einige Prüfungsformen.* https://www.uni-wuerzburg.de (30.05.2023).

nes Portfolios" werden sodann unter anderem „mehrere Essays, Protokolle einzelner Sitzungen der Lehrveranstaltung [...] sowie die reflektierende Darstellung des eigenen Lernfortschritts"[32] genannt. Mit Letzterem würde der wesentliche Schritt zur Reflexion vollzogen werden, der einem Portfolio immer inhärent sein sollte[33]. Um der freien Form den formalen Rahmen einer Prüfung zu verleihen, ist es angebracht, wenn Dozent:innen im Hinblick auf die Erstellung eines Prüfungsportfolios Pflichtaufgaben erteilen, die in ihrer Gesamtheit oder in Teilen für den Nachweis von Leistungen geeignet sind. Zunehmend wird die „Lose-Blatt-Sammlung" durch die multiperspektivischen Formen sogenannter „E-Portfolios" verdrängt – Portfolios, die Lernende mit flexibel zu handhabenden Programmen am Tablet oder PC erarbeiten.

Präsentationen / Referate: Sie sind in den meisten Fällen auch dann Teil des Unterrichts, wenn sie eine Prüfungsleistung darstellen. Da die Präsentierenden im Normalfall vor der gesamten Gruppe stehen, sollten sie die Ausführungen zu ihrem Thema kompakt und zuhörer:innenfreundlich aufbereiten. Um der abflauenden Konzentration des Publikums zu begegnen, empfiehlt es sich, die Präsentation mit Elementen der Interaktion aufzulockern, Fragen zu stellen, den Redefluss für ein kurzes Meinungsbild zu unterbrechen, ergo nicht nur auf einen Frontalvortrag zu setzen. Es ist zu überlegen, ob die Präsentation ohnehin anders gestaltet werden kann, z. B. als „Markt der Möglichkeiten" oder als Moderation. Auch die meisten Dozent:innen sind für solche Abwechslungen dankbar.

Screencast: Eine Alternative zu anderen Prüfungsformaten und insbesondere zu analogen Präsentationen ist ein **Screencast**. Auf ihn trifft man im Pflichtmodul zur allgemeinen Grundschulpädagogik und -didaktik der Universität Frankfurt. Er soll pro Studierendem:r zehn Minuten dauern und eine schriftliche Ausarbeitung von 6 bis 8 Seiten soll ihn begleiten. Mit einem Screencast lassen sich mit geeigneter Software auf relativ einfache Weise „Bildschirminhalte als kleine Filmsequenzen" aufzeichnen, „Arbeitsprozesse am Bildschirm [...] dokumentieren"[34] und mit anderen teilen. Schon allein mit Hilfe des Microsoft-Standardprogramms PowerPoint kann man Vorträge halten, indem man die Folien bespricht. Der:die Produzierende eines Screencasts hat das Mikrofon eingeschaltet und hält den Vortrag, indem er:sie durch die Folien klickt und sie bespricht. „Man kann die Aufzeichnung auch unterbrechen, neu aufnehmen und nachträglich schneiden. Optional kann der Vortrag mit oder ohne Videobild aufgezeichnet werden"[35].
Vor diesem digitalen Hintergrund kann man sich viele Einsatzmöglichkeiten ausmalen – angefangen bei einem erweiterten PowerPoint-Vortrag bis hin zu ausgefeilten und technisch ausgeklügelten Lernvideos.

Klausuren: Im Vergleich zu Hausarbeiten und Präsentationen sind **Klausuren** innerhalb einer begrenzten Zeit, meist nur innerhalb von 90 Minuten bei einer Modulprüfung, zu bearbeiten. Eine Klausur kann

32 Ebd.
33 Vgl. ebd.
34 *Medienwerkstatt.* https://www.lehrerfortbildung-bw.de (30.05.2023).
35 *Screencasts.* https://www.studiumdigitale.uni-frankfurt.de (30.05.2023).

auf Zitaten und Texten beruhen, zu denen eine Frage ausreicht, die sehr ausführlich im Fließtext beantwortet werden muss. Genauso üblich ist es, dass sie aus einer Vielzahl von Fragen besteht, die im Multiple-Choice-Verfahren zu lösen sind. Die Studierenden sollen Methoden des jeweiligen Fachs heranziehen und dürfen bestimmte Hilfsmittel benutzen – Taschenrechner in Mathematik, Wörterbücher in Fremdsprachen usw. Eine oder mehrere Aufsichtspersonen sind immer zugegen.

Mündliche Prüfung: Diese findet vor zwei Prüfenden (Kollegialprüfung) oder vor einem:r Prüfer:in und einem:r Beisitzer:in als Einzelprüfung oder als Gruppenprüfung statt. Während es noch vor wenigen Jahren gängige Praxis war, ein Modul mit einer schriftlichen Leistung, meist einer Hausarbeit, abzuschließen, sind mittlerweile auch mündliche Prüfungen als Modulabschluss an der Tagesordnung. Oftmals besteht die Wahl zwischen Hausarbeit und mündlicher Prüfung.
Eine mündliche Prüfung kann ganz traditionell aus einer „Frage-Antwort-Runde" bestehen. Diese erleben die einzelnen Teilnehmer:innen bei einer Gruppenprüfung unter Umständen „relaxter", sind sie doch nur in bestimmten Abständen an der Reihe.
Eine andere Variante der mündlichen Prüfung, vielen aus dem Abitur bekannt, ist die sogenannte Präsentationsprüfung: In diesem Fall schließt sich das Prüfungsgespräch an einen Input bzw. „Impulsvortrag" an, den die Kandidat:innen vorbereiten konnten.
Die wesentlichen Gegenstände der Prüfung und die Bewertung der Leistung sind immer in einem Protokoll festzuhalten.

Alle Ergebnisse der abgeschlossenen Module fließen vollumfänglich in die Gesamtwertung für einen Bachelor- oder Masterabschluss ein. Ob alle Module dabei gleich gewichtet werden, manche mehr oder andere weniger, legen die Prüfungsordnungen für jeden Studiengang, für jede Universität und jede Fachhochschule, fest. Ab dem ersten Semester gelten die Modulprüfungen als Teil der Bachelor- oder Masterprüfung. Ein Modul, das nicht mindestens mit der Note „ausreichend" bewertet wird, gilt als nicht bestanden, ein Ausgleich mit besseren Leistungen in anderen Modulen ist nicht vorgesehen.

Wie oft eine Modulprüfung wiederholt werden darf, ist ebenfalls genau in den Prüfungsordnungen geregelt. An manchen Universitäten wird nur eine Wiederholungsprüfung angeboten, an anderen sind zwei Fehlversuche zulässig. Bestehen Studierende ein Modul auch nach dem letztmöglichen Versuch nicht, gilt die gesamte Bachelorprüfung als nicht bestanden und das Studium muss abgebrochen werden.

Wenn jedoch alle Module erfolgreich absolviert worden sind, dann folgt darauf die Bachelor- oder Masterarbeit sowie das Prüfungskolloquium bzw. die „Verteidigung der Arbeit" in einer Präsentationsprüfung. Diese muss, so wie die einzelnen Module, mindestens mit der Note „ausreichend" absolviert werden, um den angestrebten akademischen Grad zu erreichen.

Etwas anders sieht es bei den Studierenden aus, die Staatsexamina absolvieren. Ein Teil der Modulnoten, welche genau, ist in den Prüfungsordnungen der Lehrkräfteakademien festgeschrieben, fließt in die Gesamtwertung für das Staatsexamen ein. Am Ende des Studiums steht nun nicht die Examensarbeit, sondern es erwarten die Studierenden eine Reihe mündlicher Prüfungen und Klausuren. Voraussetzung für die Teilnahme an diesen ist das Bestehen der wissenschaftlichen Hausarbeit, die von zwei Professor:innen begutachtet und bewertet wird, aber nicht von ihren Verfasser:innen verteidigt werden muss.

Für alle Prüfungsformate in ausnahmslos allen Lehramtsstudiengängen, ihren Grundwissenschaften und einzelnen Fächern, ist festzuhalten, dass sie den Anspruch der Orientierung an Kompetenzen erfüllen müssen. Dabei darf man jedoch nicht der Gefahr aufsitzen, das Fachwissen zu unterschätzen. Nur aus diesem kann sich eine Fachkompetenz ergeben, die mit Elementen der anderen allgemeinen Kompetenzbereiche gefestigt und erweitert wird. Wissen lässt sich eben nur dann verstehen und anwenden, wenn man es zuvor erworben und intellektuell durchdrungen hat.

2.5 Die „Bloomsche Taxonomie"

Verben wie „darstellen", „erklären", „erläutern", „beschreiben", „begründen" und viele andere mehr sollen kognitive „Operationen" anstoßen, die zu einem meist schriftlich fixierten Ergebnis hinführen. Den meisten Studierenden dürften solche Verben aus den Klausuren im Umkreis des Abiturs und in dessen Prüfungen selbst als „Operatoren" in Erinnerung geblieben sein.

Operatoren sind Anweisungen. Mit ihnen geht die Forderung einher, eine Aufgabe nach bestimmten Regeln und mit unterschiedlichem Tiefgang zu bearbeiten. Je nach Komplexität und Differenzierungsgrad des zu erwartenden Ergebnisses werden sie in einen von drei Anforderungsbereichen eingeordnet: „Wissen und Kennen", „Anwenden und Übertragen" sowie schließlich „Urteilen und Bewerten"[36].

In dieser Dreier-Stufung findet sich all das wieder, was Benjamin Bloom im Jahre 1956 in seiner berühmten Taxonomie, der *Taxonomy of Educational Objectives*[37] dargelegt hat – „ein echter Klassiker im Bereich der Hochschuldidaktik und darüber hinaus für die Pädagogik"[38] laut Benno Volk, der „in der

36 Vgl. beispielsweise den Operatorenkatalog für die schriftliche Abiturprüfung im Fach Deutsch in Baden-Württemberg. https://www.deutsch-gymnasium.de (30.05.2023).

37 Benjamin S. Bloom (1956): *Taxonomy of Educational Objectives. The Classification of Educational Goals.* London: Longmans. https://eclass.uoa.gr/modules/document/file.php (30.05.2023).

38 Benno Volk (2020): *Zusammenfassung des Beitrags: Ordnung von Lernzielen – Ordnung des Wissens. Die Bedeutung der Taxonomie von Bloom für die Wissenschaftlichkeit und Praxis der Hochschuldidaktik.* https://www.Ordnung von Lernzielen SpringerLink (30.05.2023).

Beschäftigung mit Klassifikationsschemata und unterschiedlichen Lernzieltaxonomien [...] ein Potenzial für die wissenschaftliche Weiterentwicklung und Professionalisierung der Hochschuldidaktik"[39] erblickt[40].

Es ist rundum lohnenswert, sich zunächst im Abseits institutioneller didaktischer Kontexte mit Blooms Taxonomie zu beschäftigen und diese für die Lernfortschritte im Rahmen eines Studiums zu funktionalisieren.

Der aus dem Griechischen stammende Begriff „Taxonomie" setzt sich aus „taxis" (= Anordnung) und „nomos" (= Gesetz) zusammen. Das bedeutet, dass Komponenten eines Wissensgebietes zu einer Gesetzmäßigkeit, zu etwas Allgemeingültigem, zusammengefügt werden, so etwa in Zoologie oder Botanik die Bezeichnungen für Tiere oder Pflanzen nach zuvor exakt bestimmten Kriterien. Während ein solches Procedere für alle naturwissenschaftlichen Bereiche, auch Medizin und Mathematik, als unproblematisch angesehen wird, tauchen in kulturwissenschaftlichen Disziplinen möglicherweise erkenntnistheoretische Bedenken auf, die sich aber dadurch entkräften lassen, dass mit diesen Modellen, etwa dem Kommunikationsquadrat, vorwiegend empirisch beobachtbare Verhaltensweisen im Nachhinein erklärt werden können. Obwohl es hier nicht minder um Erklärungen geht, schiebt sich doch die Frage in den Vordergrund, wie sich die angestrebten Phänomene überhaupt äußern und ob es sinnvoll ist, diese in irgendeiner Weise zu ordnen. Auch ist zu fragen, wie ein derart entstandenes System genutzt wird. Soll es in irgendeiner Weise präskriptiven Wert entfalten?

Taxonomien, die sich auf Verhalten beziehen, rühren an die Grundfesten sozialwissenschaftlicher Methodologie, weil sowohl jene Personen, deren Verhalten klassifiziert werden soll, die eigentlichen „Objekte der Forschung", als auch die Ordnenden, die „Subjekte der Forschung", als Menschen in ihrer ganzen Lebendigkeit grundsätzlich dynamisch und wandelbar sind.

Als eines der wesentlichen Probleme, die mit der Taxonomie einhergehen könnten, fokussiert Bloom die Prozesshaftigkeit der Verhaltensweisen als solche und die Tatsache, dass die komplexeren Verhaltensweisen die einfacheren einschließen. Dabei könne man eine gestaltpsychologische Sichtweise einnehmen und sagen, dass eine komplexe Verhaltensweise mehr als die Summe ihrer Teile sei, genauso könne man aber die komplexere Verhaltensweise als gänzlich in kleinere zerfallend analysieren[41]. Unabhängig davon, wie man das im Einzelnen auffasse, die Taxonomie illustriere das Fortschreiten eines Bildungsprozesses vom Einfachen zum Komplexen, so dass komplexere Formen des Denkens aus den einfacheren resultierten.

[39] Ebd.

[40] Vgl. den gesamten Beitrag „Ordnung von Lernzielen", ebd., in: Peter Tremp / Balthasar Eugster (Hg.) (2020): *Klassiker der Hochschuldidaktik? Kartografie einer Landschaft.* Heidelberg: Springer, S. 219 – 233, in dem Hintergründe und weitere Bearbeitungen der Taxonomie erläutert werden.

[41] Vgl. Bloom, op. cit., S. 16.

Es verwundert nicht, dass Blooms Taxonomie mitunter als „normativ" angesehen wird. Doch die Systematik enthält keine Rezepte, nach denen sich Lehrende und Lernende richten sollen, sondern versteht sich vielmehr als ein neutraler Wegweiser[42], zuallererst daran erinnernd, dass weder Wissen noch Urteilen, die äußersten ihrer Stufen, für effektive Lernprozesse ausreichen. Gänzlich neutral sein könne eine solche Klassifikation jedoch nicht, so Bloom.

Seine „six major classes" kognitiver Verhaltensweisen benennt er mit „Knowledge", „Comprehension", „Application", „Analysis", „Synthesis" und „Evaluation"[43]. Das, was sich hinter den genauen Definitionen der einzelnen Bereiche verbirgt, kann sich in jeweils unterschiedlichen Aufgabenformaten niederschlagen, was Bloom anhand vieler Beispiele augenfällig macht. All diese Aspekte können somit der Weiterentwicklung schulischer und universitärer Curricula dienstbar gemacht werden. Von Anbeginn an können Studierende die Stufen als Konkretisierung ihrer Lerndisposition heranziehen, sie als Chance für sich selbst nutzen, um sie zu einem späteren Zeitpunkt für Unterrichtskontexte zu funktionalisieren.

- *Knowledge*, Wissen, beinhalte „those behaviors and test situations which emphasize the remembering, either by recognition or recall, of ideas, material or phenomena"[44]. Somit bewegt man sich hier im Stadium des Auswendiglernens. Studierende erinnern sich an das, was sie gelernt haben oder erkennen es wieder.
- *Comprehension*, Verstehen, umfasse „those objectives, behaviors or responses which represent an understanding of the literal message contained in a communication"[45]. Zum Verstehen gehören sinnentnehmendes Lesen sowie Textverständnis im Allgemeinen, schriftlich und mündlich. „Verstehen" formiert beispielsweise die erste Etappe bei Klausuren, denen ein Text zugrunde liegt.
- Bei *Application*, Anwendung, verdeutlicht Bloom, dass ein:e Lernende:r dazu in der Lage sei, aus dem Verstehen heraus abstrahierte Wissensparameter anzuwenden, ohne dass es dazu einer Anleitung oder eines Lösungshinweises bedürfe[46].
- Die Stufe der Analyse *(Analysis)* betone „the breakdown of the material into its constituent parts and detection of the relationships of the parts and the way they are organized"[47].

42 Bloom selbst spricht von einem „purely descriptive scheme in which every type of educational goal can be represented in a relatively neutral fashion" (Ebd., S. 14)

43 Ebd., S. 18.

44 Ebd., S. 62.

45 Ebd., S. 89.

46 Vgl. ebd., S. 121.

47 Ebd., S. 144.

- Synthese *(Synthesis)* impliziere „a process of working with elements, parts, etc., and combining them in such a way as to constitute a pattern or structure not clearly there before“[48]. Kreative Aufgaben seien in der Synthese-Phase angesiedelt, nachdem man zuvor mit analytischem Vorgehen, mit dem Auseinanderdividieren z. B. eines Textes oder einer Theorie, Einblick in dessen oder deren Strukturen habe erlangen können.
- Auf das Analysieren, das sich hin zum Interpretieren und Schlussfolgern erweitern kann, und das Synthetisieren, die „Re- und / oder Neukomposition“ des vorhandenen Materials, offenbaren sich im letzten Stadium der Taxonomie, in der *Evaluation*, alle Komponenten intellektueller Operationen in der Gesamtheit komplexer Prozesshaftigkeit: „Evaluation is placed at this point in the taxonomy because it is regarded as being at a relatively late stage in a complex process which involves some combination of all the other behaviors of Knowledge, Comprehension, Application, Analysis, and Synthesis“[49].

Bloom zufolge kommen nun Kriterien für Werte ins Spiel, denn Evaluation liefere den Link zu „affective behaviors where values, liking, and enjoying (and their absence or contraries) are the central processes involved“[50]. Wissen, Fachkompetenz, intellektuelle bzw. kognitive Kompetenz, die hier in all ihren Facetten verhandelt werden, transitieren laut Bloom nun in den affektiven Bereich hinein und betreffen somit Selbstkompetenzen. Fach- und Selbstkompetenz durchdringen sich.

Obwohl aktuell keine deutschsprachige Ausgabe von Blooms Standardwerk auf dem Buchmarkt zur Verfügung steht, kursieren im World Wide Web unzählige Darstellungsvarianten der Taxonomiestufen, die meist und ganz zu Recht mit Operatoren veranschaulicht werden. Doch die eigentliche Relevanz der Klassifikation für all das, was ein Studium, insbesondere ein Lehramtsstudium inklusive Vermittlungsperspektive ausmacht, offenbart sich im Abseits der Operatoren.

Nach allen Vorab-Entscheidungen ist es angebracht, sich mit dem vertraut zu machen, was einen konkret im Studium erwartet, sich intellektuell zu wappnen und das ins Auge zu fassen, was das oft herangezogene Etikett *Studierfähigkeit* involviert. Studierfähig ist ein:e Abiturient:in oder eine andere Person mit einer Hochschulzugangsberechtigung erst dann, wenn sie sich gewinnbringend mit den intellektuellen Formaten der Taxonomie auseinandersetzen kann, ohne diese als strikte Regularien aufzufassen.

[48] Ebd. S. 162.
[49] Ebd., S. 185.
[50] Ebd.

Eine der vielen Grafiken fasst diese besonders gut zusammen:

	Beschreibung der Kompetenz	Verben
Beurteilen	Gelerntes nach (meist selbst) gewählten Kriterien kritisch beurteilen	beurteilen, vergleichen, warten, widerlegen ...
Synthese	Gelerntes neu zusammenfügen oder neue Inhalte generieren	ausarbeiten, entfernen, konstruieren, lösen ...
Analyse	Gelerntes in Bestandteile zerlegen, Strukturen erläutern	analysieren, darlegen, gliedern, klassifizieren ...
Anwendung	Gelerntes in neuem Kontext / neuer Situation anwenden	anwenden, begründen, berechnen, beweisen ...
Verständnis	Gelerntes erklären, reformulieren oder paraphrasieren	begründen, beschreiben, umschreiben, ordnen ...
Wissen	Gelerntes auswendig wiedergeben, Ausführen von Routinen	aufzählen, beschreiben, darstellen, wiedergeben ...

Abb. 11: Lernziel-Taxonomien (https://teachingtools.uzh.ch, abgerufen am 30.05.2023).

Am Ende einer Lehrveranstaltung und/oder eines Moduls erwarten die akademischen Verantwortlichen der Universität Zürich, dass Studierende diese „sechs Stufen kognitiver Komplexität“[51] erreicht haben. Doch bevor sie sich darauf einlassen können, sich selbst und den Facettenreichtum ihrer Persönlichkeit einzubringen, Lerndispositionen in die Praxis umzusetzen und die Stufen der Bloomschen Taxonomie zu durchlaufen, haben nicht wenige Studierwillige einige Hürden zu überwinden. Zwei große „Gespenster“, mit denen sie zu kämpfen haben, sollen nun im Mittelpunkt stehen.

2.6 Prokrastination (Aufschiebeverhalten)

Noch vor nicht allzu vielen Jahren war der Begriff vorwiegend Dozent:innen und Studierenden der anglistischen Literaturwissenschaft bekannt sowie Lehrer:innen und Schüler:innen, die im Englisch-Leistungskurs Shakespeares Tragödie *Hamlet* behandelten. In seinem berühmten Monolog (3. Akt, 1. Szene) erklärt der Protagonist, dass er vor entschlossenem Handeln Angst habe:

To be, or not to be, that is the question:
Whether 'tis nobler in the mind to suffer
The slings and arrows of outrageous fortune,
Or to take arms against a sea of troubles,

51 *Lernziel-Taxonomien.* https://teachingtools.uzh.ch (30.05.2023).

And by opposing, end them? To die: to sleep;
No more; and by a sleep to say we end
The heart-ache and the thousand natural shocks [...][52]

„Sein oder Nicht-Sein" – auf diese berühmte existenzielle Alternative reduziert *Hamlet* seine Affektwelt. Seine Apathie und seine mangelnde Entschlussfähigkeit illustrieren, dass er das eigentlich gebotene Handeln, den Tod seines Vaters zu rächen, aufschiebt. Er leidet an „Procrastination" – zurückzuführen auf „pro crastinus", für morgen, oder „procrastinare", vertagen, verschieben –, einem Phänomen, das so alt ist wie die Menschheit selbst – eine „anthropologische Konstante". In Hamlet erfährt das Phänomen eine Zuspitzung, weil Shakespeare in seiner Tragödie die Konflikte im Innern seines Protagonisten, um „Handeln" oder „Nicht-Handeln", intensiviert. Hamlet avanciert zu *dem* Prokrastinator der Weltliteratur schlechthin. Hinter der Fassade des Zögerns und Zauderns schillert eine höchst komplexe Figur, die sich dem Handeln so nachdrücklich verweigert, dass die Diagnose pathologische Prokrastination angebracht wäre.

Das Aufschieben von Aufgaben ist bis zu einem gewissen Ausprägungsgrad als völlig „normal" anzusehen. Menschen, die nicht gern ihre Wohnung putzen, schieben dies auf, indem sie Bücher lesen oder Pullover stricken. Andere wiederum, die vielleicht ein Buch für ein Studium lesen oder eine Hausarbeit verfassen müssen, putzen erst einmal ihre Wohnung. Beide Typen prokrastinieren ein paar Stunden oder Tage vor sich hin, bevor sie zum eigentlich Notwendigen übergehen, dieses noch im zeitlichen Rahmen und sehr gut oder gut genug erledigen, zumindest so, dass sie damit ihre eigenen Ansprüche erfüllen.

Nicht wenige Studierende verfassen Hausarbeiten „auf den letzten Drücker" und scheinen sich damit wohl zu fühlen. Anzuraten ist das nicht, aber das Phänomen hat damit noch lange keine pathologische Wertigkeit.

Es fällt auf, dass Studierende das Phänomen der Prokrastination nicht selten mit einem gewissen Augenzwinkern betrachten, begleitet von Kommentaren wie „Ja, mir geht es auch so", denen die Erleichterung, dass man es „gerade noch so" geschafft hat, eine Arbeit fristgerecht abzugeben oder eine Präsentation vorzubereiten, auf den Fuß folgt. In ihrem vortrefflichen Buch *Dinge geregelt kriegen ohne einen Funken Selbstdisziplin* umkreisen der Blogger Sascha Lobo und die Journalistin Kathrin Passig auf eine solche ironisierende Weise das Problem. Sie sprechen sich für einen entspannten Umgang mit Prokrastination aus, indem sie dazu anregen, „zur richtigen Zeit das Richtige zu tun und dafür nur so viel wie unbedingt nötig [...]"[53].

[52] William Shakespeare (ca. 1603): *The Tragedy of Hamlet, Prince of Denmark.* hamlet.pdf (w3.org), S. 63 (18.04.2023).

[53] Kathrin Passig / Sascha Lobo (2008): *Dinge geregelt kriegen – ohne einen Funken Selbstdisziplin.* Berlin: Rowohlt, S. 48.

„Ab wann aber wird Aufschieben zum Problem, welches Menschen als so störend und belastend erleben, dass sie sich um professionelle Unterstützung bemühen?“[54] – diese Frage stellen Anna Höcker und ihre Kolleg:innen von der Psychotherapie-Ambulanz in Münster an den Anfang ihrer Überlegungen zum „extremen Aufschieben“. Prokrastination werde dann pathologisch, „wenn dauerhaft und wiederholt wichtige Tätigkeiten zugunsten weniger wichtiger Tätigkeiten aufgeschoben werden und die tatsächlich durchgeführten Handlungen anhaltend nicht den eigenen Absichten zur Erreichung wichtiger Ziele entsprechen[55]“. Daraus ergeben sich eine ganze Palette psychischer und eventuell ebenso körperlicher Belastungen – z. B. „Schuld- und Schamgefühle, Depressivität bis hin zur manifesten Depression [...] Schlafstörungen, innere Unruhe, Magenprobleme oder Anspannung bis hin zu chronischen Muskelverspannungen“[56].

Aufschieber:innen tendieren dazu, Fristen zu verpassen, zu spät zu sein für die Anmeldung zu einer Prüfung oder den Abgabetermin für eine Prüfungsleistung so lange zu verschieben, bis die Annahme verweigert wird. Misserfolge im Studium potenzieren sich, es manifestieren sich „Versagensängste und Hoffnungslosigkeit [...], welche aufgrund einer stark reduzierten Selbstwirksamkeitserwartung wiederholt zum Aufgeben wichtiger Lebensziele führen“[57]. In Ausbildungs- und Studienkontexten kann sich Prokrastination zu massiver Prüfungsangst auswachsen, die sich auch ohne vorausgehendes Aufschieben von Studienleistungen zum Pathologischen steigern kann.

Prokrastinator:innen untergraben nicht nur auf nachhaltige Weise ihre eigene Lebensqualität und ihren Selbstwert, sondern sie verärgern die Menschen in ihrem Umfeld – jene, die mit ihnen zusammenarbeiten müssen, z. B. Mitstudierende, mit denen sie eine Arbeitsgruppe bilden. Im schlimmsten Fall landen sie in sozialer Isolation.

Aufschiebeverhalten konkretisiert sich vielfältig, doch die wahren Gründe dafür, determinierende Faktoren der Biografie etwa, sind bislang nur unzureichend erforscht. Ein Mangel an intrinsischer und extrinsischer Motivation sowie Schwierigkeiten, sich zu konzentrieren sind die oberflächlichen Faktoren an der Spitze des Eisbergs, die Untiefen erahnen lassen. So zeigten Querschnittsuntersuchungen an der Universität Münster, dass Prokrastination mit „Versagensangst“, „Angst vor negativer Bewertung durch andere“ und „mit wahrgenommenen hohen Erwartungen der sozialen Umwelt“[58] in Verbindung gebracht werden kann.

54 Anna Höcker et al. (2022): *Prokrastination – Extremes Aufschieben.* Göttingen: Hogrefe, S. 7.

55 Ebd.

56 Ebd.

57 Ebd.

58 Ebd., S. 13.

Die Therapie pathologischer Prokrastination basiert an der Münsteraner Ambulanz auf Bausteinen aus dem kognitiv-verhaltenstherapeutischen Spektrum. Sie beginnt mit einer Fragebogendiagnostik, sieht klare Zielsetzungen und verlässliche Kommunikationsformen vor und besteht danach aus einer Reihe von fest definierten Modulen[59].

Viele Studierende indessen, die mit Prokrastination zu tun haben, scheinen sich in einer Art „mittlerem Bereich" zu bewegen, da sie zwischen einem Aufschieben, das ein bisschen ironisiert wird, und der pathologischen Variante lavieren. Ein solches Verhalten zieht sich durch alle Studienfächer und zeigte sich vor der Bologna-Reform, genauso wie das problematische Aufschieben, nicht selten in weniger strukturierten Studienfächern, d.h. Geistes- und Sozialwissenschaften bzw. Kulturwissenschaften. Seit der Einführung modularisierter Studiengänge mit ihren Prüfungen, die für den Abschluss zählen, bleibt kaum eine Form intensiverer Prokrastination ohne Konsequenzen, auch wenn sie nicht als pathologisch empfunden oder so gedeutet wird. Im schlimmsten Fall ist ein Studium vorzeitig beendet.

Beim Kampf gegen „Aufschieberitis" gilt, dass man sich immer dann um professionelle therapeutische Hilfe bemühen muss, wenn man über das eigentliche Prokrastinieren hinaus über einen längeren Zeitraum hinweg Gefühle des Unwohlseins bei sich wahrnimmt oder wenn man sich als matt und apathisch erlebt, ohne dass eine körperliche Ursache auszumachen ist. In diesen Fällen ist der Leidensdruck so stark, dass die Betroffenen alle Selbststeuerungskompetenzen als massiv und dauerhaft beeinträchtigt erleben.

Aus einem vorübergehenden Tief der Lustlosigkeit und der Demotivation können sich viele Menschen mit geeigneten Strategien selbst herausholen. Besteht es in einem Studium, dann ist es an der Zeit, Ursachenforschung zu betreiben und sich zu fragen, ob der gewählte Studiengang nach wie vor der richtige ist. Hintergrund für adäquates Vorankommen ist ein hohes Maß an intrinsischer Motivation, möglichst „diesseits des Lustprinzips"[60], das von der extrinsischen hinreichend gestützt und ggf. immer wieder aufs Neue aktiviert wird. Eine geeignete Lernumgebung und Zeitmanagement im Allgemeinen (vgl. 2.8) nehmen Prokrastination den Wind aus den Segeln.

Vielleicht vergeht das Tief recht schnell von allein und man kann zu Beginn der eigentlichen Arbeit sogar erkennen, dass man vorangekommen ist, ohne es überhaupt bemerkt zu haben. Falls nicht, versprechen einige spezifische „Anti-Prokrastinations-Strategien" Abhilfe[61]:

---

59 Vgl. ebd., S. 42 ff. sowie Angebote auf der Website der Universität Münster: www.uni-muenster.de (30.05.2023).

60 Vgl. dazu Lobo / Passig, op. cit., S. 193 ff.

61 Nachzulesen im Interview, das Harro Albrecht mit dem Psychotherapeuten Stephan Förster, Koordinator der Prokrastinationsambulanz der Universität Münster, geführt hat. Vgl. Harro Albrecht (2017): *„Durchatmen, und los geht's"*. Die Zeit 38 (2017). https://www.zeit.de/2017/38/prokrastination-psychologie (30.05.2023).

Tipps: „Prokrastinationsknacker"

1. **Realistisch denken:** Denken Sie realistisch und behalten Sie immer im Kopf, dass die Planung einer Aufgabe das A und O ihrer Ausführung ist. Strukturieren Sie Ihre Lern- und Arbeitseinheiten, damit Sie den Weg mit all seinen Etappen geistig antizipieren und ihn später als eine Art „Fahrplan" notieren können.
2. **Mitstreiter:innen suchen:** Wenn es für Sie unter Umständen schwer ist, eine Aufgabe nur gegenüber Ihnen selbst zu rechtfertigen, besonders dann, wenn erst einmal keine herausfordernden Deadlines drohen, können es soziale Kontrollmechanismen erleichtern, eine Aufgabe auszuführen. Auch Sie werden eine Verbindlichkeit, die Sie mit anderen teilen, nicht so schnell ad acta legen.
   Besser noch ist es, wenn Sie sich mit einer anderen Person gemeinsam hinsetzen und in einen Flow finden, selbst dann, wenn Sie sich nicht derselben Aufgabe widmen. Sie können zusätzlich eine Person Ihres Vertrauens um tägliche Anrufe oder Nachrichten bitten, in denen diese gezielt nachfragt, wie weit die Arbeit gediehen ist.
3. **„Mise en place":** Gute Bäcker:innen und Köch:innen legen alle Utensilien und Zutaten so auf ihre Arbeitsflächen, dass sie beim Backen und Kochen nur noch zuzugreifen brauchen. Tun Sie das auch. Legen Sie alles parat, was Sie benötigen, um anzufangen. Vielleicht ist es ja nur das Tablet.
4. **Einstieg ritualisieren:** Halten Sie die Zeiten, die Sie sich gesetzt haben, rigoros ein, verschieben Sie diese noch nicht einmal fünf Minuten nach hinten. Machen Sie es sich bereits zehn Minuten vor Beginn der eigentlichen Arbeit bequem, trinken Sie einen Kaffee oder Tee und eliminieren Sie Störfaktoren, d. h. erteilen Sie allen elektronischen Geräten, die Sie nicht bei der „mise en place" berücksichtigen mussten, einen Platzverweis.
5. **Fokussiert bleiben:** Bleiben Sie während der Arbeitszeit dort, wo Sie sind und bleiben Sie vor allem auf Ihre Aufgabe fokussiert. Telefongespräche, WhatsApp-Nachrichten und alle anderen Arten von Social Media sind während der Konzentrationsphasen mit Tabu belegt. Öffnen Sie nur im Ausnahmefall, wenn jemand an der Tür klingelt. Würdigen Sie bereits den Anfang, das „Kick off", als Meilenstein Ihrer Tätigkeit.
6. **Nur kleine Portionen:** Nehmen Sie nur kleine Portionen in Angriff. Menschen, die aufschieben, nehmen sich meistens zu viel vor. So kommt man ins Tun, geht aber ganz bewusst nur in Mini-Schritten vorwärts. Seien Sie gnädig mit sich selbst und richten Sie sich nach der 50 %-Regel, die besagt, dass man nur 50 % dessen, was man eigentlich vorgesehen hat, erledigt, also beispielsweise nur ein Kapitel eines Buchs liest und exzerpiert anstatt der benötigten zwei. Wenn Sie zuvor lange prokrastiniert haben, gewöhnen Sie sich mit der 50 %-Regel allmählich wieder an kontinuierliches Arbeiten.

Alle Ratschläge finden sich in dem vorzüglichen „Procrastination Buster“ wieder, einer Mindmap als „Prokrastinations-Knacker“, mit dem Aufschieben der Garaus gemacht werden kann[62].

Für eingefleischte Prokrastinator:innen ist es unabdingbar, sich entweder gar nicht ablenken zu lassen oder aber die Ablenkung produktiv zu nutzen, sie als Belohnungsinstrument einzusetzen. Gültig für alle ist die Maxime „Dran bleiben“, auch wenn es jeden Tag nur 20 Minuten sind, die sie beispielsweise für eine Studienarbeit aufbringen können. „Steter Tropfen höhlt den Stein“ oder schlichtweg: „Stay tuned“. Weder Abwarten noch Überstürzen lautet die Devise, sondern was zählt, ist, nach und nach in einen Arbeitsrhythmus hineinzufinden, mit dem man sich gut arrangieren kann und der die gewünschten Resultate zeitigt.

2.7 Präkrastination (alles sofort erledigen wollen)

Im Gegensatz zur Prokrastination, die nicht nur wissenschaftlich analysiert, sondern medial gehypt wird und inzwischen gänzlich durchpopularisiert ist, wird Präkrastination unangemessen stiefmütterlich behandelt. Dabei bilden die Phänomene zwei Seiten einer Medaille.

„Fünf Minuten vor der Zeit sind der Deutschen Pünktlichkeit“ – wer kennt das nicht? Solche Sprichworte und die dazugehörenden Verhaltensmaßregeln haben dann ihre Berechtigung, wenn man offizielle Termine hat, die unter keinen Umständen verspätet erreicht werden dürfen – Prüfungen, Vorstellungsgespräche, Trauungen usw. Sich dafür auszusprechen, diese Maxime etwas entspannter zu sehen, ist nicht mit einem Plädoyer für Unpünktlichkeit zu verwechseln. Pünktlich heißt nicht mehr und nicht weniger, als auf dem Punkt zu sein, Punktlandungen hinzulegen, ohne sich dafür verbiegen zu müssen, in Kauf zu nehmen, dass ein bis zwei Minuten nach der Zeit in Ordnung sind.

Die Ambition, „fünf Minuten vor der Zeit“ eintreffen zu müssen, ist nicht nur ein Stressfaktor für die ankommende Person, die sich damit massiv unter Druck setzt, sondern ebenso für alle anderen Beteiligten – für diejenigen, die diese Ambition eben nicht haben. So wie es unhöflich ist, bei einer Einladung zu spät zu erscheinen und die Gastgeber:innen mit ihren Vorbereitungen für ein Mehr-Gänge-Menü warten zu lassen, ist es genauso unhöflich, zu früh zu sein.

Nicht digital, sondern ganz analog begründet sich die dahintersteckende Angst – „FOMO“, „fear of missing out“, die Furcht, etwas zu verpassen oder etwas nicht zu bekommen. Warum sonst, so ein oft bemühter „running gag“, reservieren deutsche Urlauber:innen an populären Badeorten ihre Liegen

62 https://www.mindmapart.com/procrastination-buster-mind-map-jane-genovese/ (30.05.2023)

mit einem Handtuch? Warum sonst ist es so schwer, beim Elternabend oder einer anderen kostenfreien Veranstaltung kurz vor Beginn noch einen Sitzplatz zu ergattern?

Mehr noch als Prokrastination ist Präkrastination im Sinne von zu früh eintreffen in Deutschland ein Massenphänomen, mit dem sich viele Menschen „wohl wohl" fühlen. Aber mehr noch als bei Prokrastination lauert hier die Gefahr der Überforderung, im schlimmsten Fall eines Erschöpfungssyndroms und / oder einer Burnout-Depression. „Morgen, morgen, nur nicht heute", das ungeschriebene Gesetz für alle Prokrastinierenden, ihren Fluchtimpuls triggernd, äußert sich bei Präkrastinierenden als „Was heute nicht geschieht, ist morgen nicht getan"[63], wobei sie sich nicht nur mit der in den nachfolgenden Versen gefeierten Entschlussfreudigkeit[64] identifizieren, sondern aus „heute" den Imperativ des „Sofort und auf der Stelle" ableiten. Eine „Mañana-Kompetenz"[65], die Prokrastinierende praktizieren und ad absurdum führen, würde den Heerscharen der Präkrastinierenden wiederum gut tun und könnte sie zu „nicht pathologisch" Prokrastinierenden umerziehen. Noch nicht einmal das Aufschieben selbst würde in dieser neu erworbenen Kompetenz im Mittelpunkt stehen, sondern die simple Fähigkeit, sich Auszeiten zu gönnen und Pausen zu machen.

Allmählich erhält das Phänomen den ihm gebührenden Platz neben der Prokrastination. Typische Präkrastinator:innen seien, so Werner Stangl[66], „Menschen, die E-Mails oder WhatsApp-Nachrichten instantan beantworten, Rechnungen sofort bezahlen, ständig auf der Lauer sind, alle Fährnisse des Tages abzuarbeiten"[67]. Das sofortige Erledigen sei für viele attraktiv, doch fehlerträchtig. Oft setze man keine Prioritäten und dringe nicht bis zur wirklich wichtigen Aufgabe vor, das „Rekordtempo" erbrächte „nicht zwingend die besten Ergebnisse". Die „Inbox-Zero-Politik, bei der E-Mails sofort bearbeitet werden, so dass der Posteingangsordner am Ende des Arbeitstages immer leer" sei, zeuge „von einem zwanghaften Wunsch, alles sofort abzuarbeiten"[68].

Als Urheber des Begriffs Präkrastination firmiert David Rosenbaum, Professor für Psychologie an der University of California, Riverside, dessen erste Studie dazu 2014 publiziert wurde.

---

63 Johann Wolfgang v. Goethe (1790 / 1977): *Faust.* Eine Tragödie. Erster und zweiter Teil. München: dtv, S. 13.

64 Das Zitat in seiner Gesamtheit lautet: „Was heute nicht geschieht, ist morgen nicht getan / und keinen Tag soll man verpassen. / Das Mögliche soll der Entschluss bewusst getrost beim Schopfe fassen / und will es dann nicht fahren lassen und wirket weiter, weil er muss." (Ebd.)

65 Aus den vielen Ratgebern sticht einer besonders hervor: Gunter Frank / Maja Storch (2021): *Die Mañana-Kompetenz.* Wer Pausen macht, hat mehr vom Leben. München: Piper.

66 Vgl. Werner Stangl (2023): *Vorzieheritis.* Präkrastination. https://lexikon.stangl.eu (30.05.2023).

67 Ebd.

68 Annette Schäfer (2018): *Immer alles sofort.* Psychologie heute 12, S. 35.

Der Forscher und sein Team führten einen Vortest für ein anderes Experiment durch: Sie instruierten die Proband:innen, einen Gang entlangzugehen und entweder einen näher bei ihnen stehenden oder einen weiter entfernten Eimer zu greifen („was immer Ihnen einfacher erscheint") und diesen bis zum Ende des Ganges zu tragen. Die meisten Teilnehmer:innen machten etwas völlig Unerwartetes: Sie entschieden sich für den nahen Eimer, obwohl dies bedeutete, dass sie ihn eine weitere Strecke tragen mussten. „Wir waren völlig erstaunt und dachten zunächst an einen Fehler im Experiment", erinnert sich Rosenbaum. Aber auch in weiteren Versuchen, in denen der Professor und seine Studierenden die verschiedensten Parameter variierten, erwies sich das Phänomen als standhaft. Zwischen 65 und 80 Prozent der Proband:innen zogen es vor, den nahen Eimer zu greifen, anstatt zu warten, bis sie den weiter entfernten Eimer erreicht hatten, trotz der höheren körperlichen Anstrengung, die damit verbunden war.[69]

Aus dem Experiment lässt sich schlussfolgern, dass auf der Werteskala der meisten Proband:innen Schnelligkeit und vermutlich primär der Drang, einer Aufforderung sofort nachzukommen, höher angesiedelt sind als Überlegung und letztendlich körperliche und seelische Unversehrtheit. Ein solch übersteigerter und selbstwertiger Pragmatismus oder, anders gesagt, eine „Aktivität um der Aktivität willen", ist eine Quelle dauerhafter Stressbelastung. „Wer sich immer im Abarbeitsmodus befindet"[70], hat keine Muße mehr, obwohl exakt dieser Modus ein Plus an freier Zeit erbringen soll.

Manche Dinge geschehen einfach zu früh – wie die sogenannte „Romeo-Regel"[71] eindrücklich exemplifiziert. Hätte Romeo vor seinem Suizid ein paar Augenblicke länger gewartet, hätte er Julia beim Aufwachen beobachten können und beiden wäre vielleicht ein glückliches Leben beschieden gewesen.

Aus der Diskussion über verfrühtes Handeln und den daraus abgeleiteten Maximen, es doch „ruhiger anzugehen", Dinge ganz bewusst liegen zu lassen[72], kann das Gegenteil einer Handlungshemmung bzw. das verspätete Handeln, Aufschieben, resultieren. So beißt sich die Katze in den Schwanz.

Kurzum: Letztlich ist es relativ gleichgültig, ob jemand pro- oder präkrastiniert. Und paradoxerweise sind all die Strategien für Pro- auch für Präkrastinierende geeignet, mit der Einschränkung, dass sich die Phänomene noch nicht ins Pathologische gesteigert haben. Zu diesen Ausprägungsformen braucht es nicht zu kommen, wenn man sich so organisiert oder mit dem Zustand der Desorganisation so klarkommt, dass alle möglichen Fails keine Chance haben.

69 Ebd.

70 Stangl, op. cit.

71 Vgl. Blog www.prokrastination.com, auf den Rezensent:innen beim Erwähnen dieses Begriffs verweisen. Außerdem Passig / Lobo, op. cit.

72 Vgl. ebd.

2.8 Lern- und Arbeitsstrategien

Mit einigen wenigen Verfahrensweisen, Techniken oder grundlegenden Methoden ist es ein Leichtes, Risiken im Studienverlauf zu umschiffen und ohne exzessiv zu pro- oder präkrastinieren, Kurs auf Erfolge zu nehmen.

Für Studierende und/oder alle anderen Interessierten können die folgenden Tipps hilfreich sein, müssen es aber nicht. Sie setzen immer ein Quäntchen Selbstdisziplin voraus, das die meisten Menschen zu erbringen imstande sein dürften. Genauso ist es aber begrüßenswert, wenn sich Individuen vom Gedanken der Selbstdisziplin verabschieden, ihre Desorganisation feiern und dabei dennoch allen Anforderungen, denen sie begegnen, gerecht werden können.

2.8.1 Organisation: Lern- und Arbeitsort einrichten

Obschon Studierende viel Zeit an der Universität, in Seminarräumen, in Bibliotheken und den dort anzutreffenden Co-Working-Spaces verbringen, ist ein individueller Arbeitsplatz – ein Schreibtisch, an den man sich gern setzt und an dem man sich wohlfühlt – eine Grundanforderung. Einräumen könnte man hier, dass sich Laptops und Tablets von überall aus und nicht nur im Sitzen bedienen lassen, was einen großen Vorteil gegenüber der Nutzung raumgreifender Rechner und sperriger Laptops früherer Zeiten darstellt. Dennoch dürften die meisten Studierenden froh sein, an eine „Basisstation" des intellektuellen Arbeitens zurückzukehren und dort „andocken" zu können.

Einen solchen Arbeitsplatz einzurichten kann im kleinen Zimmer eines Studierendenwohnheims oder einer WG herausfordern. Wenn man weiß, dass man auf Störungen und auf Ablenkungen jeder Art sensibel reagiert, sollte man dies schon bei der Wohnungssuche berücksichtigen und sich individuell orientieren. Auch das privat gemietete Einzelzimmer kann sehr klein ausfallen, so dass genau zu überlegen ist, wo der Arbeitsplatz arrangiert wird und wie er aussehen soll. Ist er schließlich definiert, muss man ihn optimal an die eigenen Bedürfnisse anpassen und verschiedene Konstellationen ausprobieren, bis man das Beste für sich selbst herausgefunden hat. Zu einem geeigneten soliden Tisch, passend in der Höhe, muss ein genauso passender und bequemer Stuhl gefunden werden. Es brauchen keine ergonomischen Hochleistungsmodelle zu sein, ganz im Gegenteil. Auszuschließen ist es nicht, dass man seine Lieblingsmodelle auf dem Flohmarkt oder sogar beim Sperrmüll findet. Völlig unabhängig davon, wo man seine Favoriten aufgetrieben hat, ist es unumgänglich, auf die Lichtverhältnisse für den Arbeitsbereich zu achten. Ein Ratschlag, den man in dieser Hinsicht immer wieder einmal lesen kann, ist, dass der Tisch so platziert werden sollte, dass von der Seite aus Tageslicht einfallen kann. Bei Rechtshänder:innen sollte das Licht von links einstrahlen, bei Linkshänder:innen umgekehrt. Das gilt genauso für die künstliche Beleuchtung. Welche Lampen im Einzelnen den Schreibtisch zieren, welche Birnen dafür gewählt werden und welche Helligkeit man selbst als passend empfindet, ist individuell sehr verschieden.

Nachdem alles eingerichtet ist, stellt sich die große Frage nach dem, was außer dem jeweiligen PC auf den Schreibtisch gehört. Auch dafür ist die individuelle Bandbreite schier unendlich. Bedeutender als dies ist die Organisation einer wie auch immer gearteten Ordnung, wenn man sich im Arbeitsprozess befindet. Es mag sie geben – Menschen, die im größten Chaos kreativ sein können und von sich behaupten, dass sie dieses als Conditio sine qua non für ihr Schaffen benötigen. Weitaus häufiger sind jene, die meinen, nur dann ins Tun kommen zu können, wenn ihr Arbeitsplatz einer akribischen Systematik gehorcht. Die meisten Studierenden hingegen sind gut beraten, wenn sie ein „mittleres" Maß an Ordnung als verbindlich betrachten – jene Schnittmenge aus Ordo und Chaos, die fast alle Menschen als akzeptabel ansehen würden, manche „gerade noch so" als Chaos mit Ordnungsprinzip, andere uneingeschränkt als vorbildliche Ordnung.

Selbst wenn man nicht zur Prokrastination neigt, ist es angenehm, den Einstieg in das Arbeiten zu ritualisieren, sich bewusst an den Arbeitsplatz zu begeben, sich dort „niederzulassen" und sich Zeit für die Planung der folgenden intellektuellen Aktivitäten zu nehmen.

2.8.2 Was wann? – Priorisieren und groben Zeitplan erstellen

Ein Blick in die einschlägigen Web-Kataloge des Buchhandels informiert über die Fülle an Semesterplanern – später werden es die Lehrer:innenkalender sein –, die der Markt bereithält. Wenn man sich eines solchen bedienen möchte, lohnt es sich, genauer hinzusehen und sich als Erstes die Frage zu stellen, ob man überhaupt analog planen möchte. Falls ja, folgt die Kaufentscheidung erst nach einer vergleichenden Betrachtung der Angebote.

Während einige Studierende und Lehrende ohne Semester- oder Schuljahresplaner auskommen, ihre Termine im Kopf haben und über ein intuitives Wissen darüber verfügen, was wann erledigt sein muss, ist es für viele andere besser, wenn sie eine schriftliche Übersicht anfertigen. Diese wiederum bildet die Grundlage für eine persönlichere Agenda, eine To-do-Liste, die grob nach Fristen geordnet werden kann, aber damit noch nicht allzu viel über Prioritäten und darüber aussagt, bis wann was erledigt werden muss.

Um zu priorisieren, empfiehlt es sich, in einem ersten Schritt mit der „Eisenhower-Matrix" oder „Eisenhower-Methode"[73] zu arbeiten (s. Abb. 12). Ob

[73] Vgl. Gert C. Egle auf https://www.teachsam.de (30.05.2023).

diese wirklich auf den amerikanischen Präsidenten Dwight D. Eisenhower (Amtszeit von 1953 bis 1961) zurückzuführen ist, vermag niemand mehr so genau zu sagen. Das ist vorwiegend für Historiker:innen von Belang. Alle anderen halten mit der Matrix ein Instrument in der Hand, das hilfreich sein kann, wenn man Aufgaben der Agenda kategorisieren und sie dabei nach Dringlichkeit und Wichtigkeit ordnen möchte.

M8

Wichtigkeit

B-Aufgaben **Terminieren** In Zeitplanung aufnehmen	A-Aufgaben **Sofort tun** Ohne Aufschub erledigen
Nein sagen **Papierkorb** Unwichtig	Aufgabe anderen übertragen **Delegieren** C-Aufgaben

Dringlichkeit

Abb. 12: Eisenhower-Matrix (Gert C. Egle auf https://www.teachsam.de, 30.05.2023).

Im Quadranten tauchen die Aufgaben nach A, B und C geordnet auf. Darüber hinaus existiert ein „Papierkorb", in den hinein alles „Unwichtige" gehört. Für ein Studium sind in erster Linie die Formate A und B entscheidend. Das Etikett „Ohne Aufschub erledigen" tragen z. B. Hausaufgaben, die am Folgetag vorhanden sein müssen, während die Etappen für das Verfassen einer Hausarbeit in die Zeitplanung eingebunden werden. Beide Formate sind wichtig, dringlich aber sind nur die A-Aufgaben.

Studierende, die mit ihren A- und B-Aufgaben beschäftigt sind, verzichten auf alles, was diesen nicht oder vordergründig nicht entspricht. Ohne ein schlechtes Gewissen zu haben, sagen sie vielleicht Nein zu einer spontanen Einladung, verschieben sie demzufolge in den Papierkorb. Ob sich hinter der Einladung nicht vielleicht eine zusätzliche wichtige Aufgabe versteckt hatte, können sie indessen nicht wissen.

Damit lässt sich demonstrieren, dass die Einstufung der Aufgaben in vielen Fällen nicht evident ist. Bei direkten Terminen ja, solche, die man einschränkungslos als wichtig ansieht, Abgabetermine für Hausarbeiten etwa, in anderen Fällen eben nicht. Den meisten Interpretationsspielraum bieten die C-Aufgaben, denn was dringlich ist, ohne wichtig zu sein, ist von der individuellen Perspektive auf die Dinge abhängig. Viele Schüler:innen sehen ihre Hausaufgaben als dringlich, nicht jedoch als wichtig an, viele Arbeitnehmenden würden die Steuererklärung als dringlich, nicht aber als wichtig erachten. Bei diesen Beispielen lassen sich vielfältige Delegationsszenarien imaginieren. Da darüber lange philosophiert werden könnte, der Aspekt aber für die vorliegenden Zwecke weniger wichtig, anderes aber dringlicher ist, soll er außer Acht gelassen werden.

Nun steht also die grobe Planung, es ist klar, bis wann die einzelnen Aufgaben beendet sein müssen. Angenommen, dass am Tag X die dringlich-wichtige Aufgabe A beendet worden ist und die wichtige Aufgabe B für den Tag Z nun in Angriff genommen werden kann. Wie genau geht man bei B im Einzelnen vor, wenn A abgearbeitet ist?

2.8.3 Wie genau und bis wann? – Das „Feintuning"

Der zweite große Planungsschritt geht über die temporalen Aspekte hinaus, bevor man im dritten darauf zurückkommt. Selbstverständlich hängt die genaue Planung vom einzelnen Aufgabenformat ab. Beim Lernen für eine Klausur oder eine mündliche Prüfung tritt das Bewältigen großer Stoffmengen in den Vordergrund. Nicht zu umgehen ist es, diese ungeachtet ihrer Herkunft – Skripte zu Vorlesungen, Bücher, Internetquellen usw. – auf kleinere Einheiten herunter zu brechen, sie zu „managen", etwas auf Lernzetteln zu „bändigen". In Anbetracht der vielen unterschiedlichen Wege, die sich anbieten, ist spätestens an diesem Punkt zu überlegen, welcher „Lerntyp" man ist.

Frederic Vester folgend[74] und seine Beobachtungen systematisierend, unterscheidet man zwischen vier dieser Typen: dem „visuellen", dem „auditiven", dem „haptisch-motorischen" und dem „kommunikativ-intellektuellen"[75]. Manche Pädagog:innen ergänzen dieses Quartett um den „kommunikativen" Typ. Während visuell geprägte Lernende am besten mit Abbildungen jeglicher Art, mit Skizzen, aber auch sprachlichen Bildern, Metaphern und Symbolen, klarkommen, schreiten die visuellen Typen am ehesten durch Zuhören, auf der Grundlage mündlicher Erläuterungen, voran. Haptisch-motorisch ausgerichtete Menschen lernen in Anbetracht von praktisch zu funktionalisie-

[74] In seinem „pädagogischen Klassiker" aus dem Jahre 1975 spricht Frederic Vester von Lerntypen, ohne diese exakt in die vier Kategorien einzuordnen. Vgl. F. Vester (1975): *Denken, lernen, Vergessen. Was geht in unserem Kopf vor, wie lernt das Gehirn, und wann läßt es uns im Stich?* München: dtv. 27. Aufl. 2000, S. 128.

[75] Vgl. Vesters Lerntypentest: Ebd., S. 193 ff.

rendem, unmittelbar anzuwendendem Stoff am effizientesten und die zuletzt im Quartett Genannten dann, wenn sie sich ganz traditionell mit intensiver Lektüre auseinandersetzen und den jeweiligen „Ertrag" in einen Diskurs einbringen können. Alle allein als „kommunikativ" zu klassifizierenden Lernenden zeichnen sich durch die aktive Teilnahme an Gesprächen oder Diskussionen aus. Es sind diejenigen, die im Unterricht aktiv sind und ihr Wissen auf diese Weise erweitern und festigen.

Das Lerntypenmodell hat seine Spuren auch in den bekannten Auflistungen zu den Leistungen der einzelnen „Lernkanäle" hinterlassen: Man behalte 10 Prozent von dem, was man lese, 20 Prozent von dem, was man höre, 30 Prozent von dem, was man sehe, 50 Prozent vom Sehen und Hören, 70 Prozent von dem, worüber man spreche und 90 Prozent von dem, was man selbst tue.

Laut dieser Liste[76] lernen jene Menschen am besten, die ein „Learning by doing" praktizieren können. Nicht zu bestreiten ist, dass man das am besten lernt, was man ausprobieren kann. Da die Möglichkeiten dafür begrenzt sind, gelten die 70 Prozent als erstrebenswert bzw. die Kombination aller Lernkanäle im Sprechen über das, was man sich angeeignet hat. Das, was für die meisten gilt, ist nicht die probate Lösung für alle: Manch eine:r kommt mit „Lernzetteln" im klassischen Sinn aus, manch andere:r mit Audiodateien oder Lernvideos. Alle Lernenden sollten berücksichtigen, dass es vor allem zählt, die Kanäle auszuprobieren, sie zu variieren sowie zu kombinieren und dabei von Anfang an über das Stadium des Auswendiglernens hinauszugehen, sich also an Blooms Taxonomie zu halten und – so wie Frederic Vester allen Lernenden ans Herz legt – ein „Netzwerk vom Lernen"[77] auszubilden und für die eigenen Ziele zu funktionalisieren.

Außer der Dringlichkeit ist nun bestimmt, wie man vorgehen wird bzw. welchen „Lernkanal" man vorwiegend heranziehen wird und mit welchem anderen dieser verschmelzen soll, um Uniformität zu vermeiden. Es schließt sich die genaue Planung der einzelnen Schritte an, wobei der oft beschworene „Smart"-Zielkreis[78] nützlich sein kann (siehe folgende Seite).

[76] Vgl. unter vielen anderen Ueli R. Frischknecht (2016): *Dynamic Learning: Wir behalten 90 % von dem, was wir selber tun?* https://www.nlp.ch (30.05.2023).

[77] Vgl. Vester, 1975, op. cit., S. 116 ff.

[78] Zum ersten Mal erwähnt ihn George T. Doran in einem wirtschaftswissenschaftlichen Aufsatz: G. T. Doran (1981): *There's a S.M.A.R.T Way to Write Management Goals and Objectives.* Management Review, 70, S. 35 – 36.

 **Unter der Lupe: S.M.A.R.T.**  **M9**

S.M.A.R.T. ist ein Akronym, d. h. seine einzelnen Buchstaben deuten auf prägnante Begriffe hin:

S = spezifisch
M = messbar
A = attraktiv[79]
R = realistisch
T = terminierbar

Eine „smarte“ Planung bietet sich oftmals an, wenn Sie ein großes Projekt in kleinere Teilziele zergliedern und festsetzen möchten, bis wann diese erreicht sein sollen und überprüft werden können. Wenn Sie Ziele „smart“ formulieren, liegt das Hauptaugenmerk auf der Präzision. Ein Ziel wie „Heute und morgen werde ich 200 Seiten des Lehrbuchs lesen und diese zusammenfassen“ entspricht nur bedingt den „Smart“-Kriterien. Alle Punkte sollten Sie verfeinern, in etwa so: „Heute, am X.12.2023, und morgen, am X.12.2023 (t), werde ich 200 Seiten, d. h. die ersten fünf Kapitel des Lehrbuchs mit dem Titel „XX“, lesen und sie, nach ihren jeweiligen Oberbegriffen geordnet, in einer Word-Datei mit maximal 10.000 Wörtern zusammenfassen“ (s/m/r). Je nach dem Schwierigkeitsgrad des Textes sind 200 Seiten in zwei Tagen, unter der Voraussetzung, dass Sie nur wenig anderen Verpflichtungen nachkommen müssen, realistisch. Die Kriterien der Spezifizität, der Messbarkeit und der Terminierbarkeit erfüllen Sie mit diesem Ziel ebenso. Weiter verengen und intensiver auf das Ergebnis zentrieren könnten Sie es mit dem Wechsel von Futur I zu Futur II, also: „Morgen Abend, am X.12.2023 um 20 Uhr, werde ich 200 Seiten [...] gelesen und diese in einer Word-Datei [...] zusammengefasst haben.“

Wo aber findet sich in diesem Beispiel die Attraktivität wieder? Sachzwänge machen das Lesen und Zusammenfassen notwendig, aber ist das auch attraktiv? Dies liegt allein in den Augen der Beteiligten. Vielleicht gewinnt das Ziel einen gewissen Charme, wenn man sich an den beiden Workload-Tagen nicht allein dem einen Lehrbuch widmet, sondern bewusst nach Abwechslung sucht und Pausen einplant.

Es mag sein, dass die Tage mit einem facettenreicheren Procedere besser durchstrukturiert werden können. Dafür würde sich die „ALPEN-Methode“[80] anbieten, ein Akronym gleichermaßen, und zwar:

79 Zu dem „A“ bestehen mehrere Auflösungen, „attraktiv“ am häufigsten und für Zwecke des Lernens am besten geeignet.

80 Vgl. David Guttmann: *Zeitmanagement: Methoden kennen und richtig einsetzen!* https://lernkarten.de (30.05.2023).

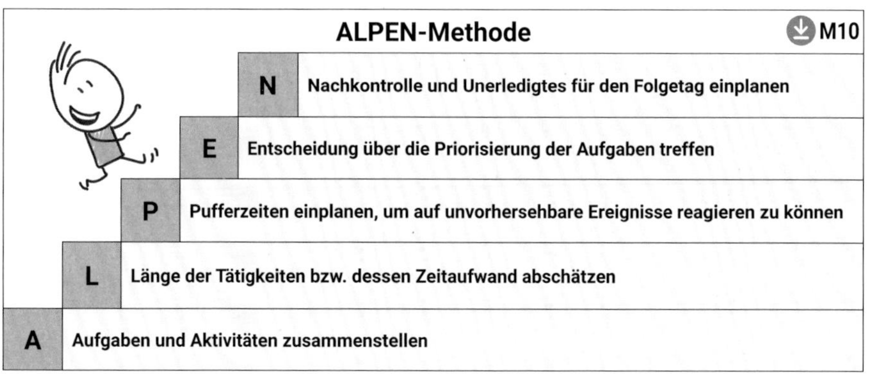

Abb. 13: Alpen-Methode (https://lernkarten.de, 30.05.2023).

In Phase A ist es erforderlich, die Aufgaben als solche zu bestimmen, danach steht die Dauer der Aktivitäten im Fokus. Für beides lässt sich der Smart-Zielkreis heranziehen. Da vieles länger dauert als ursprünglich geplant, ist es ratsam, „Pufferzeiten" vorzusehen und die Abfolge der Tätigkeiten zu bestimmen, wozu ein weiteres Mal die Eisenhower-Matrix verwendet werden könnte. Der Arbeitstag sollte mit einer Reflexion zur Neige gehen und zwar so, dass dieser eine „Nachkontrolle" und die Planung des nächsten Tages innewohnen.

Eisenhower, Smart und Alpen sind weit verbreitete Zeitmanagement-Methoden. Es lässt sich nicht generell sagen, ob sie sinnvoll sind oder nicht. Jede:r Einzelne:r ist dazu aufgerufen, sie einem Attraktivitätstest zu unterziehen, sie einfach einmal auszuprobieren. Ihnen allen ist gemeinsam, dass sie zum Innehalten vor dem eigentlichen Tun anhalten und dazu appellieren, sich nicht blindlings in Aktivitäten zu stürzen, die mit ein bisschen mehr Planung beim Ausführen angenehmer wären und an deren Ende bessere Ergebnisse stünden. Sollte man den Smart-Zielkreis nicht oder nur bedingt als nutzbringend einordnen, so bringt er doch eine Einsicht: Planung muss spezifisch sein, „Hand und Fuß haben" und sich nicht auf ein „Ich werde morgen vielleicht ...", ein „Eventuell passt es ..." oder gar „Läuft schon" reduzieren.

Im Idealfall lernen Lehramtsstudierende jedoch nicht nur, dass gute Planung der Selbststudiums-Phasen und später des Unterrichts das A und O umfassender professioneller Kompetenz ist, sondern sie kommen auch zu der Einsicht, dass Planen exzessiv und pathologisch werden kann. Studierende und Lehrende sollten die Weisheit der Diskriminierung – im positiven Sinne als Unterscheidung – erlangen und entscheiden können, wann Planung unabdingbar ist und wann man es „locker nehmen" und darauf verzichten kann. Es ist eine Binsenweisheit, dass weniger Planung vonnöten ist, wenn man motiviert und „frohgemut" an sein Tagewerk geht. Dann bedarf es des Folgenden nicht unbedingt.

2.8.4 Lern- und Arbeitsstrategien

In seiner vorzüglichen Anleitung zum gehirngerechten Lernen öffnet Peter Gasser den großen Fächer des „Lernstrategien-Angebots". Er listet „Motivationsstrategien", „Bearbeitungsstrategien", „Strategien des Repetierens und Abrufens" sowie „Strategien der Reflexion und Metakognition"[81]. Diese beginnen beim „Kick off", dem Interesse, der Motivation, konkret dem, schon zweimal erwähnten, ritualisierten Beginn einer Studiensession, wandern von dort aus zu Bearbeitungsstrategien, der Erarbeitung des Lernstoffs hin zum Repetieren und danach zu Transfer, Applikation und Reflexion, sind also grob mit Blooms Taxonomie gleichzusetzen.

Recht große Vielfalt zeichnet in erster Linie die „Bearbeitungsstrategien" aus, mit denen Lernende den Stoff für eine schriftliche oder mündliche Prüfung sichten, aufbereiten und sich aneignen. Meist basieren diese Techniken auf einer akribischen Lektüre, die der eigentlichen Erarbeitung des Stoffes vorausgeht. Während es im Hinblick auf das Strukturieren und Verfassen von Hausarbeiten oft – je nach Schwierigkeitsgrad und Argumentationsweise der Publikation, mit der man sich auseinandersetzt – ausreicht, Material zu sammeln, also das zu isolieren und zu exzerpieren, was man für den eigenen Text benötigt, behält bei der Vorbereitung auf Klausuren und mündliche Prüfungen zumindest in der ersten Phase der Erwerb von Wissen die Oberhand. Dafür bieten sich genauso „Strategien des Repetierens und Abrufens" an, bei deren Befolgung, wie man weiß, unterschiedliche Lernkanäle ins Spiel kommen sollen, damit sich der Lernstoff dauerhaft einprägt, er ins Langzeitgedächtnis übertreten kann.

Demgegenüber erweisen sich „Strategien der Reflexion und Metakognition" als primär zielführend für das Erstellen eigener Ausarbeitungen, denen man damit leichter einen individuellen Stempel aufdrücken kann.

Auf das Spektrum der Strategien wird in den Kapiteln zu den einzelnen Prüfungsformaten zurückzukommen sein.

2.8.5 Tipps aus der Neurodidaktik zum Lernen im Allgemeinen

Begriffe wie „Neurodidaktik"[82] oder „Neuro-Lernen" haben Hochkonjunktur. Es erstaunt kaum, dass sich die ihnen zugrundeliegenden neurowissenschaftlichen Erkenntnisse[83] fortlaufend erweitern und differenziertere

81 Peter Gasser (2010): *Gehirngerecht lernen. Eine Lernanleitung auf neuropsychologischer Grundlage.* Bern, S. 93 ff.

82 Vgl. dazu die exzellente Einführung von Kristian Folta-Schoofs & Britta Ostermann (2019): *Neurodidaktik. Grundlagen für Studium und Praxis.* Stuttgart: Kohlhammer. Außerdem Ulrich Herrmann (2020): *Neurodidaktik. Grundlagen für eine Neuropsychologie des Lernens.* Weinheim: Beltz. 3. Aufl.

83 Vgl. als knappen, aber immens informativen und gut lesbaren Überblick dazu Lisa Feldman Barrett (2020): *Seven and a Half Lessons About the Brain.* London: Picador. Die deutsche Übersetzung ist 2023 erschienen.

Einsichten einfachere Erklärungsmodelle ablösen. So stimmt zwar im Kern immer noch die lange vorherrschende Auffassung, dass die rechte Gehirnhälfte für alles Kreative und Affektive zuständig sei, die linke hingegen für alles Intellektuelle und Vernunftgesteuerte, aber die Art und Weise, wie Informationen auch über die Vernetzung der beiden Hemisphären hinaus verarbeitet und wieder ausgegeben werden, ist weitaus komplizierter. Obwohl intensive Forschungen im Gange sind, obwohl bildgebende Verfahren kontinuierlich verfeinert werden, man mithilfe von Positronen-Emissions-Tomographien dem Gehirn beim Arbeiten zusehen kann, gibt es für viele Vorgänge nur unzulängliche Erklärungen, weil diese – so könnte man folgern – nicht mehr mit menschlichem Sensorium und sicherlich genauso wenig mit KI entschlüsselt werden können.

Im Verlauf der Forschungen zu der Art und Weise, wie das menschliche Gehirn Reize genau prozessiert, verarbeitet, ist im neurowissenschaftlichen Diskurs zu dem bislang üblichen Speichermodell[84] – Ultrakurz-, Kurz- und Langzeitgedächtnis – die Konzeption des Arbeitsgedächtnisses im Besonderen und der exekutiven Funktionen im Allgemeinen getreten. Im „Mehrspeichermodell" begibt sich die Metapher des simplen Auffüllens eines Speichers zugunsten der Art und Weise, wie dies getan wird, in den Hintergrund. Vom „klug einzufüllenden Speicher" avanciert Gedächtnis nun zu einem „assoziativen, höchst dynamischen Netzwerk, das zeitsensibel und inhaltsdifferent, sowohl explizit als auch implizit funktioniert"[85].

Peter Gasser, der im Jahre 2010 eher bescheiden vom „Anregungsgehalt neuropsychologischer Sichtweise"[86] spricht und damit, so könnte man sagen, den Nagel nicht nur auf den Kopf trifft, sondern einen Raum schafft, um die unendlich vielen neurologischen Performanzvirtualitäten bestmöglich zu aktivieren, betont die Bedeutung der exekutiven Funktionen, die sich nach heutigem Wissensstand aus drei Komponenten zusammensetzen: Arbeitsgedächtnis, geistige Flexibilität und Inhibition.

Jede Art von Lernen geschieht mit diesen exekutiven Funktionen, von denen sich die geistige Flexibilität nicht nur im klugen Einsatz unterschiedlicher Lernkanäle äußert. Lernen verändert das Gehirn und wer so viele Lernaktivitäten wie möglich ausprobiert, für sich eine gute Auswahl trifft und immer wieder variiert, lernt gehirngerecht und das nicht nur in der Schule, sondern ein Leben lang. Das ist faszinierend und bietet Menschen jeden Alters große Chancen. Lernen erfolgt assoziativ und vernetzt, Wissen ist ein „reaktivierbares Erregungsmuster", das in den „neuronalen Netzwerken des assoziativen Cortex repräsentiert

84 Vgl. u. a. Vester, op. cit., S. 53 ff.
85 Gasser 2010, op. cit., S. 33.
86 Ebd., S. 33.

und gespeichert wird“[87]. Zu dieser Art von Lernen hält Gasser insgesamt zwanzig „Anregungen“[88] parat. Sie lassen sich weitestgehend für alle Formen geistiger Arbeit und für alle Prüfungsformate sehr leicht ein- und umsetzen.

Tipps: Neurodidaktisch effektives Lernen

Aktivieren Sie Ihr Vorwissen: Stellen Sie sich also Fragen wie, „Was fällt mir auf? Was fällt mir dazu ein? Was kommt mir bekannt vor? Was weiß ich schon? Woran erinnert mich das? Welche Begriffe kenne ich bereits?“[89]. Die Aktivierung von Vorwissen mit einem einfachen „Brainstorming“ bietet sich ganz besonders bei einem Thema an, zu dem man eine eigene Arbeit, also Referat und / oder Hausarbeit, anfertigen möchte.

Lernen Sie neugierig: So können Sie den Lernstoff besser verstehen und behalten. Wer mit offenen Augen und Ohren durch die Welt geht, interessiert sich, kann sich konzentrieren, sich dabei auch emotional dem Lernstoff stellen und in einen Flow kommen.

Lernen Sie vernetzt: So sehen Sie den Konnex zwischen Lerninhalten und Fächern in ihrer Vernetzung. Sie erblicken ein „Spinnennetz“ oder einfach nur ein Panorama.

Trainieren Sie Exekutivfunktionen und seien Sie geistig flexibel: Überlegen Sie, welche Vorgehensschritte bedeutend sind, ohne diese sklavisch zu befolgen. Besonders motivierend kann es sein, wenn Sie mit Verfahren experimentieren, die von Ihren üblichen Vorlieben abweichen. Mit Methoden und Strategien, in denen idealerweise unterschiedliche Lernkanäle zusammenfließen, fällt es besonders leicht, all jene Impulse, die vom Lernen abweichen, zu „inhibieren“, zu hemmen. Wer das Arbeitsgedächtnis in seiner Fluidität zu nutzen vermag, kombiniert seine drei Teile, nämlich den „visuell-räumlichen Notizblock“, der alles Bildhafte festhält, „die phonologische Schleife“, mit deren Hilfe das, was man hört, kurzfristig behalten wird, und den „episodischen Puffer“, mit dem unter anderem Themen oder Überbegriffe im Kopf bleiben.

Spielen Sie in den Arbeits- und Lernpausen ein Instrument: Ein Instrument zu spielen verbessert nachweislich die kognitive Leistung. Sie können das Gehirn damit so „tunen“, dass es aufnahmebereiter wird. Hören Sie während Ihrer Arbeitsphasen besser keine Musik, sie könnte stören. Allerdings kann leise Hintergrundmusik die Lernleistung mancher Menschen verbessern.

87 Ebd., S. 35.
88 Vgl. ebd., S. 58 ff.
89 Ebd., S. 58.

Achten Sie auf ausreichend Schlaf: Wer einige Nächte hindurch weniger als fünf Stunden schläft, fühlt sich, als ob er 0,5 Promille Alkohol im Blut hätte. Auch wenn es nicht auf jede:n zutreffen mag: die kognitive Kompetenz sinkt auf ein Minimum.

Steigern Sie die Hirndurchblutung mit Bewegung: Viele Studien haben bewiesen, dass Bewegung die Nährstoffversorgung des präfrontalen Cortexes intensiviert und damit alle Exekutivfunktionen ankurbelt.

Nur mit fokussiertem Lernen kommen Sie voran: Obwohl „Digital Natives" das Multitasking oftmals besser beherrschen als „Digital Immigrants", ist es beim Lernen kaum empfehlenswert, sich auf eine solche Parallelbelastung einzustellen. Auch wenn Sie meinen, „multitaskingfähig" zu sein, sollten Sie komplexe Aufgaben im Rahmen eines Studiums immer „mono", eine nach der anderen, ausführen.

Ziehen Sie für das Lernen Modelle, Skizzen, Fallbeispiele und Geschichten heran: Mit ihren ausgeprägten visuellen und narrativen Dimensionen besitzen sie einen hohen Aufforderungscharakter. Ihr Zugang ist niederschwellig, manchmal eher emotional geprägt, immer werden komplexe Sachverhalte in einfacher Form erläutert. Am besten ist es, wenn Sie mit anderen darüber ins Gespräch kommen, so dass die Erweiterung im Diskurs das Lernen zusätzlich vertieft.

Lernen Sie Fachbegriffe: Das mag sich antiquiert anhören. Doch es gibt keine seriösen Berufe und / oder Arbeitsfelder, in denen man ohne diese auskommt. Um das Fachvokabular zu erweitern und dieses fortlaufend zu aktualisieren, probieren Sie am besten verschiedene Techniken aus oder kehren (wenn es passend ist) zum guten alten „Vokabellernen" zurück. „Weil unser limbisches System auf Neues aktiv reagiert und weil der ‚Neuigkeitsgehalt' motivational sehr anregend ist, sollte man hin und wieder eine neue Textbearbeitungstechnik ausprobieren".[90]

Üben Sie: Das Diktum „Choose it, use it or lose it" bringt es auf den Punkt. Weil das, was Sie gelernt haben, nicht immer ohne Umschweife einer Anwendung zugeführt werden kann, ist es am besten, wenn Sie direkt nach dem Lernprozess Übungen konstruieren[91], mit denen sich der Stoff wiederholen lässt. Das muss nichts Großartiges sein. Bereits die Kurzfassung des gerade Gelernten, Merksätze oder ein Gespräch mit anderen Lernenden weisen die Merkmale von Übungen auf.

90 Ebd., S. 75.

91 Vgl. dazu noch einmal Blooms „Taxonomy", op. cit., S. 125 ff., wo die Übungen zur „Application" aufgeführt sind.

Wenn man über das Lernen gelernt hat, so wie hoffentlich in diesem Kapitel, dann folgt die Anwendung auf den Fuß, vielleicht in einem Projekt der „SOL-Optimierung“, der Verbesserung des selbst organisierten Lernens. Die einzelnen Anregungen mögen nicht für jeden geeignet sein, vielleicht sind damit auch viele offene Türen eingerannt worden.

Eine Sache zum Schluss: Im Hinblick auf Prüfungen, falls nicht auch das bereits selbstverständlich ist, empfiehlt es sich, in Projekten zu denken und diese zu konzipieren, für sie eine zeitliche Struktur und Ziele festzulegen. Ob man sich bei parallellaufenden Projekten an einem Tag nur eines vornimmt oder es vorzieht, hintereinander erst an einem, dann an dem anderen zu arbeiten, ist von verschiedenen Faktoren abhängig. Es ist nicht zuletzt eine Frage der Persönlichkeit und der Dringlichkeit. Auf die Formate der „Projekte“ bzw. Prüfungsformate im Einzelnen wird in den nächsten Kapiteln eingegangen.

3 Klausuren und mündliche Prüfungen

Schriftliche Leistungskontrollen sind Prüfungsformate, die bereits Grundschüler:innen begegnen. Sieht man von den Herausforderungen des Unterrichts und der in ihm geforderten aktiven Teilnahme ab – auch dies kann als eine Art Prüfung empfunden werden –, so sind mündliche Prüfungen eher spät in einer Schulkarriere angesiedelt. In einem Studium können sie von Anfang an vorkommen – sicher ist, dass sie so gut wie immer am Ende eines solchen stehen. Rein theoretisch können sich die Anforderungen bei beiden Formaten allein auf der ersten Taxonomiestufe bewegen. In den meisten Fällen jedoch sind die Aufgaben so angelegt, dass damit alle Bloomschen Bereiche durchlaufen werden.

Klausuren und mündliche Modul-Abschlussprüfungen pflastern den Weg aller Studierenden. Häufig schließen sie Einführungsveranstaltungen ab. In Zeiten von ChatGPT und anderen KI-Programmen, so ist zu vermuten, wird ihre Frequenz und ihre Bedeutung steigen. Außerdem werden die Aufsichtspersonen offiziell dazu angehalten werden, die Kandidat:innen vor Beginn der Prüfungen intensiv zu kontrollieren und sie aufzufordern, nicht nur alle Handys, sondern ebenso alle Smartwatches zur Seite zu legen. Auch der Zeitpunkt, an dem die Ohren auf Sender hin inspiziert werden müssen, dürfte nicht mehr fern sein, denn seit einigen Jahren bereits kursieren im Internet Angebote für „unsichtbare In-Ohr-Systeme zur drahtlosen Kommunikation" und somit für „Spickhilfen"[92]. Allein der Dialog zwischen Prüfungskandidat:innen und Helfenden im Hintergrund bleibt holprig, weil es unter Aufsicht schwierig ist, die Aufgabenstellung unbemerkt weiterzugeben.

Lässt man Präsentationsprüfungen außer Acht, so gilt für Klausuren und mündliche Prüfungen, dass mit ihnen nicht selten ein Maximum an Unsicherheit und Unwägbarkeit einhergeht. Doch wenn die Vorbereitung stimmt, ist es ein Leichtes, mit allem Kommenden so umzugehen, dass die Ergebnisse den eigenen Wünschen entsprechen.

3.1 Die intellektuelle Vorbereitung

In puncto Vorbereitung unterscheiden sich Klausuren und mündliche Prüfungen nur minimal. Es sei denn, es handelt sich um eine Präsentationsprüfung. Wenn man sich das Bild idealer Studierender vor Augen hält, dann

92 Vgl. https://www.lehrerfreund.de (30.05.2023): *Mini-Ohrhörer. Jede Prüfung bestehen ohne zu lernen* (2017).

sind diese ab dem ersten Semester sehr motiviert, insbesondere intrinsisch, und sie geraten beim Lernen oft in Zustände des Flow. Ihre Konzentration schwächelt auch dann nicht, wenn es einmal kompliziert wird – dann, wenn sie Passagen in einem Lehrbuch nicht sofort verstehen oder z. B. dann, wenn andere Dinge gerade im Moment verlockender erscheinen – etwa eine spontane Shopping Tour oder ein Telefongespräch.

Neben diesen drei grundlegenden Dispositionen verfügen solche Studierende über gute Strategien des Zeitmanagements und sie wissen, dass sie beim Lernen unterschiedliche „Kanäle“ nutzen. Bereits während ihrer Schulzeit haben sie realisiert, dass sie sich gut organisieren können und ihre Methodenkompetenz gut ausgeprägt sein muss. Um Lernzettel zu erstellen, haben sie diverse Vorgehensweisen herangezogen, die sie vor Beginn der Prüfungsvorbereitungen Revue passieren lassen. Dabei überlegen sie, welche davon und wie sie diese für universitäre Zwecke heranziehen können.

Eine gute Vorbereitung besteht aus mindestens sieben Schritten, von denen Schritt vier der differenzierteste ist:

Tipp: Die sieben Schritte der intellektuellen Prüfungsvorbereitung

1. Nehmen Sie eine rein quantitative Sichtung der Prüfungsmaterialien vor und füllen Sie eventuell vorhandene Lücken auf.
2. Sichten Sie die Prüfungsmaterialien in qualitativer Hinsicht und sortieren Sie ggf. die Inhalte aus, die kein Prüfungsgegenstand sind.
3. Erarbeiten Sie einen Zeitplan für die Prüfungsphase in ihrer Gesamtheit und strukturieren Sie die ersten Vorbereitungstage genauer.
4. Legen Sie fest, welche Bearbeitungsstrategien für die Aufbereitung des Prüfungsmaterials geeignet sind und wenden Sie diese an. Schreiben Sie „Lernzettel“.
5. Wiederholen Sie und festigen Sie das, was Sie aufbereitet und währenddessen bereits gelernt haben.
6. Überlegen Sie sich für Ihr Wissen Szenarien der Anwendung.
7. Tauschen Sie sich ggf. mit Mitstudierenden aus, lernen Sie gemeinsam, vor allem dann, wenn Sie bemerkt haben, dass Sie sich Inhalte im Dialog gut aneignen können.

Im Folgenden werden die oben im Tippkasten aufgeführten sieben Schritte detailliert erläutert:

1. Die quantitative Sichtung der Materialien, der jeweiligen „Grundlagen“ für die einzelne Prüfung, steht am Anfang. Dazu sollte man einige Fragen beantworten können:

- Welche Unterlagen benötige ich, um mich adäquat vorzubereiten?
- Sind diese vollständig? Reichen meine Mitschriften und ggf. Randnotizen am Vorlesungsskript aus?
- Falls nein: Wie kann ich die Lücken auffüllen? Ist es genug, wenn ich mich mit Internetquellen und Printmedien informiere oder ist es besser, mich bei Mitstudierenden über die fehlenden Kopien oder Dateien zu erkundigen?
- Falls ja: Welche Zusatzmaterialien sind für die Vorbereitung notwendig? Welche Lehrbücher und/oder wissenschaftlichen Aufsätze muss ich mir besorgen und rezipieren?

Schon in diesem ersten Stadium zeigt sich etwas absolut Banales und dennoch unendlich Wichtiges: Nicht nur in der Schule, sondern auch darüber hinaus stellen Ordner oder andere Materialsammlungen, egal ob in analoger oder digitaler Form, die erste Anforderung an Organisation dar. Ob man, so wie inzwischen viele Studierende, gänzlich zu Dateien auf Tablet oder Laptop übergeht, ist Geschmackssache. Wenn man das nicht möchte, ist es dennoch empfehlenswert, zu jeder Lehrveranstaltung auch einen digitalen Ordner anzulegen, weil viele Lehrpersonen nicht mehr mit Kopien in Papierform arbeiten und man einmal einen Ausdruck vergessen kann.

2. Der **zweite Schritt** besteht in der **qualitativen Sichtung der Materialien.** Nun ist es wesentlich, herauszufinden, ob alle Inhalte Gegenstand der Klausur oder der mündlichen Prüfung sein können oder ob nur ein Teil davon „drankommt". Im für die Studierenden optimalen Fall haben die jeweiligen Prüfenden im Vorfeld genauere Informationen dazu gegeben, so dass man entweder einige Inhalte aussortieren darf oder man sicher ist, dass ausnahmslos alle auf dem Lernprogramm stehen. Auf zufällige Einschätzungen darüber, was vorkommen könnte und was eher nicht, woraus oftmals ein „Lernen auf Lücke" resultiert, sollte man sich nicht verlassen. Es ist besser, sich nach einer Klausur oder einer mündlichen Prüfung zu ärgern, weil man in der Vorbereitungsphase weit über die Anforderungen hinausgeprescht ist als umgekehrt. Ein solcher Ärger ist ohnehin unangebracht, weil man erstens nie zu viel und zweitens nie allein auf ein einziges Ziel hin lernt.

3. An **Position drei** steht das **Erstellen eines tragfähigen Zeitplans** für die Vorbereitungsphase. Wenn die Prüfungen gut gestaffelt sind, d.h. mindestens eine Woche zwischen den einzelnen liegt – was oft in der vorlesungsfreien Zeit der Fall ist –, könnten die jeweiligen Vorbereitungen nacheinander funktionieren. Sollte man sich dafür entscheiden, ist es dennoch anzuraten, in bestimmten Abständen über den Tellerrand der erstgelegenen Prüfung hinauszuschauen. Für einen Zeitplan, der auf Parallelität der Vorbereitungen fußt, gilt umgekehrt natürlich, dass man die notwendige Tiefenschärfe für die einzelnen Prüfungen erlangen muss und nicht in einem Stadium davor zu einer anderen Prüfung übergeht.

Bei der Erstellung des Zeitplans kann man auf die Eisenhower-Matrix zurückgreifen und auf ihrer Grundlage entscheiden, welche Aufgabe wann wichtig ist, wann sie dringlich wird und wie sie zuvor, als „nur“ terminierte, strukturiert werden kann (vgl. **M8**).

Wie danach die Planung eines einzelnen Tages aussieht, hängt selbstredend von vielen Einzelfaktoren ab. Besteht der Luxus, einen ganzen Tag oder mehr allein für das Lernen zur Verfügung zu haben oder sind Lehrveranstaltungen der Eigenarbeit vor- oder nachgeschaltet? Ist es trotz der Prüfungen nötig, im Nebenjob zu arbeiten oder ist Familienzeit einzuplanen, weil man eigene Kinder hat? Wie auch die private Situation im Einzelnen aussieht, sie kann und darf bei der Planung nicht unberücksichtigt bleiben. Außerdem ist immer eine „Me-Time“ zu integrieren – Pausen, in denen man ganz bewusst abschaltet, im wörtlichen und übertragenen Sinn, Pausen für gute, qualitativ hochwertige Mahlzeiten und für Bewegung.

4. Wenn ein grober Zeitplan für die Lernwochen in ihrer Gesamtheit vorliegt, daneben die Planung für den ersten oder die ersten Lerntag/e, geht es in **Phase vier** weiter mit der Frage, welche **Bearbeitungsstrategien** sich anbieten, um die Stoffmengen in ihrer Extension und ihrer Intensität gleichermaßen zu bändigen.

Mit etwas Glück besteht eine gewisse Eingrenzung und die Mitschriften, Vorlesungsskripte, Reader und/oder Dateien, alle Medien, die ausgeteilt oder auf Online-Plattformen gestellt wurden, sind so strukturiert, dass man sich die Inhalte unmittelbar auf dieser Basis aneignen kann. Hat man zudem gut in der jeweiligen Lehrveranstaltung mitgearbeitet, ist das ein weiterer Pluspunkt für den Lernprozess.

In allen anderen Fällen beginnt die Arbeit mit intensivem Lesen – einem hundertprozentig „sinnentnehmendem Lesen“, das Verstehen fokussiert und nicht auf der ersten Taxonomiestufe verharrt. Obgleich die oftmals für Schüler:innen in der Sekundarstufe I propagierte Fünf-Schritt-Lesemethode für Studierende zu umständlich und alles andere als altersgerecht ist, könnte sie in Ausnahmefällen hilfreich sein. Dasselbe gilt für andere Mikro-Methoden des Lesens[93].

[93] Vgl. als nach wie vor gut geeigneten Überblick dazu: Heinz Klipperts *„Übungen zum systematischen Lesen“*. H. Klippert (1994): *Methodentraining. Übungsbausteine für den Unterricht.* Weinheim / Basel: Beltz, 13. Aufl. 2002, S. 98 – 104.

Beim konzentrierten Lesen und zeitgleichem Markieren des Wesentlichen[94], beim Notieren am Rand und beim Einsatz verschiedener Farben kann man von einigen analogen und/oder digitalen Strategien profitieren. Ob man sich für eine durchgängige Systematik des Markierens entscheidet, muss individuell ausgetestet werden. Während dabei eine gewisse Varianz tolerierbar ist, sollte man beim Einsatz von Farben uneingeschränkte Konsequenz befolgen und unterschiedlichen Themen klar voneinander zu unterscheidende Farben zuordnen.

Obwohl man sich bereits während der Lektüre einen Teil des Lernstoffes aneignet, ist es in den meisten Fällen sinnvoll, diesen auf den ersten beiden Taxonomiestufen weiterzuverarbeiten. Wie das genau geschieht, ist von den „Kanälen" abhängig, die man selbst bevorzugt. Alle, die von sich behaupten, dass sie beim Lernen weniger ganzheitlich-intellektuell ausgerichtet sind und eher beim Hören lernen, sollten sich selbst ausgewählte Textpassagen vorlesen und diese aufnehmen. Genauso lassen sich Zusammenfassungen als Audios gestalten – nie zuvor war das so einfach. Auch Lernvideos sind unproblematisch. Für den Eigenbedarf und für eine Gruppe von Lernenden, mit denen man sich zusammengeschlossen hat, muss es nicht die beste Qualität sein. Vorsicht ist indessen bei vorgefertigten Lernvideos geboten, die sich zu nahezu allen Themen auf YouTube oder gar TikTok finden lassen. Für YouTube gilt dasselbe wie für Wikipedia: Vielleicht sind die Beiträge nicht so schlecht wie der Ruf, der ihnen vorauseilt. Sie können in extrem raren Fällen sogar in eine Tiefe gehen, die den Ansprüchen an eine leichte Aufgabe für Erstsemester Genüge tun könnte. Abschlussprüfungen, das gilt auch für das Ende eines Moduls in den ersten Semestern, setzen ein adäquates wissenschaftliches Niveau voraus, für das YouTube oder Wikipedia einen kleinen Baustein liefern bzw. zur Erstinformation dienen könnten. Demgegenüber sollte TikTok immer mit einem Tabu belegt sein. Kaum jemand wird im knappen Clip einen gewissen Tiefgang erreichen – er oder sie müsste schon Einstein sein.

Es empfiehlt sich also, keine vorgefertigte Kost zu sich zu nehmen, allenfalls für einen knappen Einstieg in ein Thema. Beim eigenständigen Resümieren des Lernstoffs ergibt sich im Regelfall eine Mixtur aus eigenem Text und Zitaten, die als Exzerpt klassifiziert werden kann. Ob man dieses auf Papier notiert, auf einfache Blätter oder Karteikarten, oder ob man Tablet oder PC dafür nutzt, hängt von den persönlichen Vorlieben ab. Meist bewegt man sich auf den ersten beiden Taxonomiestufen, Wissen und Verstehen, d. h. auf der Vorstufe für einen differenzierteren Umgang mit dem Lernstoff.

Nachdem man sich das Wissen angeeignet und dieses intellektuell durchschaut hat, intensiviert sich das „gehirngerechte" Lernen, erweist sich Ler-

94 Vgl. „Texte markieren und unterstreichen". Ebd., S. 105 – 110.

nen mehr noch als zuvor „als vernetztes Geschehen“[95]. Zwar arbeitet das Gehirn immer interaktiv – schon „lineares Denken“ ohne großartige Verästelungen, bei der simplen Notation von Lernzetteln etwa, sei, so Gasser, „vernetztes Denken“[96] –, nichtsdestoweniger korreliere die eigentliche Vernetzung mit einer Reihe von Fragen, mit deren Beantwortung sich der Horizont der Lernenden erweitere:

- Wie hängen die Dinge zusammen?
- Was folgt daraus?
- Wovon ist etwas beeinflusst?
- Geht es um Koinzidenz (Gleichzeitigkeit zweier Ereignisse) oder um Interdependenz (gegenseitige Abhängigkeit), um Korrelation (Wechselbeziehung, mathematisch fassbarer Zusammenhang zwischen Ereignissen oder Faktoren) oder um Kausalität (Ursache-Wirkung-Zusammenhang)?[97]

Mit diesen Fragen treffen Lernende in das Zentrum der vierten Taxonomiestufe, mitten hinein in das analytische Denken. Stufe 3, Anwendung und Beispiele, wird dabei mitnichten außer Acht gelassen, gilt es doch, Situationen aus der Praxis als Basis der Analyse zu konstruieren oder jene aus dem eigenen Erfahrungsschatz hinzuzuziehen. Im Zuge der Vorbereitung einer Prüfung in pädagogischen Disziplinen ist es ein Leichtes, auf Praktika zu rekurrieren, ganz im Kantschen Sinne die Gedanken aus der Theorie mit praktischen Inhalten anzureichern und umgekehrt die Anschauungen aus der Praxis mit den Begriffen der Theorie zu formen und zu be-greifen. So offenbaren sich die Stufen 3 und 4 der Taxonomie als dynamische Organisationseinheit des vernetzten Denkens und Lernens. Unter den Methoden der Vernetzung, die Lehrende in schulischen und universitären Kontexten vermitteln und einüben lassen, ragen Cluster und Mindmap heraus. Von ihnen leiten sich die anderen Darstellungsformen, Concept-Map, Learn-Map, Begriffs-Map u. a.[98], ab. Obschon die Prozesse der Generierung anders verlaufen, sind sie alle Formen des Brainstormings, die sich äußerlich nur in Kleinigkeiten unterscheiden. Alle eignen sich auch zum ersten Sammeln von Gedanken und Aspekten zu einer eigenen Arbeit.

Am wenigsten komplex und niederschwellig zu realisieren ist ein **Cluster** (vgl. **M12**), sollen doch im Hinblick darauf Gedanken zu einem Thema notiert werden, ohne diese zu bewerten. Die Ordnung ist sekundär, weil diese das freie Assoziieren stören könnte. Beim Erstellen von Lernzetteln ist man

95 Gasser, op. cit., S. 97.

96 Ebd.

97 Ebd.

98 Vgl. ebd., S. 96 – 104.

davon zwar relativ weit entfernt, weil es wenig frei zu assoziieren gibt und das zu Ordnende vorliegt. Dennoch spricht viel für ein Cluster. Mit ihm lassen sich Schwerpunkte des Verstehens setzen und Gedanken nach der Art und Weise, wie sie verstanden worden sind, in „Trauben“ oder „Büscheln“, wie die Wortherkunft nahelegt, notieren. Da gerade nicht dem, was in der Sache, im Thema begründet liegt, das Primat zukommt, sondern die Gedanken der Person, die sich dem Thema widmet[99], kann der erste Wiederholungsschritt beim Lernen das Anlegen eines Clusters sein.

Es verwundert nicht, dass diese eher frei handhabbare Strategie als Schreibmethode entwickelt wurde. Dass einige Erkenntnisse der Hirnforschung, auf der sie basiert, heute überholt sind, tut der Methode keinen Abbruch. Mit ihr wollte Gabriele L. Rico[100] der Trägheit ihrer Studierenden entgegenwirken, Ihr Anliegen war es, eine „kreative Arbeitstechnik der Ideenfindung und der Visualisierung von Gedanken“ zu propagieren. Um ein Thema oder einen Begriff herum assoziieren die Studierenden neue Begriffe, die sich zu einer „Assoziationskette“ bzw. zu einer „netzartigen Skizze aus Ideen“[101] zusammenfügen.

Als Grundlage für eigenes Schreiben, genauso wie für das Erstellen von Lernzetteln, eignet sich auch eine **Mindmap**, das, was im Deutschen mitunter als „Gedankenbaum“ firmiert. Es sei jedoch ein Trugschluss anzunehmen, dass das Wissen im Gehirn als Mindmap organisiert und so abgelegt sei. Die Komplexität der Hirnprozesse spreche dagegen, denn „auf der Bühne des Bewusstseins“ herrsche „eine von Aktivierung und Hemmung bestimmte Dynamik von Bildern, Gefühlen, Ideen, Wissensfragmenten, Begriffen, Handlungsskripts usw.“[102]. Hinter dem, was eindimensional und vordergründig als Gedankenbaum zu sehen ist, laufen höchst komplexe Prozesse ab, an denen nicht nur die rechte Gehirnhälfte – wie oft behauptet werde – beteiligt ist, sondern das Gehirn in seiner Totalität – „inklusive Sprachzentren, *Stirnhirn, limbisches System, assoziativer Neocortex* usw.“[103]. Arbeiten mit einer Mindmap, egal ob als erster Schritt für eine eigene Arbeit oder als Zusammenfassung von Inhalten aus einem Lehrbuch beispielsweise, als assoziative und gleichermaßen geordnete Materialsammlung bzw. organisiertes Brainstorming von Inhalten, ist immer von Vorteil. Ausprobieren sollte man, ob es für einen selbst besser passt als ein Cluster, das sich auch als Vorstufe zur Mindmap anbietet.

99 Vgl. André Niedostadek (2018): *Vernetzt lernen – Die Cluster-Methode.* https://wissenschaftsthurm.de (30.05.2023).

100 Vgl. Gabriele Rico: *Writing the natural way* aus dem Jahre 1983. Internet: Open library. Als deutsche Ausgabe neu aufgelegt: G. Rico (2020): *Garantiert kreativ schreiben lernen. Writing the Natural Way – mit der Assoziativen Methode neue Ideen entwickeln und die eigene Stimme finden.* Berlin: Autorenhausverlag.

101 K. Reich (Hg.) (2007): *Clustering. Methodenpool.* methodenpool.uni-koeln.de (30.05.2023).

102 Gasser, op. cit, S. 99.

103 Ebd.

Was Organisation betrifft, gehen die Mindmap-Spielarten der **Concept-Map** und **Learn-Map** einen Schritt weiter. Ein Hauptanliegen ist es nun, mehr als bei der Mindmap, die tendenziell oberflächlich bleibt, Beziehungen zwischen den Begriffen, den „Konzepten" zu verdeutlichen, den logischen Konnex zu klären, um damit eine mehr in die Tiefe reichende Verarbeitung des Lernstoffs zu erzielen[104].

Bei all diesen Techniken und Darstellungsformen muss man sich vor Augen halten, dass sie subjektiv sind. Ihre Ergebnisse dienen den einzelnen Lernenden, heißt also, dass sie nur bedingt zu verallgemeinern sind und es im Prozess der Stoffaneignung wenig Sinn ergibt, Mindmaps auszutauschen[105]. Möglicherweise lassen sie sich gemeinsam, in einem Gruppenprozess, anfertigen – all dies müssen Studierende in ihren Lernphasen austesten.

Wie man den Prüfungsstoff aufbereitet und für das Lernen als solches darstellt bzw. ob man dies überhaupt tut, ist sehr individuell. Und dennoch: Vieles wird ähnlich sein, wenn man die eigenen Ergebnisse mit denen von anderen vergleicht.

Ob man Computer-Programme oder Apps heranzieht, ist eine weitere, sehr individuelle Frage, deren Beantwortung von der digitalen Kompetenz der Einzelperson abhängig ist. Der Einsatz digitaler Medien sollte einen echten Mehrwert erbringen.

Eine andere Lernmethode, die in den letzten Jahren etwas unmodern geworden zu sein scheint und für die es schon seit Langem digitale Unterstützungsmöglichkeiten gibt, ursprünglich als „Phase 6" auf CD, ist die Arbeit mit **Karteikarten**. Bei Präsentationen ist es nach wie vor gang und gebe, diese zu Hilfe zu nehmen. Beim Lernen könnte das dialogische Element von Frage und Antwort von Vorteil sein, insbesondere bei der Vorbereitung mündlicher Prüfungen. Viele Studierende verfügen über Erfahrung mit Karteikarten, denn Lehrer:innen von Fremdsprachen sind manchmal große „Fans" davon und meinen, diese Methode allen Lernenden überstülpen zu können. Ausprobieren lautet auch hier die Devise. Wenn man sich gern der Karten und Kärtchen bedient und diese Vorgehensweise einem liegt, ist es schön. Falls nicht, lässt man die Finger davon und entscheidet sich für anderes.

Es versteht sich von selbst, dass alle Strategien zur Aufbereitung der Lerninhalte eine optimale Prüfungsvorbereitung und einen ebensolchen dauerhaften Wissenserwerb zum Ziel haben. Des Weiteren sind sie für solche Prüfungsformate geeignet, die mit den ersten Taxonomiestufen beginnen, also damit, Wissen unter Beweis zu stellen und anzuwenden, und sich von dort aus zu den anderen fortbewegen.

[104] Vgl. ebd., S. 100. Dort gibt es auch Beispiele für die einzelnen Arten des Mappings.

[105] Vgl. ebd., S. 99 f.

Sollte es in der bevorstehenden Klausur – auf eine mündliche Prüfung trifft dies weniger zu – eher darum gehen, selbst ein bestimmtes Verfahren anzuwenden, einen Text zu interpretieren etwa, dann eignen sich die Techniken für den Erwerb von Hintergrundwissen, das im Klausurzusammenhang flexibel gehandhabt werden muss. Im Hinblick auf eine Textinterpretation ist es empfehlenswert, zu wissen, welche methodischen Schritte befolgt werden müssen, um ein schlüssiges und inhaltlich dichtes Ergebnis zu erreichen. Vom Besonderen des Textes ausgehend, induktiv voranschreitend, gelangt man zum Allgemeinen einer Gattung, eines Stils, eines Themas, in dem der analysierte und interpretierte Text aufgeht und durchscheint, dem Paradoxon einer Gesamtaussage, die besonders und allgemein ist. Während der Progression hin zum fertigen eigenen Text ist es der Gesamtaussage dienlich, Wissenselemente einzubinden, die Aussage zum Text im Besonderen mit allgemeingültigeren Informationen anzureichern, dies auf festerem Grund zu stabilisieren. In der Regel dient die Lehrveranstaltung, an deren Ende eine solche Klausur platziert ist, der Einübung des anzuwendenden Verfahrens. Eigene Übungen sollten dies ergänzen und erweitern.

5. Im Verlauf der Aneignung von Lernstoff folgt auf die Aufbereitung des Materials das **Wiederholen und Festigen**. Es ist sinnvoll, dies abschnittsweise zu tun, also nicht alle Stoffmengen in ihrer Gesamtheit auf Lernzettel zu konzentrieren und dann zu repetieren, sondern abschnittweise aufzubereiten und zu wiederholen – so lange, bis das gesamte Material auf Lernzettel gebannt ist.

Wiederholung und Verfestigung verlangen volle Konzentration. Im Idealfall bewegt man sich nun in einem Flow der Aneignung und der steten Kontrolle, ob die erstellte Materialsammlung vollständig ist und ob man alles verstanden hat.

6. Spätestens im nächsten Schritt, der durchaus auch mit dem fünften verschränkt werden kann, verlässt man die ersten beiden Taxonomiestufen. Falls man es zuvor noch nicht getan hat, ist es nun angebracht, **Anwendungsszenarien** zu imaginieren, d. h. Transferleistungen zu erbringen, zu überlegen, worauf sich das, was man gelernt hat, übertragen lässt.

7. Ob man sich in Stufe fünf und sechs mit anderen Studierenden austauschen möchte oder nicht, ist erneut eine individuelle Entscheidung. Grundsätzlich gilt, dass es nie verkehrt ist, den Kontakt zu Mitstudierenden zu suchen und in einen synergetischen **Austausch** zu kommen. Eine solche „Lernsymbiose" heißt, dass jede:r seine:ihre eigene Lerngrundlage ausgetüftelt hat, so dass sich niemand benachteiligt oder bevorteilt fühlt. Der Prozess des gemeinsamen Erweiterns, Ergänzens und Kondensierens ist eine „Win-Win-Situation".

Wenn ein Mitglied einer solchen Gruppe einen „Win-Lose-Eindruck" gewinnt und dies offen äußert, dann sollten die anderen überprüfen, ob dies berechtigt ist, ob sie – so wie das Gefühl des:der einen insinuiert – hauptsächlich von der Einzelarbeit profitieren und selbst nichts zum Lernerfolg beisteuern. Nun sind Kommunikationsvermögen, Konfliktbereitschaft und -fähigkeit als personale Kompetenzen gefragt, offenes Aushandeln der störenden Faktoren und Lösen der Unstimmigkeiten, so dass im Idealfall alle an einem Strang ziehen und letztendlich jede:r mit seinem:ihrem Wissen dazu beiträgt, dass sich die Gemeinschaft weiterentwickeln kann.

Studierende, die eher extrovertiert sind und gut im Dialog mit einem „real existierenden" Gegenüber lernen, tun gut daran, sich bereits während oder unmittelbar nach der Aufbereitung des Materials mit anderen zusammenzutun. Studierende „der anderen Fraktion", die Introvertierten, sollten sich nicht drängen und verunsichern lassen und auf ihrem Alleingang bestehen. Allerdings werden auch sie bemerken, dass eine Lerngruppe guttut.

Ergänzend zu der Auffächerung der Lernphasen sei bemerkt, dass manche Lehrpersonen ihren Studierenden ehemalige Klausuren zur Vorbereitung aushändigen und ggf. mit ihnen besprechen. Genauso ist es möglich, dass ältere Klausuren unter Studierenden kursieren. Es soll sogar Lehrpersonen geben, die eine Klausur zwei Mal schreiben lassen.

Bei der Auseinandersetzung mit alten Klausuren sollte man immer bedenken, dass diese bei allen Vorteilen, die sie bieten, das Zeug dazu haben können, Studierende massiv unter Druck zu setzen, Ängste zu generieren und damit die Qualität der Vorbereitung zu mindern. Wenn man Wert auf alte Klausuren legt, ist es am besten, diese ausschließlich mit den prüfungsverantwortlichen Dozent:innen durchzugehen und bei Unklarheiten nachzufragen.

Im Hinblick auf mündliche Prüfungen können Hospitationen eine Option für spätere Kandidat:innen sein. In nahezu allen Prüfungsordnungen ist festgeschrieben, dass Studierende, die selbst bald so weit sind, bei einer mündlichen Prüfung anwesend sein dürfen. Vielleicht findet man jemanden, der:die Hospitierende akzeptiert. Der Fairness halber sollte man dieses ebenso bei der eigenen mündlichen Prüfung zulassen. Sollte die Prüfung, bei der man hospitiert, einige Ecken und Kanten aufweisen und schlimmstenfalls mit einer schlechten Note oder gleich gar nicht bestanden werden, bleibt dies für die eigene Vorbereitung nicht auswirkungslos.

Wenn man nun alle sieben Phasen gut durchlaufen, sich eventuell on top eine Probeklausur angesehen und dabei festgestellt hat, dass sie kein Hexenwerk ist oder bei einer mündlichen Prüfung anwesend war und bemerkt hat, dass man gut hätte antworten können, ist man intellektuell bestens vorbereitet. Ob sich das auch auf die psychosomatische und die mentale Verfassung erstreckt, ist eine andere Frage.

3.2 Die mentale Vorbereitung

Es soll Studierende geben, die am Tag vor einer Prüfung nicht mehr lernen und diesen Tag allein der Entspannung bzw. mentalen Disponierung widmen. Die Anzahl derer, die eine solche Ruhe komplett aus der Ruhe bringen würde, dürfte jedoch höher sein.

Tipp: Sieben Schritte zur mentalen Prüfungsvorbereitung  **M13**

1. Üben Sie den Ablauf der Prüfung mit Familie und Freund:innen.
2. Lernen Sie mit ehemaligen Klausuren und mündlichen Prüfungen, jedoch nur dann, wenn Sie meinen, dass dieser Blick auf Vergangenes für Ihre zukünftige Herausforderung hilfreich sein kann.
3. Hospitieren Sie, falls möglich, bei mündlichen Prüfungen.
4. Nehmen Sie keine Medikamente zur Beruhigung ein – nur, wenn dies medizinisch unbedingt erforderlich sein sollte. Akzeptieren Sie Ihre Nervosität und versuchen Sie, diese produktiv für die Prüfung zu nutzen.
5. Betreiben Sie „Digital Detox", wenn Sie den Eindruck haben, dass eine Pause vom Digitalen der kommenden Prüfung guttun könnte.
6. Legen Sie alles, was Sie für das Prüfungsgeschehen am nächsten Tag brauchen, am Vorabend bereit und seien Sie gelassen[106].
7. Entwickeln Sie, wenn Sie das Prüfungsgebäude nicht zu Fuß erreichen können, einen im Notfall schnell umzusetzenden Plan B für den Weg zur Prüfung.

Für den Umgang mit Nervosität und Ängsten, vor allem bei Abschlussprüfungen, gibt es keine Patentrezepte. Alle Tipps, die sich dazu auf zahlreichen Websites und in einem Buch finden, das sehr reißerisch daherkommt[107], können genauso nützlich wie schädlich sein. „Schluss mit Lernen! Lenken Sie sich ab"[108] – so lautet tatsächlich der erste Ratschlag von Burkhard Heidenberger für den Tag vor der Prüfung. Mit einer solchen Maxime ist für manch eine:n neuer Druck vorprogrammiert, was möglicherweise auch auf die anderen Tipps für die Tage zuvor zutrifft: „Achten Sie auf Ausgleich, gesunde Ernährung und ausreichend Schlaf", „Produzieren Sie positive Kopfbilder",

106 Ein solcher Rat ist aber letztendlich unter Watzlawicks Paradoxien, die als Kommunikationsstörungen gelten, zu listen.

107 Vgl. Michael Draksal (2017): *Mentale Prüfungsvorbereitung. Prüfungen so erfolgreich meistern wie Olympiasieger.* Leipzig: Draksal Fachverlag.

108 Burkhard Heidenberger: *Die optimale (mentale) Prüfungsvorbereitung – 18 Tipps.* https://www.zeitblueten.com (30.05.2023).

„Machen Sie regelmäßig ‚Atempausen'", „Vermeiden Sie negative Gefühle" und „Üben Sie den Prüfungsablauf"[109]. Wer all diese Ratschläge beherzigen kann, ist zweifellos gut vorbereitet, doch „positive Kopfbilder" lassen sich kaum auf Anhieb herstellen, „negative Gefühle" nicht immer abstellen, „Atempausen" mit bewusstem Atmen sind nicht jedermanns und jederfraus Sache.

Sinnvoll ist es auf jeden Fall, den Prüfungsablauf zu üben. Eine mündliche Prüfung lässt sich mit anderen Lernenden, innerhalb der Familie oder mit Freund:innen antizipieren und durchspielen. Der Mut, den man dazu braucht und der Ruck, den man sich erst einmal geben muss, wird sich später auszahlen.

Eine sehr allgemeine Empfehlung, auf die man immer wieder einmal trifft, lautet, dass man gegen Stress und Angst, falls es medizinisch nicht erforderlich ist, keine Medikamente nehmen sollte. Es ist völlig diskussionslos, dass Tranquilizer, echte verschreibungspflichtige Sedativa also, nur dann eine Rolle spielen dürfen, wenn bei betroffenen Studierenden eine psychiatrische Erkrankung vorliegt, die damit behandelt wird.

Der Joint zur Beruhigung dürfte bald legal sein. Dennoch sollte man sich nicht nur vor Medikamenten, sondern auch vor anderen Drogen in Acht nehmen. Tabakwaren jedweder Art entfalten ihr Suchtpotenzial besonders gern in Stresssituationen. Dasselbe ist für alle Alkoholika gültig.

Nervosität ist normal. Im Austausch mit anderen Betroffenen lässt sie sich mitunter lindern. Man riskiert aber auch, dass man sich gegenseitig „hochschaukelt", was wiederum wenig zielführend ist. Besser kann es sein, mit anderen Absolvent:innen zu sprechen, falls dazu die Gelegenheit besteht.

Nicht normal sind Angstzustände und nicht selten verläuft zwischen simpler Nervosität und pathologischer Prüfungsangst nur ein schmaler Grat. Wer unter Prüfungsangst und Panik leidet, sollte, falls irgend möglich, offen damit umgehen und sogar wagen, dies bei Prüfenden anzusprechen. Je nach Fach und je nach involvierten Personen ist dies mehr oder weniger gut machbar, aber immer einen Versuch wert. Es ist gut, mit Prüfungsängsten, die sich zu Panikattacken und Angststörungen auswachsen, nicht hinter dem Berg zu halten, sondern sich um professionelle Hilfe zu bemühen. Nur ausgebildete ärztliche oder psychologische Psychotherapeut:innen können diese Hilfe leisten.

Ob es am Vorabend der Prüfung sinnvoll ist, das Handy zur Seite zu legen, überhaupt so etwas wie Digital Detox zu betreiben, sei dahingestellt. Mag sein, dass sich einige Studierende gerade mit digitalen Medien, mit einer „Runde Zocken" etwa, besonders gut beruhigen und sich selbst justieren können. Heidenberger empfiehlt für den Tag zuvor, dass man sich auf die

[109] Ebd.

Prüfung freuen solle[110]. Das geht zwar keinesfalls auf Knopfdruck, aber eine positive Einstellung dem Kommenden gegenüber lässt sich mit entsprechendem Kopf-Kino trainieren, etwa sich auszumalen, was man nach der Prüfung endlich wieder einmal tun kann, sich zu überlegen, wie man sich belohnen und was man sich gönnen kann.

Dass man alles für den nächsten Tag vorbereitet, ist selbstverständlich. „Gehen Sie zeitig zu Bett" – ein weiterer Tipp, den man so oder in ähnlicher Form oft lesen kann, ist obsolet. Es ist besser, auf ihn zu verzichten. Selbst Menschen, die an sich mit gutem Schlaf gesegnet sind, können vor großen Herausforderungen oder dann, wenn sie extrem früh aufstehen müssen, nicht einschlafen. Man sollte eher auf den „Eustress" während der Prüfung setzen, darauf, dass die bekannten Stresshormone euphorisch stimmen und man nicht bis zum „Distress" davon geflutet wird. Müdigkeit hat während einer Prüfung keine Chance, danach dafür umso mehr.

„Stehen Sie rechtzeitig auf", „Richtige Kleidung wählen" und „Rechtzeitig aufbrechen"[111] – so die bereits zitierten Items von der Website. Für wen dies nicht die gängige Alltagspraxis ist, der muss es am Prüfungstag beherzigen.

Einen Dresscode für Prüfungen gibt es im Allgemeinen nicht mehr, wobei dies von den studierten Fachrichtungen abhängig ist. Obgleich es in allen pädagogischen Sparten eher locker zugeht, empfiehlt es sich, für mündliche Prüfungen einige minimale Standards einzuhalten, Tabus zu beachten und sich bewusst zu machen, dass man mit Kleidung ein Statement setzt[112].

Für Klausuren sind andere Maßstäbe anzulegen. Warum sollte das, was an vielen Schulen für Abiturklausuren akzeptiert wird, wenn auch nach vorhergehenden Verboten und Diskussionen[113], nicht für Klausuren im Studium in Ordnung sein? In Präsentationen und mündlichen Prüfungen haben Jogginghosen nichts verloren, dafür würde nach wie vor Karl Lagerfelds bekannter Spruch, dass jemand, der Jogginghosen trägt, die Kontrolle über sein Leben verloren habe, zitiert werden müssen. In Klausuren soll jedoch nur die Lösung, meist der produzierte Text, den die Korrigierenden zu einem späteren Zeitpunkt lesen werden, die Kompetenz seines:r Verfassers:in nach außen tragen.

Vor dem rechtzeitigen Aufbrechen sollte jede:r am Prüfungstag ein Frühstück einnehmen. Alle Diätvorsätze werden ausgesetzt, jede Form von Intervallfasten ist an Prüfungstagen unangebracht. Wem das Kommende so schwer im Magen liegt, dass er oder sie nichts essen oder trinken kann, soll-

110 Vgl. ebd.

111 Ebd.

112 Vgl. dazu Kapitel 6.

113 Diese Diskussionen rund um das Abitur im Jahre 2023 werden z. B. im folgenden Artikel aufgegriffen: Max Wenisch u. a. (26.03.2023): *Debatte um Jogginghosen-Verbot. So stehen Schulen in Hessen zum „Schlabber-Look"*. https://www.fuldaerzeitung.de (30.05.2023).

te ein Frühstück einpacken und das Getränk dazu nicht vergessen. Obst, Brot oder Süßigkeiten sollten beim Verzehr keine Geräusche machen. Am besten ist alles ausgepackt in einer Box deponiert, die sich leise öffnen lässt.

Je nach persönlicher Vorliebe nimmt man einen Glücksbringer mit. Das Prüfungsergebnis wird er kaum beeinflussen, aber schon der Glaube daran versetzt Berge.

Je nachdem, wie und wie lange man zum Prüfungsort unterwegs sein wird, sollte man dafür besondere Vorkehrungen getroffen haben. In Universitätsstädten kann es sein, dass Studierende den Hörsaal oder den Raum für die mündliche Prüfung fußläufig gut erreichen können, weil sie im nahe gelegenen Studierendenwohnheim ein Zimmer besitzen. Wenn sie jedoch mit einem eigenen Fahrzeug, egal welchem, unterwegs sein müssen oder auf öffentliche Verkehrsmittel angewiesen sind, sollten sie immer einen Plan B für den Weg zur Prüfung haben. Streikt das Auto, ist man dennoch früh genug, um Bahn oder Bus zu erreichen, ein Auto auszuleihen oder auf freundliche Menschen, die einen fahren können, zu rekurrieren. Bei einem zu erwartenden Streik der Angestellten im öffentlichen Personennahverkehr gilt dasselbe und für den Weg, der im Normalfall mit dem Fahrrad zurückgelegt wird, sollte immer ein Zweitfahrrad zur Verfügung stehen. Kurzum: Es ist wichtig, immer so organisiert zu sein, dass die Pünktlichkeit bei Transportproblemen nicht in Gefahr gerät.

3.3 Unmittelbar vor und in der Klausur

Es ist nicht zu umgehen: Leidensgenoss:innen stehen vor der Tür des Hörsaals, in dem die Klausur stattfindet. Möchte man sich an Gesprächen über die intensive oder nicht ganz so intensive Vorbereitung beteiligen und sich davon wahlweise beruhigen oder irritieren lassen? Umgehen kann man das Ganze jedenfalls nur, indem man sich so spät wie möglich zum Ort des Geschehens begibt, sich nach dem Eintreffen auf dem Hochschulgelände an einem geschützten Ort aufhält oder noch kurz spazieren geht. All das ist völlig in Ordnung, weil die Plätze entweder reserviert sind oder die Aufsichtspersonen dafür Sorge tragen, dass jede:r sich gut hinsetzen kann.

Vor jede Prüfungsklausur ist die Frage geschaltet, ob sich Kandidat:innen gesundheitlich in der Lage fühlen, diese anzutreten. Damit ist der letzte Moment gekommen, sich zu entziehen. Wenn man unter akuten und heftigen Krankheitssymptomen leidet und das zuvor noch nicht bemerkt hat, ist man berechtigt, die Frage mit Nein zu beantworten. Danach muss man sich ohne Umschweife zu einer Ärztin oder einem Arzt begeben, um sich ein Attest zu besorgen.

Bei heftigen Ängsten, bei Übelkeit, Schwindel oder anderen ernsthaften Unpässlichkeiten, die im Verlauf der Klausur auftreten, kann eine der mindestens zwei Aufsichtspersonen gerufen werden. Selbst in einem solchen Fall finden sich Lösungen. Oft reicht eine kurze Pause vom Prüfungsgeschehen, um sich zu erholen. Dauert die Symptomatik an und kann man nicht weiterschreiben, dann zählt das partielle Anfertigen der Klausur meistens als erster Fehlversuch.

Auf die Frage nach der Klausurfähigkeit folgt das Austeilen der Klausur. Der Startschuss fällt jedoch erst, wenn alle Anwesenden mit einem Prüfungsexemplar versorgt sind.

Zu Beginn ist es absolut erforderlich und erfolgsdeterminierend, dass die Aufgabenstellung sehr genau gelesen wird. Was genau also ist zu tun? Viele Klausuren, deren Aufgaben die Taxonomiestufen und / oder den Reflexionszyklus nach Gibbs durchlaufen, basieren auf einem Text oder auf einem längeren Zitat, dessen wesentliche Komponenten wiedergegeben werden sollen, bevor man aufgefordert ist, das vorhandene Wissen zum umfassenderen Themengebiet einzuarbeiten. Diese induktive Vorgehensweise, ein Procedere, das vom Besonderen zum Allgemeinen verläuft, beginnt oft mit einer Zusammenfassung, deren Punktezahl knapp bemessen ist. Demzufolge ist am Anfang Kürze geboten. Es wäre sehr fatal, sich mit einem Resümee aufzuhalten und wertvolle Zeit zu verschwenden, die man für das Kommende benötigt.

Die Intensität jeder Antwort, ihre Qualität und Quantität, sollte mit den Punkten, Prozenten oder sogenannten „Bewertungseinheiten“ (BE) korrelieren, die dafür erteilt werden. Es ist wenig erfolgversprechend, 200 Wörter zu einer Frage, die mit 10 Prozent bewertet wird, zu verfassen, jedoch vielleicht nur 100 zu einer, für die es 30 Prozent gibt.

Studierende neigen mitunter dazu, bei einer Aufgabe zu übersehen, dass nur eine von zwei Optionen bearbeitet werden muss. Wenn irgendwo steht, dass entweder A oder B zu wählen ist, dann bedeutet es exakt dieses. Es gibt weder Fleißpunkte noch werden bei dürftigen Antworten die Punkte bei A und B zusammengezählt. Wohlwollende Prüfer:innen suchen bestenfalls den Text aus, auf den sie mehr Punkte erteilen können.

Es ist unabdingbar, das ist nicht oft genug zu betonen, genau hinzuschauen und genau zu lesen. Bei Unklarheiten stehen die Aufsichtspersonen zu Beginn der Bearbeitungszeit für Fragen zur Verfügung, manchmal darüber hinaus im Verlauf des Anfertigens der Klausur.

Worauf ist noch zu achten? Wenn bei einer komplexeren Frage die zu erbringende Leistung in einem längeren Text besteht, sollte dieser wohlstrukturiert sein, inhaltlich einen klaren Argumentationsverlauf aufweisen und sich formal in die Komponenten Einleitung, Hauptteil und Schluss gliedern.

In der Eile und im Eifer des Schreibens unterlaufen den meisten Menschen schneller als sonst Orthografie-, Grammatik- und Ausdrucksfehler. Da auch an der Hochschule dafür Punkte bzw. eine ganze Note abgezogen werden, sollte man sich Zeit für Korrekturen nehmen, fürs Nachdenken und Abwarten im Allgemeinen, für Änderungen, bevor man die Klausur abgibt.

Nichts überstürzen – es gibt bei Prüfungen kein Zurück, wenn man sie einmal eingereicht hat. Würde man erfahrene Prüfer:innen zum Abgabeverhalten von Studierenden interviewen, könnte man als Ergebnis eine Typologie von Abgebenden erstellen, die mindestens auf folgender Differenzierung basierte:

Unter der Lupe: Minimale Typologie zum Abgebe-Verhalten bei Klausuren

- **Die Überstürzenden:** Die Klausur so schnell wie möglich zu beenden hat für sie oberste Priorität. Ihr Motto lautet „Hauptsache fertig, dann ab damit". Auszuschließen ist es nicht, dass man bei dieser Vorgehensweise eine gute Note bekommt. Dann würde das Sprichwort mit der Würze in der Kürze seine Gültigkeit beanspruchen. Erfahrungsgemäß liegen die Noten der Überstürzenden aber im Dreier- oder Viererbereich.
- **Die Übervorsichtigen:** Sie schreiten allmählich voran, sind sehr unsicher, überlegen sehr viel, schreiben alle Texte auf Konzeptblättern vor. Nach Ablauf der Zeit haben sie nicht viel zu Papier gebracht und bräuchten eigentlich eine Verlängerung. Leider sind sie meist diejenigen mit den schlechtesten Ergebnissen, weil sie oft mit dem Studiengang und ihrer Fächerwahl hadern. Sie haben ihren Platz einfach noch nicht gefunden und außerdem fällt ihnen das Schreiben schwer.
  Eine Subgattung der Übervorsichtigen formieren jene, die formal alles richtig machen wollen und nicht bedenken, dass diese Dinge für den Erfolg sekundär, tertiär oder gar nicht relevant sind. Farbige Unterstreichungen gehören in die Grundschule. Mangelndes Wissen können sie nicht kompensieren.
- **Die Vielschreibenden:** Sie haben sehr gut gelernt und „spucken" all das aus, was ihnen im Kopf herumspukt. Die Ergebnisse können sehr gut werden, genauso oft aber neben den eigentlichen Themen liegen, weil es an der Überlegung vorab mangelt. Vielschreibende sind in der Regel diejenigen, denen die Prüfenden die Klausur aus der Hand reißen müssen, die nicht aufhören können, ihr gesamtes Wissen zu einem Thema, sei es nun aufgabenspezifisch oder nicht, auszubreiten.
- **Die Realistischen und Klugen:** Sie setzen sich intensiv mit der Aufgabenstellung auseinander, überlegen beim Schreiben, nutzen Konzeptpapier für eine Gliederung und planen die Klausurzeit so, dass sie sehr gut mit ihr klarkommen. Vor der Abgabe bleiben ihnen mindestens zehn Minuten zum Durchlesen und Korrigieren ihres Textes übrig. So sind sie ein bisschen vor Ablauf der Zeit fertig oder legen eine Punktlandung hin.

Unbedingt zu beachten ist, dass es in Prüfungsklausuren keinerlei Schreibverlängerung gibt. Bei Klausuren zu einzelnen Lehrveranstaltungen sehen es die Prüfenden eventuell nicht immer so hundertprozentig genau, bei offiziellen Modul-Abschlussklausuren besteht kein Pardon – der Abgabezeitpunkt ist kompromisslos.

Egal, wie die Klausur letztendlich gelaufen sein mag – die Zeit danach sollte jede:r genießen. Wie zu Beginn darf man sich von den Unkenrufen der anderen Schreibenden, von all den Bedenkenträger:innen, nicht aus seiner persönlichen Bahn werfen lassen. Man sollte sich schlichtweg den Piccolo oder das Bier unter „gechillten" Gleichgesinnten genehmigen, sofern man beim Heimweg nicht selbst am Steuer eines PKW oder eines anderen Fahrzeugs sitzt. Allen, die sich über die Klausur austauschen möchten, sollte man es ganz offen kommunizieren, wenn man nichts mehr davon hören möchte. Ausnahmsweise ist es eine gute Alternative, sich einfach von ihnen abzuwenden.

3.4 Der Verlauf einer mündlichen Prüfung

3.4.1 Im Allgemeinen

Mündliche Prüfungen sind individuell. Die entsprechenden Termine werden für eine:n Studierende:n vergeben und in der Regel für maximal fünf, wenn es sich um eine Gruppenprüfung handelt. Ausnahmsweise bilden die „fünf Minuten vor der Zeit" nun eine Grundregel.

An manchen Universitäten und Fachhochschulen kann es Usus sein, dass alle Studierenden, die an einem Tag mündlich geprüft werden, morgens zu einem Kollektivtermin erscheinen müssen, bei dem sie erst ihren individuellen Tages-Termin erhalten. Bei einem solchen Treffen stellt der:die Prüfungsvorsitzende die Gesundheitsfrage. Das Verfahren bei einem Nein ist dasselbe wie bei einer Klausur.

In den meisten Fällen ist es so, dass die Prüfungskandidat:innen mindestens zehn Minuten vor ihrem Termin, der sich in nahezu allen Fällen auf die Vorbereitungszeit bezieht, eintreffen sollen. In einem eigens dafür ausgewiesenen Raum nehmen die Kandidat:innen ihre Prüfungsaufgabe in Empfang, mit der sie sich in 15 bis 20 Minuten, die genaue Zeit dafür ist in den Prüfungsordnungen festgelegt, auseinandersetzen und dazu Notizen anfertigen, bevor ihr:e Prüfer:in sie zur eigentlichen Prüfung abholt. Sollte die mündliche Prüfung auf der Grundlage einer Präsentation stattfinden, gewährt man den Studierenden zuvor ausreichend Zeit für den Aufbau ihrer Präsentationsmaterialien.

Wenn der „große Moment" gekommen ist und man sich vor der Prüfungskommission befindet, ist es normal, mit Nervosität zu kämpfen. Diese sollte einer Erwiderung der Begrüßung durch den Prüfungsvorsitzenden nicht im Weg stehen und auch eine deutliche Artikulation in mittlerer Lautstärke nicht verhindern. Prüfer:innen sind weder schwerhörig noch haben sie Fledermausohren. Sie möchten mit einem Menschen in Kontakt treten, der authentisch auftritt, der weder Auswendiggelerntes schematisch wiedergibt noch die Notizen auf dem Vorbereitungsblatt abliest, sondern die Fragen frei sprechend beantwortet und sich dabei, falls nötig, eher vage an den Notizen orientiert.

Sollten Unruhe und Ängste überhandnehmen, hilft es oft schon, sich klar zu machen, dass „Menschen wie du und ich" in der Prüfung sitzen – keine Monster, sondern in den meisten Fällen Menschen, die man aus den Lehrveranstaltungen kennt. Außeruniversitäre Beisitzer:innen, Angestellte von staatlichen Prüfstellen bspw., sind berechtigt, an den Prüfungen teilzunehmen. Ihre Anwesenheit ist in Bachelor-Kolloquien eher selten, häufiger in mündlichen Prüfungen im Rahmen des 1. Staatsexamens oder des Masters. Wenn man ein unbekanntes Gesicht erblickt, darf man sich nicht aus der Ruhe bringen lassen. Sollte die Person nicht vorgestellt werden, hat man das Recht, nachzufragen, mit wem man es zu tun hat. Dieses sollte man ganz selbstbewusst und selbstverständlich nutzen.

In ihrem Kern setzt sich eine Prüfungskommission meistens aus drei Personen zusammen: der:die Prüfende, der:die Protokollant:in und der:die Prüfungsvorsitzende. Je nachdem, was an der jeweiligen Universität üblich ist, können ein bis zwei, eventuell mehrere Beisitzer:innen dazukommen.

Für die dann folgende Prüfung lautet die Grundregel schlicht und einfach Souveränität. So wie Eltern immer die Expert:innen ihrer Kinder sind, sind Prüfungskandidat:innen die Expert:innen ihrer Prüfung. Daraus folgt, dass man sich niemals aus dem Konzept bringen lässt.

3.4.2 Fragen ohne vorhergehende Präsentation

Obwohl die Fragen nicht auf einer Präsentation oder, wenn man so will, einem „Impulsvortrag" aufbauen, kann ein:e Prüfungskandidat:in die Gunst der Stunde nutzen und auf der Grundlage seiner:ihrer Vorbereitungen ein solches Kurzreferat halten. In den meisten Fällen fordern die Prüfenden dazu auf, mit der ersten Frage, die auf dem Aufgabenblatt steht, zu beginnen. Je lockerer und authentischer das gelingt, desto mehr kann man gleich zu Beginn viele Punkte sammeln.

Auf diesen Einstieg bauend, werden die Prüfenden weitere Fragen formulieren. Alle anderen Anwesenden, abgesehen von hospitierenden Studierenden natürlich, können das Geschehen mit ihren Fragen erweitern. Ob sie dies tun, bleibt abzuwarten. Faire Protokollierende, Vor- und Beisitzende fragen nur dann, wenn sie sich mit ihrer Expertise in das Potpourri der Fragen einklinken wollen. Zu rechnen ist aber auch mit jenen, die fachlich zwar einigermaßen versiert sind, sonst würden sie ja nicht in dieser Veranstaltung sitzen, dennoch vom konkreten Thema der Prüfung nicht allzu viel Ahnung haben und gerade deshalb Fragen stellen, die Prüflinge aus der Spur bringen. In solchen Fällen zeugt es von Authentizität und Selbstsicherheit, wenn man frei heraus bekennt, dass man nicht antworten kann. Oft weist dann eine nur leicht anders formulierte Frage zu einem plausiblen Lösungsweg.

Während es bei einer Einzelprüfung klar ist, wer antworten muss, könnte es bei einer Gruppenprüfung zu Unsicherheiten kommen. Gerechte Prüfer:innen gehen reihum vor oder rufen die Kandidat:innen namentlich auf. Sollte dies nicht so sein, sondern man über das Recht verfügen, frei antworten zu dürfen, obliegt es der Gruppe, ihre Sozialkompetenz unter Beweis zu stellen und darauf zu achten, dass alle einmal zum Zug kommen.

Ähnlich wie in einer Klausur dürfte es in den meisten Fällen so sein, dass die Prüfung sich vom Besonderen zum Allgemeinen und vom Einfachen zum Komplexeren fortbewegt. Fragen lassen sich nach ihrem Schweregrad einteilen und danach, der Taxonomie folgend, ob sie allein Wissen testen oder zum Verständnis, zur Anwendung und Analyse, eventuell Synthese, voranschreiten.

Es ist anzuraten, die Fragen nicht zu kommentieren, weder zu sagen, dass sie leicht oder schwer sind, auch nicht zu sagen, dass eine über das Thema hinausgeht. Nur dann, wenn man eine Frage nicht beantworten kann, zeugt es von Selbstkompetenz, wenn man dies frei heraus bekennt.

In einer mündlichen Prüfung sind höchste Konzentration und Flexibilität die wichtigsten Eigenschaften der Kandidat:innen. Dazu gehört es, feinsinnig und spontan gerade auf die Fragen zu reagieren, die man in der Vorbereitung nicht erhalten hat. Bei einfach zu beantwortenden Fragen, die Prüfer:innen gern als „Warm-up“ einsetzen, empfiehlt es sich, nicht abzuschweifen. Wenn die Fragen komplexer werden, sollte man vor und während des Antwortens überlegen, wie man ausweiten und vertiefen kann. Indem man eigene Akzente setzt, indem man den Prüfenden quasi „Köder“ auswirft – Stichworte, auf die sie „anspringen“ und an die sie neue Fragen knüpfen –, wird man das Heft in der Hand behalten. Wie weit man dabei gehen kann, was tolerierbar ist, was eher nicht, gründet im Idealfall auf den Erfahrungen mit den Prüfenden in Lehrveranstaltungen.

Ist dieser Erfahrungshorizont nicht so ausgeprägt, könnte es zielführend sein, sich zu verdeutlichen, dass man sich auf den Typus des jeweiligen Prüfenden einstellen sollte. Anhand der beiden folgenden Seiten können Sie sich eine kleine Typologie der Prüfenden vorab vergegenwärtigen, um in etwa vorbereitet zu sein. Selbstredend ist diese Liste rundum subjektiv und gründet allein auf den Beobachtungen der Autorin.

Unter der Lupe: Minimale Typologie der Prüfenden

- **Die Idealen** bleiben auf der Sachebene, bewerten gerecht und achten gleichzeitig auf das Befinden der Prüflinge. Sie legen eine professionelle pädagogische Haltung an den Tag, balancieren Nähe und Distanz perfekt aus und mixen dies mit einer guten Portion Humor. Alle, die mit ihnen zu tun haben, merken, dass Prüfen eines ihrer Kerngeschäfte ist, das sie nicht nebenbei erledigen, sondern dem sie sich gern stellen. Ihre Fragen beziehen diese Prüfenden aus dem Stoff heraus, nehmen aber zusätzlich auf die Befindlichkeiten aller Prüfungsbeteiligten Rücksicht. Sie definieren eine Prüfung als rhythmischen Prozess, lassen genügend Zeit für die Beantwortung der Fragen, warten ab und funken nicht dazwischen. Sie freuen sich über den Input ihrer Studierenden, hören gern zu und knüpfen daran an. Nach der Prüfung begründen sie ihre Bewertungen, die sich meist im gesamten Notenspektrum bewegen, inhaltlich und pädagogisch auf eine Weise, dass die Absolvent:innen sie nachvollziehen können und keine Fragen offen bleiben.
- **Die Rationalen** verlassen das hohe Ross der Sachebene und der Ratio nicht, was auch immer passieren mag. Wenn es zum Äußersten eines emotionalen Kollapses kommt, z. B. ein:e Prüfungskandidat:in weint, dann warten sie so lange ab, bis sie sich beruhigt hat. Sie sind entweder unfähig, Gefühle zu zeigen oder wollen dies mit allen Mitteln vermeiden. Hinter der Fassade ihres Pokerface wirken die Rationalen manchmal ein bisschen hilflos. Ihre Fragen stellen sie grundsätzlich aus dem Prüfungsstoff heraus, wobei sie zum Ausweiten tendieren. Da auch sie wenig unterbrechen, haben alle, die gut vorbereitet sind, gute Notenchancen. Die Rationalen sind mit Wissen zu beglücken und mit Transfer zu beeindrucken. Im Abseits davon gibt es wohl nicht allzu viel Schönes für sie. Ihre Bewertungen begründen die Rationalen inhaltlich, auf dieser Ebene gut verständlich. Sie nutzen ebenfalls das gesamte Notenspektrum, mit einer leichten Tendenz jedoch zur Abwesenheit von Bestnoten.
- Die **Wütenden** und **Abwertenden** verhalten sich so wie die Rationalen, wenn sie Kandidat:innen prüfen, die über ein hohes Maß an Wissen verfügen und passend dazu „performen" können. Bei falschen Antworten oder dann, wenn die zu prüfenden Gegenüber nicht in die Gänge kommen, verlieren sie ihre Contenance. Am schlimmsten während einer solchen Wut-Attacke sind generalisierende Äußerungen, die zeigen, dass sie sich schon lange von einer pädagogischen Haltung verabschiedet haben oder diese nie entwickelt hatten. Wenn sie merken, dass Kandidat:innen mit den Fragen nicht klarkommen, bohren sie boshaft weiter. Sie unterbrechen gern, wenn Antworten weiter ausgeführt werden. Solchen Prüfenden kann nur mit einer besonders guten und breiten Vorbereitung der Wind aus den Segeln genommen werden. Hat man sie wählen müssen, darf man sich nicht verunsichern lassen. Selbst auf die Gefahr hin, dass die Note (noch) schlechter ausfällt, sollte man sie bei emotionalen Ausbrüchen in ihre Schranken weisen. Man kann sich nicht darauf verlassen, dass die anderen Anwesenden es tun. In ihren Bewertungen gehen die Wütenden im Großen und Ganzen konform mit den Rationalen.

- Die **Empathischen** wollen nur das Beste für alle, denen sie begegnen. Da eine Prüfung mit ihrem Altruismus kollidiert, schießen sie bei der Themenabsprache mit ihren Kandidat:innen nicht selten über das Ziel hinaus, weil sie mehr verraten, als sie laut Prüfungsordnung dürfen. Für alle, die von ihnen geprüft werden, ist das einerseits ein Vorteil, andererseits ein unangenehmer Umstand. Den Empathischen eilt nämlich der Ruf voraus, dass eine sehr gute oder gute Note bei ihnen nicht als äquivalent zu einer solchen bei anderen angesehen werden kann. Ihre Prüfungen beginnen sie mit einem Extraquantum Smalltalk, haben danach ihr Selbstoffenbarungsohr weit geöffnet und werfen mit „rosa Wattebäuschchen", wann immer sie meinen, dass es den Prüflingen nicht ganz so gut gehe. Sollten Kandidat:innen nicht antworten können, dann geht es zurück zum Smalltalk des Beginns. Bewertungen unterliegen einer ausführlichen Begründung – immer so, dass ein Wohlfühlfaktor mit im Boot ist. Es nimmt nicht wunder, dass sich bei den Einsen und Zweien ein Cluster herausbildet.
- **Die Mitleidigen** steigern die Empathie bis hin zur unangebrachten Selbstoffenbarung nach dem Motto „Ich weiß doch ganz genau, wie es Ihnen geht". Die „Wattebäuschchen" dehnen sich nun zu einem „Watte-Ganzkörperanzug", in den die Kandidat:innen gepackt werden. Am Anfang der Prüfung fällt es den Mitleidigen schwer, den Absprung vom Smalltalk zum eigentlichen Prüfungsstoff zu schaffen. Ist dieser einmal erreicht, bleibt das Risiko des Umkippens in Smalltalk bestehen. Die Noten der Mitleidigen sind mit denen der Empathischen vergleichbar.
- **Profilneurotiker:innen** formieren allgegenwärtige Typen im universitären Alltag. Ihnen geht es weniger um wissenschaftliche Fragestellungen als vielmehr darum, sich selbst in ein gutes Licht zu rücken. In Prüfungen stellen sie ihre Fragen so, dass sie damit ihre eigene Kompetenz und ihr eigenes Wissen hell erstrahlen lassen können. Es handelt sich um exakt den Typus, der auf Fachtagungen, Kolloquien und Konferenzen aller wissenschaftlichen Disziplinen anzutreffen ist und meint, den Ausführungen der anderen immer seinen Kommentar hinzufügen zu müssen. Ohne seinen oder ihren „Senf" geht es nicht. Da ihnen das Prüfungsgeschehen als Ego-Showbühne dient, scheuen Profilneurotiker:innen nicht davor zurück, auf Kosten der Kandidat:innen gut bei den Mitprüfenden dazustehen. Wird man bei ihnen geprüft, sollte man sich unbedingt zunutze machen, dass sie für Schmeicheleien sehr empfänglich sind. Oft haben sie selbst einschlägige wissenschaftliche Beiträge publiziert, auf die man Bezug nehmen kann. Gelingt dies, dann ist man auf der sicheren Seite und kann mit einer guten Note rechnen.

Der kurze unvollständige Streifzug durch die Fauna der Prüfenden illustriert, dass Prüfungen und das, was in ihnen geschieht, vorhersehbar sind. Eine strategische Planung, in deren Verlauf es unbedingt anzuraten ist, über das Stadium der eigentlichen Fachlichkeit hinauszugehen, ist das A und O.

Zu guter Letzt sollte man sich vor Augen halten, dass mündliche Prüfungen immer eine Bühne für alle Beteiligten sind, eine „Showcase“ und ein Schaulaufen, die nach bestimmten Regeln funktionieren. Die Inszenierung spiegelt nicht das wahre Leben wider. Sollte man wirklich einmal in und an einer Prüfung scheitern, hilft es, sich auszumalen, welche Bedeutung diese eine Prüfung in einem größeren Daseinszusammenhang annehmen wird: Hätte diese eine Prüfung zu persönlichem Glück beigetragen? Wäre durch sie das eigene Leben reicher und sinnvoller geworden? Und schließlich: Welche Bedeutung wird man dieser einen Prüfung in einigen Jahren beimessen?

3.4.3 Fragen nach einer Präsentation

Die Prüfung nach einer vorhergehenden Präsentation, bzw. in diesem Fall eher das Kolloquium oder Fachgespräch, läuft sehr ähnlich ab wie eine Prüfung ohne fest vorbereiteten Vortrag. Eine wesentliche Erfolgsdeterminante ist jedoch nun, dass man die eigene Präsentation „rauf und runter“ kennt, sich Anwendungen der präsentierten Inhalte überlegt hat, also über den Tellerrand des Vortrags hinausschauen kann.

Sollte man zu Beginn des Kolloquiums auf Lücken hingewiesen werden, ist es meist am besten, einzuräumen, dass man dies bereits bemerkt hat. Wird in den Kommentaren der Prüfenden deutlich, dass sie manifeste Fehler identifiziert haben, dann kann es – je nach geprüftem Fach und/oder Themengebiet – ein Ausweg sein, sich auf Quellen zu beziehen, denen man diese falschen oder vermeintlich falschen Inhalte entnommen hat.

Wie weit das Gespräch über den vorhergehenden Vortrag hinausführt, lässt sich im Allgemeinen besser steuern als bei einer „freien mündlichen Prüfung“. Außerdem, das kann je nach persönlicher Präferenz ein Vorteil sein, orientiert sich ein Kolloquium oder Fachgespräch an allen Kompetenzen der Kandidat:innen. Unter anderem das ist Gegenstand des 5. Kapitels.

3.5 Nach der Prüfung

Nach der Prüfung ist oftmals vor der Prüfung – wie könnte es anders sein. Zurück auf Los also, nachdem man sich genug Ruhe gegönnt, ein bisschen gefeiert hat und sich auf diese Weise für die Anstrengungen belohnt hat.

Wie sieht es mit den Prüfungsergebnissen aus? Bei mündlichen Prüfungen wird dies sehr unterschiedlich gehandhabt. Genauso wie es sein kann, dass die Kandidat:innen direkt danach informiert werden, ist mit Wartezeiten zu rechnen. Die exakten Richtlinien dafür sind in der Prüfungsordnung zu finden.

Bei Klausuren sollte das Ergebnis nach einer Korrekturzeit von höchstens vier Wochen feststehen. Wird die in den Prüfungsordnungen festgeschriebene Maximaldauer von Korrekturen überschritten, darf man ruhig nachfragen. Wenn die Ergebnisse vorliegen, stehen sie auf den entsprechenden universitären Plattformen zur Verfügung oder man erhält sie per Post. Es könnte ebenfalls Usus sein, dass Studierende ihre Ergebnisse an bestimmten Terminen erfragen können.

Die Bewertungsskala liegt in Deutschland ganz traditionell zwischen den Noten 1 und 6 oder den Notenpunkten 0 bis 15, die in den Bachelor- und Master-Abschlussnoten von 1 bis 3 mit Nachkommastellen ausgerechnet und zudem pro Modul internationalisiert werden, d. h. die Grades A bis F erhalten.

In einem „Worst-Case-Ergebnis-Szenario“ beläuft sich die Bewertung auf weniger als 5 Notenpunkte, ist also schlechter als 4,0 bzw. „ausreichend“. Nach dem Schrecken und / oder der Enttäuschung darüber, die Prüfung nicht bestanden zu haben oder auch der Bestätigung dessen, was man erwartet hat, ist es günstig, so schnell wie möglich das Prüfungsamt und die Prüfenden zu kontaktieren und sich nach der Wiederholungsprüfung zu erkundigen.

Über die unumgänglichen Formalitäten hinaus sollte man die Prüfenden konsultieren, um sich die korrigierte Klausur oder das Protokoll zur mündlichen Prüfung anzusehen. Letzteres empfiehlt sich im „Best-Case-Szenario“ gleichermaßen. Zu wissen, worin genau die Qualitäten in der Prüfung lagen und warum gute oder sehr gute Noten erzielt wurden, kann, neben der Freude darüber, dabei unterstützen, die eigenen Stärken weiterzuentwickeln.

Einsichtnahme in die Klausur oder das Protokoll sollte, das braucht nicht eigens betont zu werden, auch für alle selbstverständlich sein, deren Ergebnisse im mittleren Bewertungsspektrum zu verorten sind – alle 2,3- bis 4,0-Absolvent:innen, vor allem dann, wenn weitere Prüfungen auf sie zukommen werden. Wenn Sie noch in der Mitte des Studiums sind, werden Sie Hausarbeiten zu schreiben haben. Und Fehler in den Klausuren, seien sie konzeptionell, formal oder inhaltlich, sollten den Studierenden bekannt sein, weil sie in den kommenden Arbeiten vermieden werden müssen.

4 Wissenschaftliche Hausarbeiten – mögliche Anforderungsprofile

Dem möglichen Durchqueren aller Taxonomiestufen zum Trotz zielen viele Klausuren und mündliche Prüfungen in erster Linie auf die Reproduktion von Wissen ab. Hausarbeiten hingegen widmen sich der Produktion von Wissen. Im Idealfall kann sich das Ergebnis auf der letzten Taxonomiestufe positionieren und verdeutlichen, dass es sich hyperonym zu allen vorhergehenden Etappen verhält.

Es ist das Anliegen der Verantwortlichen in allen existierenden Studiengängen – davon ist allemal auszugehen –, dass sich Studierende die umfassende fachliche Kompetenz des wissenschaftlichen Arbeitens aneignen. Beim Abschluss ihres Studiums haben sie vielfältige Erfahrungen mit dem Abfassen wissenschaftlicher Hausarbeiten erwerben können. Sie wissen, welche Etappen zu durchlaufen sind, bevor ein Ergebnis vorliegt, das als Seminar- oder Bachelorarbeit eingereicht werden kann, das später, unter bestimmten Voraussetzungen, zu einem publikablen Beitrag im jeweiligen fachlichen Diskurs avancieren kann.

Es ist also unabdingbar, sich damit auseinanderzusetzen, was wissenschaftliches Arbeiten überhaupt bedeutet, um danach die einzelnen Etappen der Erstellung einer Hausarbeit[114] zu beleuchten. Dabei wird sich zeigen, dass sich alle anderen schriftlichen Prüfungsformate, die im Studium gefordert sind, daran orientieren können und dass gerade Hausarbeiten eine wesentliche Rolle im Hinblick auf die eigene Unterrichtspraxis einnehmen.

4.1 Wissenschaftliches Arbeiten – was heißt das?

Jedes Studium ist insofern wissenschaftlich, als es eine Einführung in die Methoden der gewählten Fächer vorsieht und Studierende im Zuge dessen mit inter- und intradisziplinären Kriterien von Wissenschaftlichkeit vertraut macht. Ein Lehramtsstudium ist in dieser Hinsicht breitgefächerter als andere Studiengänge – umfasst es doch Grundwissenschaften und wenigstens zwei Unterrichtsfächer, in denen unterschiedliche Herangehensweisen an Fragestellungen praktiziert werden. Das trifft vor allem dann zu, wenn die Fächer nicht, so wie die Grundwissenschaften, zu den Sozialwissenschaften gehören.

---

114 Im folgenden Kapitel wird meistens nur von „Hausarbeit" die Rede sein. Damit ist immer eine wissenschaftliche Arbeit gemeint.

Als sich im Verlauf des 19. Jahrhunderts die Geisteswissenschaften, allen voran die Philologien, neben den traditionsreichen Naturwissenschaften an den Hochschulen etablieren konnten, entwickelte sich eine Art Makro-Kategorisierung der Disziplinen in Naturwissenschaften einerseits und Geisteswissenschaften andererseits. Während den einen ihr Objektivitätsanspruch heilig war und ist, legten und legen die anderen Wert auf die Nachvollziehbarkeit der Methode – Ergebnisse einer Textanalyse lassen sich kontrollieren, wenn deutlich ist, wie die Deutenden vorgegangen sind. Sozialwissenschaften, somit auch die Grundwissenschaften oder Bildungswissenschaften im Lehramtsstudium, partizipieren sowohl an naturwissenschaftlicher Objektivität als auch an geisteswissenschaftlicher Intersubjektivität. Mit der Definition und der Verbreitung einer Fülle von neuen wissenschaftlichen Disziplinen, was sich in einer schier unüberschaubaren Menge an Studiengängen niederschlägt, hat die Bi- oder Tripolarität der Wissenschaften in den letzten Jahrzehnten viel von ihrer Trennschärfe eingebüßt.

Viele Themenbereiche sind per se transdisziplinär, durchwandern also viele Fächer, so dass sie sich mit unterschiedlichen Methoden beleuchten und erforschen lassen. Genauso verhält es sich mit Kriterien für Wissenschaftlichkeit und wissenschaftliches Arbeiten: Es existieren Querschnittsanforderungen, die Forschende in allen Disziplinen erfüllen müssen. Bevor sie mit ihren Aktivitäten beginnen, benötigen sie ein grundlegendes Verständnis von Wissenschaft.

Was also heißt Wissenschaft überhaupt? Welchen Begriff von Wissenschaft möchte man dem eigenen Forschen zugrunde legen? Aus den facettenreichen Definitionen, die sich in analogen und digitalen Nachschlagewerken finden lassen, die diachron und synchron akzentuiert sind, die historische Entwicklung des Begriffs und seine gegenwärtige Bedeutung fokussieren, erhellt, dass man immer mit epistemologischen, erkenntnistheoretischen, Erwägungen anfangen muss, mit einer Reflexion über die Bedingungen menschlicher Erkenntnis. Menschen müssen sich darüber im Klaren sein, dass die Möglichkeiten ihres Erkennens begrenzt sind. Daneben ist das, was erkannt wird, oftmals der Kontingenz unterworfen und hat provisorischen Charakter, ist nur ein vorläufiges Zufallsprodukt, das dann, wenn sich die Bedingungen des Erkennens wandeln, in anderer Gestalt auftritt. Ergo: Limitation und Dynamik sind integrale Bestandteile von Wissenschaft.

In diese einbetten lassen sich „allgemeine Gütekriterien wissenschaftlichen Arbeitens“, zu denen laut Dennis Sawatzki und Dennis Thiel die folgenden gehören: „Verifizierbarkeit / Falsifizierbarkeit“, „(selbst-)kritisches Hinterfragen“, „Objektivität / Objektivierbarkeit“ und „Transparenz“[115]. Wis-

[115] Dennis Sawatzki / Dennis Thiel (2013): *Wissenschaftliches Schreiben. Das Praxisbuch zur Förderung von Schlüsselqualifikationen und Soft Skills.* Donauwörth: Auer, S. 34 f.

senschaftliche Aussagen können auf ihren Wahrheitsgehalt hin überprüft werden, denn sie beinhalten keine rein subjektiven Urteile bzw. Geschmacksurteile. Selbst dann, wenn sich der Gegenstand des Erkennens wandelt, selbst dann, wenn – z. B. bei einer Textanalyse und -interpretation – eine Aussage tendenziell spekulativ eingefärbt ist, lässt sich der Wahrheitsgehalt testen, wenn die jeweiligen Forschenden ihre Methode offenlegen und sich selbst und ihr Tun bei jedem Schritt hinterfragen.

Sawatzki und Thiel nennen des Weiteren „Genauigkeit" als Voraussetzung für Objektivität bzw. Intersubjektivität und Transparenz. Sie betonen, dass bei empirischen Arbeiten zu den allgemeinen Kriterien speziellere hinzukämen, und zwar „Reliabilität (Wie zuverlässig wird etwas gemessen?), Validität (Wird das untersucht, was auch untersucht werden soll?) und Repräsentativität (Inwieweit können die Ergebnisse verallgemeinert werden?)"[116].

Zuallererst jedoch beruht wissenschaftliches Arbeiten auf einem fundamentalen Interesse an einer Thematik, das über persönliche Präferenzen weit hinausgeht. Neugierde, Interesse und Konzentration verdichten sich zu einem forschenden Habitus, der dazu motiviert, sich umfassend mit neuen Themen und Fragestellungen zu beschäftigen, diese methodisch zu verfolgen und die Antworten und / oder Ergebnisse der Auseinandersetzung in den Diskurs einer wissenschaftlichen Disziplin einfließen zu lassen.

Die Ergebnisse sind eigenständig formuliert, so neutral und so wertfrei wie irgend möglich. Jede:r Forscher:in trägt in sich den ethischen Anspruch, „unique content"[117] zu liefern, also Inhalte aufzuführen, die es zuvor noch nicht gab. Damit positioniert er:sie sich im Diskurs seiner:ihrer jeweiligen fachlichen Disziplin. Trotz aller Bemühungen wird er:sie manche Überschneidungen zwar nicht verhindern können, aber von vornherein wissen, dass sich solche Wiederholungen mit gewissenhafter und genauer Vorgehensweise auf ein Minimum reduzieren.

Ihrer Autorenschaft sind sich die hier skizzierten Forscher:innen bewusst. Sie schreiten allmählich voran, ohne irgendetwas zu überstürzen. Dabei orientieren sie sich an Etappen des wissenschaftlichen Arbeitens, für die sie ein tragfähiges Modell in der antiken Rhetorik finden.

116 Ebd., S. 35.

117 Obgleich der Begriff im Kontext von Suchmaschinenoptimierung eines Textes geprägt wurde, ist er hier ebenso passend.

4.2 Konzipieren, Gliedern und Schreiben einer wissenschaftlichen Arbeit

4.2.1 Die Etappen im Überblick

In seiner *Institutio oratoria* (ca. 95 n. Chr.), den wohl berühmtesten Ausführungen zur Gestaltung einer Rede, weist Quintilian darauf hin, dass sechs Etappen im Arbeitsprozess zu beachten seien: *Intellectio, Inventio, Dispositio, Elocutio, Memoria* und *Pronuntiatio/Actio*. Obgleich die Zielsetzungen des:der Redners:in andere sind als die des:der Verfassers:in einer wissenschaftlichen Arbeit, so lässt sich doch eine Schnittmenge definieren. Das möglicherweise gar manipulative Einwirken auf ein Publikum, das Cicero und Horaz mit den Schlüsselworten „movere", „docere" und „delectare" umkreist haben[118], was einem „Edutainment" gleichkommt, bleibt in einer wissenschaftlichen Arbeit als „docere" erhalten. Wenn dieses „docere" in korrekter Form, ansprechend und gefällig umgesetzt wird, so, dass sich auch wissenschaftlich neugierige und nur bedingt mit dem Fach vertraute Laien angesprochen fühlen, tritt zumindest der Aspekt des „delectare" hinzu.

Unter der Lupe: Quintilian und die Bedeutung der Rhetorik

Auch wenn Sie bis heute noch nie irgendetwas über Quintilian und über die Etappen der Redegestaltung gehört haben: Es lohnt sich, die einzelnen Stadien der Redevorbereitung, des Gliederns, Schreibens und Vortragens zu kennen, weil sie nicht nur den Prozess des wissenschaftlichen Arbeitens und Präsentierens hervorragend veranschaulichen können, sondern auch eine Art „Rezept" für eine wohlgeordnete Lebensführung liefern.

Quintilian (ca. 35 – 96 n. Chr.) gilt als engagierter Lehrer der römischen Antike, der es verstand, theoretische Inhalte in Lebenspraxis zu übersetzen. Eine zentrale Stellung nimmt für ihn der Rhetor ein – ihn definiert Quintilian als idealen Lehrer, der seinen Schülern als positives Modell dienen kann.

Nicht zuletzt Quintilian ist es zu verdanken, dass die Rhetorik zu einer Grunddisziplin innerhalb der „septem artes liberales" aufsteigen konnte, der sieben freien Künste, die in der Spätantike und im Mittelalter an den Klosterschulen gelehrt wurden. Das Trivium, bestehend aus Grammatik, Dialektik und Rhetorik, sowie das Quadrivium, Arithmetik, Geometrie, Astronomie und Musik, bildeten die Propädeutik, die Vorbereitung, für das weiterführende Studium der Theologie oder Medizin.

118 Vgl. Gert Ueding / Bernd Steinbrink (1994): *Grundriss der Rhetorik. Geschichte – Technik – Methode.* Stuttgart / Weimar: Metzler, 3. Aufl., S. 210.

Zwischen den Etappen der Genese einer antiken Rede und den Phasen des Entstehens einer wissenschaftlichen Arbeit ergibt sich eine formale und inhaltliche Parallele. Das gilt im Übrigen auch für andere Textprojekte.

Die ersten vier Phasen sind nicht getrennt voneinander zu betrachten. Vielmehr stehen sie miteinander in Verbindung und sind voneinander abhängig:

- *Intellectio,* in wörtlicher Übersetzung das Verstehen, die Einsicht oder die Auslegung, bezieht sich auf alles, was dem eigentlichen Tun, beispielsweise auch dem Unterrichten[119], vorgeschaltet ist.
- *Inventio,* das Finden, Auffinden und ebenso Erfinden, richtet sich sowohl auf den finalen Prozess der Themenfindung bzw. -verdichtung als auch auf eigene empirische Forschungen sowie die Rezeption des aktuellen Wissensstands.
- *Dispositio,* die Anordnung; während in der antiken Rhetorik der nun erarbeitete Stoff der Rede zum Zweck des Überzeugens der Zuhörenden geordnet wird, steht in einer wissenschaftlichen Arbeit die logisch-konsequente Beweisführung im Zentrum.
- *Elocutio;* mit dem „Einkleiden [...] der in der inventio gefundenen und in der dispositio angeordneten Begriffe *(res)* in Worte *(verba)*“[120] ist sowohl bei der Gestaltung einer Rede als auch im wissenschaftlichen Arbeiten eine äußerst bedeutsame Etappe zu bewältigen.
- *Memoria* und *Actio/Pronuntiatio;* die beiden letzten Etappen der antiken Rhetorik betreffen das Auswendiglernen und danach das Ausagieren bzw. Halten der Rede. Nicht selten dient eine Hausarbeit als Grundlage für ein Referat bzw. eine Präsentation, wobei jedoch der umgekehrte Weg oft eingeschlagen wird – eine Präsentation wird zur Hausarbeit ausgeweitet und vertieft. Gerade dann ist Flexibilität gefragt, die Vorwegnahme der schriftlichen *Elocutio,* in reduzierter Form, während des Präsentierens.

Memoria ist sehr gut auf die Vorbereitung einer Präsentation zu übertragen, *Actio/Pronuntiatio* auf das tatsächliche Vortragen – beides wird daher im nächsten Kapitel behandelt werden.

4.2.2 Intellectio

Betrachtet man den Prozess des wissenschaftlichen Arbeitens, betrifft *intellectio* die mitunter lange Phase der Suche nach einem geeigneten themati-

119 Vgl. den Hinweis bei Stephan Gora / Marcel Hinderer (2021): *Leitfaden Sprechen in der Schule.* Hannover: Friedrich Verlag, S. 11.

120 Ebd., S. 213.

schen Feld, aus dem zu einem späteren Zeitpunkt das Thema bzw. die Fragestellung der Arbeit resultiert (vgl. **M14**).

In der antiken Rhetorik umfasst *intellectio* alle „Sachen, Umstände und Beziehungen, die ein vorgegebener Redestoff beinhaltet; darin ist die allem vorausgehende Aufgabe des Redners zu sehen“[121]. Im Grunde genommen lässt sich der Begriff „Redestoff“ auf alle Inhalte eines Studiums anwenden, auf den Erwerb von Wissen einerseits und den Umgang mit diesem andererseits. Aus der Totalität dieses „Stoffes“ lassen sich die einzelnen Themen isolieren und weiter spezifizieren.

Wenn lediglich eine Seminararbeit abzufassen ist, haben Studierende nicht selten begrenzte Wahlmöglichkeiten. Der:Die Dozierende hat bereits eine Vorentscheidung getroffen und legt seiner:ihrer Lehrveranstaltung eine Themenliste zugrunde. Nun heißt es, mit dem klarzukommen, was vorgegeben ist und diesen extrinsischen Impuls mit intrinsischer Motivation zu ergänzen.

Auch in einem solchen Fall, vor allem aber, wenn man bei der Themenwahl freie Hand hat, kann *Intellectio* schlichtweg auch meinen, dass man in sich eine Idee bewegt, ihre Aspekte aufdröselt und sie als „mental load“ – im positiven Sinne – mit sich trägt.

Sascha Lobo und Kathrin Passig illustrieren dies mithilfe eines gelungenen Bildes: Wie einen Raubvogel auf der Suche nach einer geeigneten Beute lässt man das Bewusstsein über dem zu beackernden Feld kreisen, scheinbar mühelos und unbeteiligt. In Wirklichkeit laufen in diesem Vorarbeitsstadium bereits teilbewusste und ganz unbewusste Prozesse ab, die die eigentliche Arbeit vereinfachen oder sogar erst ermöglichen. Schließlich lässt man vollkommen überraschend den Raubvogel auf ein Detail niederstürzen und eifrig daran herumhacken.[122]

Spätestens dann, wenn sich das Studium dem Ende zuneigt, sollte eine Gesamtschau über die erworbenen Inhalte es ermöglichen, Interessensschwerpunkte zu bilden, sich mit Blick auf die Anfertigung der jeweiligen Abschlussarbeit weiterführend dafür zu engagieren und für sich ein Themenfeld einzugrenzen, das im Zuge des nächsten Schrittes weiter zu detaillieren ist. Themen und sogar ausformulierte Fragestellungen können bei Bachelor-, Master- oder Examensarbeiten auch vorgegeben sein. Es ist aber eher selten und falls doch, kann nach Rücksprache mit den Betreuenden – so ist anzunehmen – der eigene Themenfavorit weiterverfolgt werden.

121 Ueding / Steinbrink, op. cit., S. 254.

122 Lobo / Passig, op. cit., S. 100.

4.2.3 Inventio

In diesem Stadium wird klar, welches Themengebiet fokussiert werden soll. Im Zentrum befinden sich nun die „Formulierung des Erkenntnisinteresses" im Allgemeinen und die „Hypothese oder Forschungsfrage" im Besonderen („Was will ich warum untersuchen?")[123].

Um das ultimative Thema zu finden bzw. eine Fragestellung zu extrapolieren, empfiehlt es sich, den weiter gefassten Bereich mithilfe von Fragen einzugrenzen, bis man mit der so vorgenommenen Konkretisierung zufrieden ist[124]. Damit einhergehen sollte eine erste, eher breitgefächerte Sondierung der Fachliteratur.

In der antiken Rhetorik steht „das Arbeitsstadium der Auffindung der Gedanken [...] einerseits in Verbindung mit der *intellectio*, dem Überblick über den Redegegenstand, andererseits greift es vor auf das Arbeitsstadium der *dispositio* (Ordnung), in welchem die Anordnung der gefundenen Gedanken im Hinblick auf die Formulierung stattfindet".[125]

Die Trennung zwischen den einzelnen Arbeitsstadien ist, so legt das Zitat nahe, eher eine heuristisch, methodisch-organisatorisch, motivierte, dient damit der Orientierung und fördert gleichermaßen die Herausbildung einer individuellen Vorgehensweise.

In den Sozialwissenschaften – somit auch der Pädagogik –, die, wie weiter oben erwähnt, von ihrer Epistemologie her zwischen Geistes- und Naturwissenschaften zu verorten sind, besteht einerseits der Anspruch, empirische Methoden anzuwenden, auf deren Grundlage logische, verifizier- sowie falsifizierbare Theorien und Hypothesen formuliert werden können. Andererseits zählen die meisten Disziplinen der Sozialwissenschaften zu den hermeneutischen Wissenschaften und entziehen sich qua definitionem dem Maßstab gänzlicher Objektivität, weil sie ihre Erkenntnisse stets aus Verfahren der Intersubjektivität gewinnen. Das forschende Subjekt nähert sich mit seinen Erfahrungen und seinem Wissensschatz dem zu erforschenden „Objekt", einem menschlichen Gegenüber zumeist, d. h. einem anderen Subjekt. Für beide lässt sich mit dem Philosophen Heraklit von Ephesos (5. Jh. v. Chr.) feststellen, dass man nicht „zweimal in denselben Fluss steigen" kann, weil „alles fließt und nichts bleibt" – „panta rhei", so die berühmte, auch im Deutschen verbreitete Formel dafür. Menschen ändern sich, Forschungen, die menschliches Verhalten ergründen wollen, können zum einen lediglich Mo-

123 Sawatzki / Thiel, op. cit., S. 37.

124 Vgl. beispielsweise den Fragebogen bei Martha Boeglin, der in abgewandelter Form im Downloadbereich zur Verfügung steht (vgl. M14). Martha Boeglin (2012): *Wissenschaftlich arbeiten Schritt für Schritt. Gelassen und effektiv studieren.* München: Fink (UTB), 2. Aufl., S. 77.

125 Ueding/Steinbrinck, op. cit., S. 209.

mentaufnahmen bieten und sind zum anderen geprägt vom jeweiligen Ich des:der Forschenden.

Als sich im 19. Jahrhundert die Geisteswissenschaften bzw. die einzelnen Philologien allmählich von den Naturwissenschaften emanzipierten, definierte der Theologe Friedrich Schleiermacher (1768–1834) als einer der Ersten die Hermeneutik. Diese kann als Mutter aller geistes- und sozialwissenschaftlichen Methoden gelten, als eine Art „Entelechie", die treibende Kraft, die laut Aristoteles alle Dinge zur Entfaltung bringt.

Unter der Lupe: Was ist Hermeneutik?

Im Begriff der Hermeneutik steckt Hermes, der Götterbote. In der antiken Mythologie überbrachte er den Menschen Botschaften der Götter. Er vermittelte zwischen dem Olymp, dem Sitz der Götter, und der Erde, Wohnstätte der Menschen.

In ihrem Kern kreist Hermeneutik um die Frage, wie weit Menschen mit dem Sensorium, das ihnen gegeben ist, die Welt um sie herum registrieren und beobachten, das Beobachtete verstehen und deuten können. Spricht man von Hermeneutik als Methode, meint man damit einen Prozess des Verstehens innerhalb der Geistes- und Kulturwissenschaften sowie der Sozialwissenschaften, der über die rein individuelle, intraindividuelle, Ebene hinausgeht und somit die Frage nach den Bedingungen und der Reichweite interindividueller bzw. transsubjektiver Erkenntnis stellt. Erkennen und Verstehen sind fluide, prozesshaft und ständigen Veränderungen unterworfen. Dessen müssen sich Forscher:innen bewusst sein und daher immer die Bedingungen, unter denen sie ihre Ergebnisse gewinnen, offenlegen.

Schleiermacher, der Hermeneutik als eine primär philosophische Theorie des Verstehens pointiert, spricht von einer „Zirkelstruktur des Verstehens" und meint damit Kreisbewegungen des Verstehens, die sich zwischen dem Besonderen des Erkenntnisgegenstands und dem Allgemeinen des zu Erkennenden vollziehen. Das neu erkannte, erforschte „Besondere" bettet der:die Forscher:in ein in einen übergreifenden Zusammenhang des Verstehens. Mit diesem „Allgemeinen" nähert er:sie sich erneut dem Besonderen. Auf diese Weise erweitert sich das Wissen, das laut Schleiermacher auf zwei Formen des Verstehens gründet: einer „divinatorischen", göttlichen, einfühlenden, spontanen Form, der eine „komparative", sachliche, grammatikalische und historische Form gegenübersteht. Beide schließen einander nicht aus, sondern bedingen sich gegenseitig.

Sieht man von Martin Heidegger (1889–1976) und seiner „Hermeneutik des Daseins" ab, erweist sich in erster Linie Hans-Georg Gadamer (1900–2002) mit seiner Konzeption des „hermeneutischen Zirkels“ als zielführend für alle geistes- und sozialwissenschaftlichen Erkenntnisse. Für Gadamer bedeutet Verstehen, dass sich zwischen Subjekt und Objekt ein Erkenntnisprozess vollzieht. Beide, konkret Forschende und Beforschte, befinden sich in einer spezifischen, von den jeweiligen Zeitläuften determinierten Lebenswelt. Zwischen beiden verläuft eine Trennungslinie, laut Gadamer die „hermeneutische Distanz“, die sich im Verlauf des Verstehensprozesses minimiert und im Idealfall zu einer Verschmelzung der unterschiedlichen Horizonte, von Subjekt und Objekt, Forschendem und Beforschtem, führt. Wissen und Erkenntnisse wachsen an, doch sie sind trügerisch, entziehen sich immer wieder und weisen möglicherweise eine sehr geringe Halbwertszeit auf.

Vor diesem Hintergrund ist gerade im Stadium des Forschens und Sammelns unbedingt zu berücksichtigen, dass sich sozial- und erziehungswissenschaftliche Hypothesen, Erkenntnisse und Theorien in ein Kontinuum des zu Entschlüsselnden und zu Erkennenden, auch des Entschlüsselten und Erkannten einordnen – in einen Diskurs, der von Vorgängigem bestimmt wird und der das Nachfolgende prägen wird. So desillusionierend es vielleicht klingen mag: Die eigenen Forschungsergebnisse gehen in diesem Diskurs auf, werden idealerweise von Forschungskolleg:innen intensiv diskutiert, bevor neue Erkenntnisse sie überlagern.

Im Stadium der *Inventio* sind demzufolge alle Überlegungen zum Forschungsdesign, ob quantitativ oder qualitativ, beispielsweise Fragebogen oder Einzelinterviews, von höchster Bedeutung. Günstig ist es, quantitative und qualitative Methoden zu einem gut organisierten Ganzen zu vernetzen.

Wissenschaftler:innen müssen den aktuellen Diskurs zu ihrem Thema rezipieren und sich dafür mit der einschlägigen Fachliteratur versorgen. Selbst Forschungen, die man als absolut innovativ einstufen mag, benötigen den notwendigen Diskurs-Horizont. Eine allein quellenbasierte Arbeit braucht keine eigenen Forschungen, im umgekehrten Fall jedoch müssen sich alle Forschungen auf die vorliegenden Quellen stützen.

Die Forschungen zum Thema, vereint mit dem Studium der Fachliteratur, oder das Studium der Quellen allein, gehen mit der sorgfältigen Überprüfung der jeweiligen Erkenntnisse und der Sammlung von Materialien einher.

Tipp: Pragmatische Schritte innerhalb der Inventio

1. Isolieren Sie aus Ihrem weiter gefassten Thema eine Fragestellung.
2. Nehmen Sie ein Brainstorming vor oder sammeln Sie auf andere Weise alles, was Sie bereits zum Thema bzw. ihrer enger gefassten Fragestellung wissen.
3. Suchen Sie nach geeigneter Fachliteratur bzw. Quellen. Erheben Sie den aktuellen Stand der Forschung[126].
4. Lesen Sie diese Quellen im Hinblick auf Ihre Arbeit. Planen Sie, welche Texte Sie nutzen werden, fertigen Sie Exzerpte an und denken Sie daran, dass Sie immer genau zitieren müssen. Es besteht das Risiko des unfreiwilligen Plagiierens.
5. Erarbeiten Sie nun Ihr eigenes Forschungsdesign: Überlegen Sie genau, welche empirischen Untersuchungen Sie durchführen möchten oder welche Interviews sinnvoll sind. Stellen Sie die Ergebnisse aus Ihrer Literaturrecherche zusammen, werten Sie diese aus und ziehen Sie Schlussfolgerungen daraus. Legen Sie offen, welche Methode / n Sie anwenden werden.

Dazu im Einzelnen:

1. Mit der Forschungsfrage bzw. der Fragestellung legt man genau fest, welcher Bereich des umfassenderen Themas untersucht werden soll. Obwohl dieser Fixierung längere Überlegungen vorausgehen, ist die Formulierung noch als dynamisch zu begreifen, d. h., dass Änderungen im Wortlaut vorgenommen werden dürfen. Im Hinblick auf eine Publikation, die sie vorbereiten, benutzen manche Wissenschaftler:innen den Begriff Arbeitstitel, womit sie der möglichen Vorläufigkeit des Titels bzw. der Fragestellung Raum geben.

2. In diesem Stadium ist es empfehlenswert, all das zu notieren, was man zu dem Thema weiß, ohne dass man sich mit den vorhandenen Quellen beschäftigt hat oder allenfalls nachdem man sich mithilfe von Seminarunterlagen oder allgemeineren Informationen einen Überblick über die thematische Reichweite und Tiefe verschafft hat. Zur Verfügung stehen dafür alle Bearbeitungsstrategien, die bereits im dritten Kapitel aufgefächert wurden – alle Formen des Mindmapping bieten sich dafür an. Aus neuropsychologischer Perspektive ist das Cluster-Verfahren[127] für die Sammlung von Ideen besonders zu empfehlen. Im Rahmen dieser insgesamt niederschwelligen Herangehensweise kommen auch eine simple ABC-Liste oder Akronyme in-

[126] Vgl. Sawatzki / Thiel, op. cit., S. 37.
[127] Vgl. Gasser, op. cit., S. 104 ff.

frage, die anhand eines Schlagwortes aus dem Themenbereich gebildet werden. Das Procedere ist offen, meist spontan und nicht wissenschaftlich, wohl aber rundum dafür geeignet, Wissenschaftlichkeit auf den Weg zu bringen. In den kreativ geordneten Gedanken sollte bereits ein „roter Faden" erkennbar sein. Zu schlüssigen, auseinander hervorgehenden und aufeinander aufbauenden Ideen gelangt man, wenn man den Schritt mehrfach wiederholt.

Es muss noch nicht unbedingt sein, ist aber nicht verkehrt, wenn man das eigenständig generierte Material grob nach „Einleitung, Hauptteil und Schluss" ordnet.

3. Nie war es so einfach wie heute, Quellen bzw. Literatur zum Thema einer eigenen Arbeit zu finden. Nie war es so schwierig wie heute, sich durch das Dickicht an Quellen zu kämpfen und alles Vorliegende zu bewerten.

Beginnen kann die Quellensuche, indem man Schlagworte aus dem Thema / der Fragestellung in einschlägige Suchmaschinen eingibt. Da vieles von dem, was auf dem Bildschirm erscheinen wird, nicht oder nur bedingt wissenschaftlichen Kriterien entspricht, man dies aber nicht immer auf den ersten Blick eruieren kann, sollte man vor allem zu Beginn des Studiums einschlägige Fachbibliografien oder die Kataloge der Universitätsbibliotheken verwenden, in denen mehr und mehr nach den Titeln und Autor:innen einzelner Aufsätze gesucht werden kann.

Eine Alternative zu dieser Art des Recherchierens besteht darin, eine aktuelle Buchpublikation aus dem Themenbereich der Fragestellung herauszufiltern, am besten eine sogenannte Qualifikationsschrift, d. h. eine Dissertation oder eine Habilitationsschrift, oder eine andere Monografie. Vorab dient die Lektüre von Rezensionen dazu, sich von der Qualität des Beitrags zu überzeugen. Gelingt dies, dann leistet das Quellenverzeichnis in diesem Buch wertvolle Hilfe für die eigene Recherche, weil eine seriöse wissenschaftliche und gut bewertete Monografie immer von der genauen Erhebung des Forschungsstandes ausgehen muss.

Auf diese Weise kann man sich orientieren, ob Standardwerke, eventuell bereits ältere, zum Thema verfasst worden sind, des Weiteren, welche Titel bis ca. sechs Monate vor der Publikation der Monografie erschienen sind. Um die Lücke zwischen diesem Datum und dem Beginn der eigenen Recherche zu schließen, geht man auf Quellensuche, so wie eingangs beschrieben.

Während Verfasser:innen einer Bachelor-, Master- oder Staatsexamensarbeit keine relevanten Quellen auslassen dürfen – was sich, je nach Thema, oft nicht vermeiden lässt –, ist es nicht ausgeschlossen, dass Dozent:innen für die ersten Hausarbeiten im Rahmen eines Studiums eine Mindest-Anzahl von Quellen nennen, die Studierende heranziehen müssen, und dabei spezifizieren, welche Quellen es sein sollen. Zwar bestehen nach oben keine

Grenzen, aber es ist klar, dass keine Totalität angestrebt wird. Das Unterfangen ist also entspannter.

Nicht entspannt sein darf man bei der Bewertung der Literatur, die man nutzt. Es ist unbedingt herauszufinden, ob die jeweiligen Texte fachwissenschaftlich fundiert sind. Bei Printmedien ist der Verlag ein Kriterium, denn die Publikation in einem anerkannten Fachverlag ist meistens nur für Autor:innen mit einer entsprechenden fachlichen Qualifikation möglich. Der Inhalt muss auf Quellen basieren und eine Referenzstruktur aufweisen, also nachgewiesene Zitate von anderen Expert:innen enthalten. Ein wissenschaftliches Buch schließt immer mit einem inhaltlich sowie formal einwandfreien Literaturverzeichnis ab.

Obwohl in den letzten Jahren zahlreiche Aufsätze aus wissenschaftlichen Zeitschriften mit vollständigem Text und mit allen notwendigen bibliografischen Angaben in das Internet aufgenommen worden sind, bleiben sie im Vergleich zu anderen Internettexten in der Minderheit. Für letztere ist in Erfahrung zu bringen, ob ein:e Autor:in und eine Jahreszahl des Verfassens genannt werden. Die für eine wissenschaftlich geprägte Website Verantwortlichen weisen zudem Quellen aus und achten auf eine fortlaufende Aktualisierung der Informationen.

4. Nachdem man die Quellen zusammengestellt und sich die jeweiligen Texte besorgt hat, geht es darum, diese „aktiv“ und mit voller Konzentration zu rezipieren, sie so zu lesen, dass man effektiv, nicht zögerlich, sondern zeitsparend, Informationen zum eigenen Thema aufspüren kann. Wenn man etwas gefunden hat, dann gilt es, diese Stellen intensiv zu studieren und im Hinblick auf die eigene Arbeit festzuhalten. Vielleicht muss man dabei realisieren, dass zum eigenen Thema schon viel Tinte geflossen ist bzw. eine riesige Menge an Dateien erstellt wurde. Dann ist der ultimative Moment gekommen, zum Stadium der *Intellectio* zurückzukehren, um ein neues Thema zu suchen. Dies sollte aber wirklich nur der letzte Ausweg sein.

Von Vorteil ist es, die genaue Lektüre der Quellen mit dem Erstellen der Gliederung zu verschränken, das, was man liest, im Hinblick auf die eigene Gliederung und Formulierung zu ordnen.

Das Ergebnis dieses Stadiums ist eine Materialsammlung, die mit sehr großer Sorgfalt angelegt werden muss. Alle „Lektüre-Erträge“ können der eigenen Arbeit nur dann dienstbar gemacht werden, wenn sie nicht in Vergessenheit geraten. Alle Exzerpte, Kopien oder Fotografien sind immer mit ihren genauen bibliografischen Angaben zu versehen und zwar so, dass die einzelnen Titel untereinander oder auch die Titel mit dem eigenen Text nicht verwechselt werden können. In diesem Stadium bereits muss man sich der Gefahr des Plagiats, auch des ungewollten, inne sein.

5. Ob man eigene Untersuchungen durchführen wird oder ob man eine rein literaturgestützte Arbeit verfasst, ist eine Frage, die in diesem Stadium geklärt worden ist. Vor dem Hintergrund der Materialsammlung ist es spätestens jetzt an der Zeit, mit den eigenen Interviews, Testreihen usw. zu beginnen und die gewählten Methoden in der Arbeit offenzulegen. Bei empirischen Untersuchungen sind besondere Kriterien zu beachten, u. a. Reliabilität, Validität und Repräsentativität.

Bei einer rein literaturgestützten Arbeit ist die Transparenz des Procedere genauso wichtig. Es ist zu verdeutlichen, welche methodische Richtung man einschlägt und welche Schwerpunkte man in der Darstellung setzt. Bei der Analyse von Primärtexten sollte spätestens jetzt festgelegt werden, welche der eigenen Arbeit zugrunde liegen und welche inhaltlichen und/oder formalen Aspekte im Fokus der Analyse stehen.

4.2.4 Dispositio: Die Trias Einleitung – Hauptteil – Schluss

In dieser Phase sind alle Forschungen ganz oder weitestgehend abgeschlossen und die herangezogenen Quellen ausgewertet. Das „Rohmaterial" ist erschlossen, es liegen Exzerpte aus der Fachliteratur vor und es geht nun darum, alles Vorhandene in eine sinnvolle Gliederung zu bringen, es zu „disponieren" (vgl. **M15**).

„Die regulativen Prinzipien der gesamten rhetorischen Tätigkeit" seien, so Üding und Steinbrink, „natürliche und künstliche Ordnung". Für jede wissenschaftliche Arbeit sei allein das „natürliche Ordnungsprinzip", der „ordo naturalis", valide, denn diesem liege seit der Antike die Annahme zugrunde, dass eine „natürliche, erkennbare Ordnung der Dinge"[128] existiere.

In einer wissenschaftlichen Arbeit manifestiert sich die „natürliche Ordnung der Dinge" in der logischen Anordnung aller neu gewonnenen Erkenntnisse. Alle Ergebnisse, alle Materialien sind aufeinander aufbauend, in enger Verzahnung ineinander, zu ordnen und nicht so, wie es beim „ordo artificialis" wäre, dass nämlich bestimmte Redeteile bzw. bestimmte Erkenntnisse vertauscht oder ausgelassen[129] werden würden.

Während ein „ordo artificialis" fast schon Manipulation nahelegt – genau das, was für wissenschaftliches Arbeiten das definitive Aus bedeuten würde –, resultiert eine naturgegebene Ordnung aus dem Gegenstand selbst und ist ihm angemessen. Es ergibt sich eine „nachvollziehbare Gliederung und Argumentationsstruktur", mit der „systematisches Vorgehen"[130] augenfällig wird.

---

128 Üding / Steinbrink, op.cit., S. 211.

129 Vgl. ebd., S. 212.

130 Sawatzki / Thiel, op. cit., S. 37.

Gliederungsebenen

Für die Art und Weise der Dispositio, d. h. für die Bezeichnung der einzelnen Gliederungsebenen, stehen verschiedene Muster zur Verfügung[131]. Genaue Vorschriften dafür, niedergelegt etwa in einer Prüfungsordnung, existieren im Allgemeinen nicht. Für welche Form man sich entscheidet, ist also letztendlich Geschmackssache.

Anzustreben ist immer eine systematische Anordnung, eine Makrostruktur mit Einleitung, Hauptteil und Schluss, die allen, die die Arbeit rezipieren, unmittelbar einleuchtet. Ein Literaturverzeichnis und – in manchen Fällen – ein Anhang ergänzen diese Anordnung.

Die Bedeutung von Anfang und Ende

Die Einleitung enthält ein mehr oder weniger explizites Versprechen, das im Hauptteil eingelöst werden muss. Bekanntermaßen wohnt jedem Anfang der berühmte Zauber inne: Er weckt Interesse, stachelt die Neugierde der Leser:innen an, sollte daher so expressiv wie möglich sein und das zu behandelnde Thema vielleicht sogar ein bisschen spektakulär präsentieren.

Wenn sie – meist unbewusst und subliminal – ihren Erwartungshorizont konstruieren, optieren Rezipierende für oder gegen die Lektüre. Sicher, bei akademischen Arbeiten kann jede:r Verfasser:in davon ausgehen, dass es zumindest zwei Personen gibt, Gutachter:in und Zweitgutachter:in, die eine Arbeit qua Profession lesen und bewerten müssen. Allerdings sind auch diese erfreut und den Verfasser:innen von Anfang an etwas wohlgesinnter, wenn die Arbeit einer stringenten Form gehorcht, die Zitation konsequent erfolgt und der Text keine Fehler aufweist.

„You never get a second chance to make a first impression" – das bekannte englische Sprichwort, das gerne auf den ersten Eindruck bei Bewerbungsgesprächen bezogen wird und vollumfänglich zu Beginn der Lektüre längerer fiktionaler Texte wirkt, lässt sich auch bei wissenschaftlichen Texten nicht hinwegargumentieren.

Diesen „Primat-Effekt" kann man sich zunutze machen, denn „bei den frühen Informationen sind noch keine anderen Informationen vorhanden, die das Abspeichern im Gedächtnis beeinflussen oder gar beeinträchtigen könnten"[132] – so Volker Kitz und Manuel Tusch in ihrer launigen Darstellung psychologischer Alltagsphänomene.

Die beiden Autoren plädieren gleichermaßen für die produktive Nutzung des „Rezenz-Effekts", denn „zuletzt verarbeitete Informationen" seien „bes-

131 Vgl. Downloadmaterial M15.

132 Volker Kitz / Manuel Tusch (2011): *Psycho? Logisch! Nützliche Erkenntnisse der Alltagspsychologie*. München: Heyne. 6. Aufl., S. 108.

ser erinnerbar, da sie noch nicht anderweitig überschrieben worden“[133] seien. In einer wissenschaftlichen Arbeit ist ein Manko in der Einleitung kaum mit diesen „letzten Informationen“ zu kompensieren. Beides ist indispensabel – ein guter erster Eindruck genauso wie ein Schluss, mit dem man sich in die Erinnerungen der Leser:innen hineinschreibt und womit man quasi seine Visitenkarte hinterlässt.

Im „Primat-Rezenz-Effekt“ interagieren beide Effekte. Es verwundert daher nicht, um noch einmal mit Kitz und Tusch zu sprechen, dass man dann das meiste erreichen kann, wenn man in der Lage ist, „sowohl den ersten als auch den letzten Eindruck“[134] kompetent zu inszenieren.

Die Einleitung

Die ersten Punkte, sowohl auf einer imaginierten Skala des Leser:inneninteresses als auch bei der Bewertung der Arbeit, müssen mit einer ausgeklügelten Einleitung erzielt werden.

Manche Studierende verwechseln eine Einleitung gern einmal mit einer Art Motivationsschreiben. Das darf nicht passieren. Ein Beginn wie im folgenden Beispiel ist misslungen:

> Ich habe das Thema gewählt, weil ich in meinem letzten Praktikum immer wieder auf aggressive Kinder gestoßen bin. Dadurch, dass ich sie viel beobachtet habe, kann ich nun einiges dazu schreiben. Um den Kontakt mit ihnen zu erleichtern, werde ich auch ein paar Ratschläge geben.

Es ist unschwer festzustellen, dass hier jede Wissenschaftlichkeit fehlt. Der übertrieben erfahrungsgelenkte, allzu realitätsnahe und praxisbezogene Einstieg verdeutlicht die „Nullaussage“. Es ist völlig klar, dass Lehramtsstudierende in Praktika mit verhaltensauffälligen Kindern in Kontakt kommen und dieses Verhalten beobachten, unabhängig davon, in welcher Schulform sie hospitieren und erste Unterrichtsversuche unternehmen. Nach dem kurzen Einstieg schwenkt der:die Verfasser:in sofort über zu dem, was er:sie tun möchte und kündigt obendrein Ratschläge an, die in einer wissenschaftlichen Arbeit völlig deplatziert sind.

Zu allem Überfluss bedient sich der:die Autor:in des Beispiels nicht der Schriftsprache, benutzt die 1. Person Singular und äußert sich nicht wertfrei („aggressive Kinder“).

Eine gute Einleitung ist – so könnte man sagen – ein Quartett, bei Abschlussarbeiten ein Quintett, dann nämlich, wenn direkt in der Einleitung die

133 Ebd., S. 109.

134 Ebd., S. 110.

Erhebung des Forschungsstandes, d. h. ein kurzer Überblick über die bisherigen Forschungen zum Thema, erfolgt. Viele Kundige im wissenschaftlichen Arbeiten optieren dafür, dies in einem zweiten, längeren Teil der Einleitung zu tun. Bei Qualifikationsarbeiten, ab der Bachelor-Thesis aufwärts, ist dort auch der Ort, um in Breite und Tiefe auf die gewählte/n Methode/n einzugehen, in einer Ausführlichkeit, die den Rahmen einer Seminar- oder Modulabschlussarbeit sprengen würde.

Bei kürzeren Hausarbeiten, so eine Faustregel, wird die Einleitung aus vier aufeinanderfolgenden Teilen komponiert, die in etwa dieselbe Länge aufweisen:

Tipp: Wie gelingt eine gute Einleitung?

1. Direkt zu Beginn erläutern Sie die Bedeutung des Themas im Allgemeinen. Je nach Schwerpunkt der Lehrveranstaltung oder des Moduls, für das die Arbeit verfasst wird, kann es dabei um die wissenschaftliche Forschung zum Thema gehen oder um die pädagogische Praxis im Allgemeinen bzw. die Didaktik eines Faches im Besonderen. Einen guten Einstieg können Sie mit einer freien und eigenständigen Formulierung genauso erreichen wie mit einem Zitat, einer Statistik oder dem Kurzverweis auf andere Forschungen. Egal wie: Wenn Sie die Relevanz des Themas erläutert haben, versteht es sich von selbst, dass Sie sich exakt für dieses entschieden haben.
2. Nach dem weiter gefassten Beginn verengt sich die Perspektive. Sie definieren bzw. isolieren die konkrete Fragestellung aus dem Themenbereich heraus. Warum diese Einengung erfolgt, begründen Sie nicht mit Ihrem persönlichen Interesse, sondern wissenschaftlich. Dies geht logisch aus dem ersten Abschnitt hervor.
3. Nun verdeutlichen Sie, welche Gesichtspunkte der Fragestellung genau behandelt und welche außer Acht gelassen werden. Sie sagen, warum das so ist.
4. Sie kommentieren Ihre Vorgehensweise und skizzieren dabei, welche Einzelschritte Sie bei der Bearbeitung der Fragestellung bzw. des Themas verfolgen.

Ein beliebter Fehler ist es, dass man die Chance, einen guten, prägnanten und motivierenden Einstieg in das Thema zu finden, verpasst, indem man beispielsweise einfach nur das Thema definiert und die daraus isolierte Fragestellung benennt.

Ein anderer ist es, dass man den letzten Teil der Einleitung, also primär die Skizze der Vorgehensweise, überbewertet, sich damit viel zu lang aufhält und Kommendes allzu intensiv antizipiert. Daran denken muss man auch, dass sich die Darstellung des Procedere allein auf den Hauptteil bezieht. Den Schluss sollte man nur dann erwähnen, wenn man ihn nicht nur für Zusammenfassung und Ausblick nutzen würde, was aber wiederum einem Schluss nicht entspräche.

Handelt es sich um eine größere Arbeit, Bachelor-Thesis aufwärts, in der ein Forschungsüberblick und eine exakte Methodenskizze die Einleitung erweitern, dann ist die Vorgehensweise danach zu umreißen.

Der Hauptteil

Im Gegensatz zu der relativ schematischen Aufteilung von Einleitung und Schluss ist für den Hauptteil eine akribische Gliederung vonnöten. Nun werden die Resultate der Auseinandersetzung mit den Quellen in sinnlogischer Strukturierung aufgefächert, damit sie die „naturgegebene Ordnung" widerspiegeln. Nach welchen Gesichtspunkten strukturiert wird, ist immer vom Themenbereich und der aus ihm gewonnenen Fragestellung abhängig.

Die Gliederung des Hauptteils ist insofern eine paradoxe Angelegenheit, als sie einerseits dem Thema gehorchen muss, andererseits aber relativ frei vorgenommen werden kann. Aus dieser Freiheit heraus muss man sich für ein konsequent eingehaltenes Prinzip entscheiden, das eine erkennbare Struktur garantiert und die „ordo naturalis" der Thematik respektive Fragestellung widerspiegelt.

Unter der Lupe: Mögliche Ordnungsprinzipien des Hauptteils

- Deduktion meint das Voranschreiten vom Allgemeinen zum Besonderen, von allgemeinen Aussagen zu einem besonderen Fall, auch vom Abstrakten zum Konkreten.
- Induktion umfasst das Vorgehen vom Besonderen zum Allgemeinen, z. B. lassen sich basierend auf einem „Fall", z. B. der Geschichte eines:r Schülers:in, allgemeine Aussagen treffen. Es ist auch der Weg vom Konkreten zum Abstrakten.
- Chronologie bzw. das Einhalten einer solchen empfiehlt sich bei historischen Themen im Allgemeinen und bei der Positionierung eines Themas in einem diachronen Kontinuum im Besonderen.
- Ein Vergleich bzw. das Einnehmen einer Vergleichsperspektive bietet sich bei einer dual strukturierten Thematik an, bei der Diskussion von Alternativen, die von empirischen Forschungen oder der bereits vorliegenden Literatur gestützt werden kann.
- Hyperonymie bedeutet, dass ein Oberbegriff bzw. ein Oberthema in Hyponyme, untergeordnete Begriffe bzw. Subthemen, gegliedert wird. Wie die einzelnen Begriffe / Punkte zueinander in Beziehung stehen, muss sich den Leser:innen der Arbeit vermitteln.

Von Kapitel zu Kapitel ist ein Wechsel der Prinzipien, die nicht nur eng mit dem Thema, sondern gleichermaßen mit den gewählten Methoden verflochten sind, nicht ausgeschlossen. Dabei ist immer für Transparenz zu sorgen. Die Strukturen müssen durchweg erkennbar sein.

Der Schluss

In einem guten Schlussteil laufen alle Fäden zusammen, alle vielleicht noch losen Enden verflechten sich zu einem organischen und aussagekräftigen Ganzen. Auf der Basis einer Zusammenfassung der wesentlichen Erkenntnisse werden Ergebnisse diskutiert, gedeutet, eingeordnet und bewertet. Diese Bewertung beinhaltet zwar keine direkte persönliche Stellungnahme, lässt aber allein durch Auswahl und Schwerpunktsetzungen die ideologische Orientierung und Meinung der Verfasser:innen durchscheinen. Je nach Disziplin und Thema geschieht dies mehr oder weniger intensiv. Beabsichtigt man, die eigene Meinung offensichtlicher in den Schluss einfließen zu lassen, dann sollte dies mit stilistischer Eleganz ablaufen und im Endeffekt subliminalen, manipulativen Charakter haben, was aber jeder Wissenschaftlichkeit den Garaus macht. Es ist immer intellektuelles Fingerspitzengefühl vonnöten.

Die in der Einleitung aufgeworfene Fragestellung kann nun beantwortet werden, muss es aber nicht. Sollte man sie beantworten, dann bleibt immer zu bedenken, dass man sich in ein diskursives Kontinuum einordnet. Schon im Moment ihres Formulierens kann die Antwort obsolet sein, weil Forschungen im Gange sind, die sie längst wieder entkräftet haben.

Tipp: Wie einen guten Schluss finden?

1. Im Schlussteil Ihrer Arbeit gehen Sie auf die Fragestellung des Beginns ein und beantworten sie oder erklären, warum eine Antwort nur teilweise gültig ist oder gar nicht gefunden werden kann. Was Sie schreiben, muss zu Ihren vorhergehenden Ausführungen passen.
2. Sie wagen einen Ausblick auf zukünftige Forschungen, der notgedrungen spekulativ bleiben muss. Bei aller Vorläufigkeit der Antwort und sogar beim Fehlen einer solchen stellen Sie die Anschlussfähigkeit des eigenen Tuns unter Beweis. Zwar ist es eine Maxime für den Schluss, dass keine neuen Aspekte aufgeworfen werden, aber es ist nicht verkehrt, wenn Sie am Ende einen Satz oder eine These, eventuell Hypothese, formulieren, die sich bei allem resümierenden Charakter ein Stück weit „nach vorne neigt", also zukünftigen Forschungen den Weg bereitet.

Zwar bleiben Hausarbeiten auf Lehrveranstaltungs- und/oder Modulebene in einem kleineren Rahmen, doch bei aller Bescheidenheit sollten diese selbstbewusst konzipiert sein. Ihre Verfasser:innen sind sich darüber im Klaren, dass sie sich mit ihnen auf einem Übungsfeld für Bachelor-, Master- oder Examensarbeiten befinden. Sie wissen, dass sie sich letztendlich auch mit dem kleinen Beitrag in den Diskurs der jeweiligen fachlichen Disziplin einreihen.

Im Schlussteil ist es falsch, über das eigene Tun zu reflektieren. Eine Analyse der Bedingungen, unter denen man Forschungen durchführt oder Quellen deutet, eine Auseinandersetzung mit den Methoden, gehört in ein einleitendes Kapitel. Inwieweit das Ganze funktioniert hat oder nicht, wie man mit der Zeit zurande gekommen ist o. Ä., all das wird im Schluss nicht „aufgewärmt".

Literaturverzeichnis, Quellenverzeichnis und Anhang

Eine Hausarbeit kann nur dann als wissenschaftlich etikettiert werden, wenn ihre Verfasser:innen alle Texte und alle Quellen, mit denen sie gearbeitet haben, offenlegen. Oft deklariert man die Liste, in denen diese aufgeführt werden, als Literatur- und Quellenverzeichnis oder entscheidet sich für den einen oder anderen Begriff.

In den Ausführungen in diesem Kapitel war so gut wie immer von Quellen die Rede, was die üblichere Verwendung spiegelt. Ob man differenziert oder nicht, ist in den meisten Fällen gleichgültig. Relevant für die Erstellung eines Literatur- und Quellenverzeichnisses ist zum einen die Vollständigkeit und zum anderen die formale Richtigkeit.

Zum Unterschied zwischen Literatur und Quellen kursieren viele Internet-Statements, die man sich selbst ergoogeln kann. Nicht selten treten die Begriffe als Synonyme auf. Wenn man auf eine einfache Weise differenzieren möchte, dann kann man sagen, dass Literatur alle Print- und Internetmedien umfasst, alle Texte mit und ohne Illustrationen. Quelle hingegen schließt alles (noch) nicht Publizierte ein, alle Manuskripte und historischen Quellen, daneben alle audiovisuellen Produkte, die ohne Text für die Arbeit genutzt worden sind. Bei vielen Arbeiten ist es sinnvoll, neben dem Literaturverzeichnis schlichtweg ein Bildquellenverzeichnis anzulegen.

Die Gepflogenheiten von Universität zu Universität, von Fachbereich zu Fachbereich und von Institut zu Institut können divergieren. Bei Unsicherheiten in puncto Literatur- und Quellenverzeichnis sollte man sich immer bei den jeweiligen Verantwortlichen erkundigen. In kultur- und geisteswissenschaftlichen Fächern, überhaupt bei Textarbeit, kommt die Unterscheidung in Primär- und Sekundärliteratur hinzu. In den letzten Jahren scheint sie zwar an Relevanz verloren zu haben, aber nichtsdestoweniger gilt, dass der Begriff Primärliteratur alle Texte einschließt, auf deren Grundlage eine Analyse erfolgt. Mit Sekundärliteratur werden alle Forschungstexte bezeichnet, Texte über die Texte also – eigentlich Metatexte, wenn dieser Begriff im Internetzeitalter nicht anders verwendet werden würde.

Des Weiteren bestehen Uneinigkeiten bei der Frage, ob es ausreicht, nur die Literatur / Quellen aufzuführen, aus denen man zitiert hat oder ob auch alle anderen, die man zuvor gelesen, aber nicht zitiert hat, in das Verzeichnis gehören. Sollte man etwas gelesen haben, was nichts für das Thema gebracht hat – klar, das wird aussortiert. Alles, was im weiteren Sinne am Thema partizipiert, auch wenn es nicht zitiert wurde, gehört in das Literatur- und Quellenverzeichnis. Dies trägt zur Vollständigkeit des Verzeichnisses bei und steigert die Seriosität des eigenen „Produkts".

Alle Titel figurieren im Literaturverzeichnis in alphabetischer Ordnung, sortiert nach den Nachnamen der Verfasser:innen. Akademische Titel oder andere Namenszusätze fallen dabei weg. Bei anonym bleibenden Autor:innen ist es üblich, vor allem bei älteren Texten, anstatt eines Autor:innennamens „anonym" an den Anfang des Literatureintrags zu setzen. Bei Internetquellen ohne Namen der Verfasser:innen – vorausgesetzt, diese Quellen sind für die Arbeit geeignet – beginnt der Eintrag mit der Überschrift des Beitrags oder mit dem Titel der Website. Es spricht im Übrigen nichts dagegen, Internetquellen in das Gesamt-Literaturverzeichnis einzufügen. Eine separate Liste mit ihnen ist nicht notwendig, es sei denn, Dozent:innen legen Wert darauf.

Viele Fachbereiche und / oder Institute haben festgelegt, wie ein Titel in das Literatur- und Quellenverzeichnis einzutragen ist. Sollte dies nicht der Fall sein, ist es empfehlenswert, sich an den aktuellen Richtlinien der APA[135], die man nach Bedarf etwas abwandeln kann, zu orientieren. Beim wissenschaftlichen Arbeiten im Allgemeinen, beim Zitieren und beim Erstellen eines Literaturverzeichnisses im Besonderen ist es essenziell, immer äußerste Konsequenz walten zu lassen. Alle formal identischen Titel sind exakt so zu behandeln.

Ein Anhang ist optional und in seiner Gestaltung relativ frei. Er kann Text- oder Bildmaterial enthalten, z. B. einen Praktikumsbericht, Statistiken oder die Texte der Interviews, die für die Arbeit geführt wurden. Ob ein Anhang konzipiert wird oder nicht, ergibt sich meistens problemlos aus dem Inhalt der Arbeit.

4.2.5 Elocutio

Nach der Erstellung der Gliederung sowie damit einhergehend der Anordnung des Materials, gilt es, dasselbe so zu modellieren und so in Worte zu fas-

135 APA = American Psychological Association, vgl. https://apastyle.apa.org (30.05.2023). Auf dieser Website sind alle notwendigen Informationen zu finden. Viele Universitäten haben ebenfalls Zitierregeln nach APA online gestellt, ebenso Websites, die Hilfe beim wissenschaftlichen Arbeiten anbieten, z. B. Mentorium, vgl. https://www.mentorium.de/zitieren-apa-stil-zitierweise-anleitung-beispiele/ (30.05.2023).

sen, dass die Ergebnisse nach dem Schreibprozess kompetent, nachvollziehbar, zielgruppenorientiert und prägnant formuliert sind.

Im Gegensatz zur antiken Rhetorik kann damit kaum die Ausgestaltung des Textes mit rhetorischen Figuren gemeint sein, wohl aber die „ars bene dicendi, die Kunst des angemessenen, guten und richtigen Sprechens und Schreibens [...]“[136]. Das Substrat einer so verstandenen Rede- und Schreibkompetenz bildet die Annahme, dass Erkenntnisgewinn und Rede- bzw. Schreibprozess eine Einheit formieren, sich letztendlich die Gedanken beim Schreiben ordnen. „Über die allmähliche Verfertigung der Gedanken beim Reden“, so lautet der Titel eines berühmten Aufsatzes aus der Feder von Heinrich von Kleist[137]. Besser könnte man auch die Dynamik des Schreibens nicht charakterisieren – als progressiv voranschreitende Niederlegung vorgängiger Erkenntnisse, die im Schreiben selbst zur gedanklich-logischen Vollendung streben und dabei syntaktisch-morphologische sowie orthographische Korrektheit voraussetzen.

Während der Anfertigung der zahlreichen Hausarbeiten im Verlauf eines Studiums soll man lernen, wie man strukturiert, möglichst ökonomisch, flüssig und elegant schreibt. Die korrekte Zitation der Quellen darf dabei genauso wenig ein Problem aufwerfen.

Nun steht also das „Gerüst“, eigentlich kann man nun Richtfest feiern. Alle Notizen sind geordnet und es kann sein, dass manche Sätze schon ausformuliert sind. All diese Fragmente, all diese Provisorien, sind nun in Form und Inhalt zu perfektionieren.

Hat man bis zu diesem Stadium noch mit handschriftlichen Notizen gearbeitet, ist es an der Zeit, zum Textverarbeitungsprogramm zu wechseln oder sich zumindest zu fragen, ob es nicht besser sei, dies zu tun. Für die meisten „Digital natives“ wird alles Handschriftliche sowieso völlig „old school“ sein, die wenigen Traditionalist:innen oder „Digital immigrants“ spüren beim Handschreiben möglicherweise, wie sich ihre Gedanken verfestigen, wenn sie den Weg vom Kopf in die Hand zurücklegen – ein Grund, warum einige Autor:innen schöngeistiger Literatur nach wie vor „echte“ Manuskripte favorisieren. Jede und jeder muss es selbst ausprobieren und sich an die individuell bestmögliche Schreibweise herantasten. Es darf gemutmaßt werden, dass die meisten schließlich die Vorteile von Textverarbeitungsprogrammen gegenüber handschriftlichen Notizen zu schätzen wissen werden, gerade dann, wenn der eigene Text beansprucht, wissenschaftlich zu sein und mit Zitaten angereichert werden muss.

136 Ueding / Steinbrink, op. cit., S. 215.
137 Vgl. ebd., S. 214.

Der eigene und „der fremde Text"

Tipp: Worauf Sie vor dem Schreiben achten müssen

1. Denken Sie daran, dass Sprache in schriftlicher Performanz anders als in mündlicher funktioniert.
2. Streben Sie nach Objektivität, aber seien Sie sich gewahr, dass dies ein Ideal bleiben wird.
3. Gestalten Sie die Syntax, den Bau Ihrer Sätze, transparent. Setzen Sie Fachvokabular ein und versuchen Sie, Hypo- und Parataxe adäquat zu mischen. Mit ihren zahlreichen Haupt- und Nebensätzen können hypotaktische Konstruktionen mitunter so verschachtelt wirken, was unbedingt zu vermeiden ist, dass sie beim ersten Lesen nicht durchschaut werden können. Parataktische Sätze sind meist kurze Hauptsätze.
4. Achten Sie darauf, Wiederholungen zu vermeiden, wohlwissend, dass manche Wörter, vorwiegend Fachwörter, alternativlos sind.

Mündliche Kommunikation ist, wenn man nicht gerade einen Vortrag hält, dialogisch und pragmatisch. Sprache ist ein Organon, ein Werkzeug für lebendigen und spontanen Austausch. Sprechende in actu nutzen bewusst und unbewusst non- und paraverbale Elemente, sie brechen manchmal Sätze mitten in ihrem Verlauf ab, äußern sich elliptisch und sprechen manche Wörter so aus, wie es eventuell nicht der Norm entspricht. Dieser Möglichkeitsraum ist schriftlichen Texten weitestgehend verschlossen und das ist gut so. Fragmentarische Sätze, Umgangs- und Jugendsprache sowie dialektale und soziolektale Sprachvarianten müssen draußen bleiben, erst recht, wenn die Texte wissenschaftlich sein sollen.

Der Anspruch, neutral und wertfrei, kurzum objektiv zu schreiben, ist eine permanente Herausforderung, ein Ideal, das in manchen Disziplinen aufgrund ihrer Ontologie kaum, in anderen etwas mehr erlangt werden kann. Viel beschworen, selten erreicht – so das Paradoxon der Objektivität, was alles andere heißt, als den Bettel hinzuwerfen. Unter Beachtung einiger Aspekte kann man relativ weit kommen, auch in sozial- und erziehungswissenschaftlichen Disziplinen: Ein Kriterium ist Deskription, ein beschreibendes Procedere ohne Präskription, ohne Normativität. Und – wie man sieht – ist es in dem vorliegenden Buch exakt nicht so.

Sawatzki/Thiel führen aus: „Die Notwendigkeit deskriptiven Schreibstils [...] findet sich im wissenschaftlichen Anspruch nach größtmöglicher Objektivität, welcher wiederum systemisch mit dem wissenschaftlichen Erkenntnisanspruch zu begründen ist."[138] Je nach Disziplin stößt Objektivität eher an ihre Grenzen bzw. ist es besser, wie bereits zu lesen war, von intersubjektiver Erkenntnis zu reden, immer dann, wenn Hermeneutik als Prämisse anzunehmen ist. Dem Anspruch der Objektivität kann insofern Genüge getan werden, als die Schreibenden Neutralität und Wertfreiheit gegenüber ihrem Gegenstand wahren und sich vor Bewertungen hüten müssen, die nicht selten im Detail, larviert in Subtilitäten, stecken. Laut Sawatzki und Thiel sind bereits „Begriffe wie ‚gut', ‚besser', ‚schlecht' oder ‚böse' [...] grundsätzlich normativ, solange ihnen ein objektivierbares Vergleichskriterium"[139] fehle. „Verben wie ‚beschränken' oder ‚begrenzen' implizierten, so schreiben die Autoren weiter, „dass etwas weniger als etwas anderes ist"[140]. Auch sie könnten also normativen Charakter haben. Vorsicht ist demzufolge bei allem anzuraten, was ein Werturteil sein könnte oder eine komparative Perspektive einführt, ohne dass diese expliziert werden würde.

Wenn sich Studierende in den ersten Semestern allmählich an wissenschaftliches Schreiben herantasten, können sie schnell in die Falle allgemeiner Aussagen hineintappen, die einerseits mit einem Werturteil einhergehen und die andererseits, zumindest für sich allein betrachtet, weder verifizier- noch falsifizierbar sind. So könnte in einer Arbeit zu Kindern, deren Verhalten nicht regelkonform ist, etwa folgender Satz auftauchen: „Es hat sich herausgestellt, dass die Anzahl verhaltensauffälliger Kinder in den letzten Jahren zugenommen hat."[141] Das mag zwar der Beobachtung eines:r Studierenden entsprechen, der:die gerade sein:ihr Praktikum in einer Grundschulklasse absolviert hat, aber dennoch ist die Aussage weder objektiv noch verifizierbar, der Bezug auf Forschungen bzw. eine Studie bleibt zu vermissen. Der Satz im konstruierten Beispiel ließe sich leicht auf einen objektivierbaren Kontext beziehen, in etwa so: „Entsprechend der Studie von XY stufen 80,5 % aller Grundschullehrer:innen mindestens fünf Kinder in einer Klasse, bei einer durchschnittlichen Klassengröße von 25, als verhaltensauffällig ein." Unproblematisch ist ein solcher entkontextualisierter Satz nicht, weil man ja nicht wissen kann, wie die Studie durchgeführt wurde, welches Forschungsdesign ihr zugrunde lag. Doch schon eine Fußnote oder ein Verweis in Klammern informiert jede:n Leser:in, wo er:sie nachschauen kann, um Näheres über die Studie von XY zu erfahren. So bleibt die Provenienz der Aussage für die Leser:innen transparent und sie können, falls sie es wünschen, selbst überprüfen, ob die empirische Studie, aus der zitiert wurde, den Kriterien der Validität und Reliabilität gehorcht.

138 Sawatzki / Thiel, op. cit., S. 80.

139 Ebd.

140 Ebd.

141 Vgl. dazu ebd., S. 82.

Gerade Anfänger:innen binden oftmals zu viele Verweise und/oder zu viele Zitate in ihren Text ein, eben weil ihnen eingebläut wurde, dass diese Objektivität und Transparenz garantierten. Außerdem, so meinen sie, demonstriere man auf diese Weise ja auch, wie intensiv man sich mit den bereits vorhandenen Forschungen beschäftigt habe. Ihrem Blick entzieht es sich, dass man auf diese Weise das Risiko eingeht, einen Text zu generieren, der sich primär aus Zitaten speist und der seine Lesenden zwingt, sich in diesem Potpourri von einem Zitat zum nächsten zu hangeln.

Genauso unpassend ist das andere Extrem, das darin liegt, einen gänzlich eigenen Text zu schreiben und zu vergessen, dass Zitate, auf deren Grundlage eine Verweisstruktur und somit wissenschaftliche Diskursivität entsteht, integriert werden müssen.

Beim Abfassen einer Hausarbeit ist es von zentraler Bedeutung, einen guten Rhythmus von eigenem, originärem, und fremdem, importiertem, Text zu finden. In dieser Sequenz leuchten ausgeklügelte Sätze mit einer klaren Argumentationsstruktur hervor, in die Zitate aus verschiedenen Quellen eingeflochten sind. Von ihrem Satzbau, ihrer Syntax, her sind die Texte so zu gestalten, dass sich eine möglichst gute Mischung aus Hypo- und Parataxe ergibt. Bei allen hypotaktischen Sätzen ist genau darauf zu achten, dass alle internen Bezüge stimmig sind. Gerade Bandwurmsätze, die kein Tabu sind, aber nicht allzu häufig vorkommen sollten, müssen genau durchdacht werden. Fachbegriffe, auch Fremdwörter, sind wohlüberlegt in die Ausführungen einzubringen. Zwar sollte man den Ratschlag, beim Fremdworteinsatz Vorsicht walten zu lassen, beherzigen, aber genauso bedenken, dass Fremdwörter das Lexikon einer Sprache bereichern und eine gute Alternative sein können, wenn man das deutsche Pendant bereits mehrfach benutzt hat. Dass Fehler und Verwechslungen dabei nicht vorkommen dürfen, braucht nicht erwähnt zu werden.

Eine Maxime, die Schüler:innen sehr früh lernen, ist, dass sie in ihren Texten Wiederholungen vermeiden sollen, weil diese abwechslungsreiches und lebendiges Schreiben verhindern. Je nach Thema oder Fragestellung fällt dies beim wissenschaftlichen Schreiben nicht allzu leicht. Außerdem kann man die Wiederholung von Fachbegriffen kaum umgehen. Und dennoch: Es gilt, Varianz anzustreben.

All die hier gelisteten Punkte lassen sich nicht auf die Schnelle realisieren. Sie verlangen Studierenden Anstrengungen ab, was ebenso für den genaueren Blick auf direktes und indirektes Zitieren zutrifft.

Zitieren und indirekt zitieren

Entscheidet man sich dafür, in der eigenen Arbeit aus einer anderen Publikation zu zitieren, dann heißt das nicht mehr und nicht weniger, als die Textpassage aus dieser Publikation in jeder Hinsicht genau wiederzugeben, keine Änderungen an Orthografie und Interpunktion vorzunehmen und den derart genutzten Text in doppelte Anführungszeichen (unten zu Beginn, oben zum Schluss) zu setzen. So funktioniert ein direktes Zitat.

Indirekte Zitate bzw. Paraphrasen sind sinngemäße Zitate, die nicht in Anführungszeichen gesetzt werden. In diesem Fall optieren die Verfasser:innen einer Arbeit dafür, die aus einer anderen Publikation herangezogene Stelle in ihren eigenen Worten zu umschreiben. Ein indirektes Zitat hat in manchen Fällen resümierenden Charakter, meist aber ist es quantitativ mit dem Original relativ identisch.

Beide Arten von Zitaten müssen belegt werden, entweder mit einer Fußnote oder einem Kurzverweis in Klammern danach, was das folgende Beispiel verdeutlicht:

Unter der Lupe: Direktes und indirektes Zitieren

Original: „Wissenschaftliches Arbeiten beruht nicht nur auf der Wiedergabe vorliegender Texte, sondern auf der intensiven und eigenständigen Auseinandersetzung mit fremden Gedanken: Komplexe Sachverhalte durchdringen und korrekt wiedergeben, Zusammenhänge herstellen, Begriffe durchleuchten, Definitionen analysieren, Argumentationen kritisieren, eigene Perspektiven begründen etc."[142] (Bohl 2018, S. 10)

Indirektes Zitat / Paraphrase: Beim wissenschaftlichen Arbeiten steht nicht nur die Wiedergabe der herangezogenen Publikationen im Zentrum, sondern es ist wichtig, sich selbstständig und gründlich mit bereits vorhandenem Gedankengut zu beschäftigen. Es geht darum, Themen in ihrer Komplexität zu begreifen und richtig darzustellen, sie miteinander zu verknüpfen, Definitionen und Begriffe zu analysieren, einen Argumentationsverlauf zu prüfen und sich eigenständig zu positionieren[143] (vgl. Bohl 2018, S. 10).

Ob man einen Kurzverweis oder Fußnoten bevorzugt, kann eine bloße Geschmackssache sein, wenn in einer Hausarbeit, die zu schreiben ist, beides akzeptiert wird. Manche Dozent:innen machen Vorgaben, manche Universitäten oder Fachbereiche haben Leitlinien für das wissenschaftliche Arbeiten und Zitieren entwickelt, nach denen man sich richten sollte.

142 Thorsten Bohl (2018): *Wissenschaftliches Arbeiten im Studium der Erziehungs- und Bildungswissenschaften. Arbeitsprozesse, Referate, Hausarbeiten, mündliche Prüfungen und mehr ...* Weinheim / Basel: Beltz, 4. Aufl., S. 10.

143 Vgl. Thorsten Bohl (2018): *Wissenschaftliches Arbeiten im Studium der Erziehungs- und Bildungswissenschaften. Arbeitsprozesse, Referate, Hausarbeiten, mündliche Prüfungen und mehr ...* Weinheim / Basel: Beltz, 4. Aufl., S. 10.

In der aktuellen Forschungslandschaft bestehen drei prinzipielle Möglichkeiten des Zitierens nebeneinander. Für eine muss man sich entscheiden bzw. eine ist eventuell vorgegeben:

- Amerikanische Zitierweise (APA Style)
- Deutsche Zitierweise (alternativ als „Chicago Style" benannt)
- „Vancouver-Style"

Im Vergleich zu den ersten beiden Zitierweisen tritt der ursprünglich für Publikationen aus der Medizin konzipierte und meist bei Zitierprogrammen eingesetzte „Vancouver-Style" nicht so häufig auf. Wenn man die Wahl hat, ist man sowohl mit der amerikanischen als auch mit der deutschen Zitierweise auf der sicheren Seite. Zu bedenken ist allein, dass der Kurzverweis in der Klammer, je nach Arbeit und Thema, den Lesefluss stören könnte. Das ist bei den in der deutschen Zitierweise vorgesehenen Fußnoten kaum der Fall.

In allen Disziplinen der Pädagogik, der Psychologie und den Sozialwissenschaften dominiert der APA Style. So wie für die Erstellung des Literaturverzeichnisses sind auch für das Zitieren mit APA genaue Anleitungen im Internet oder den jeweiligen Leitlinien der Universitäten zu finden. Das genaue Nachweisen von Zitaten, egal wie es geschieht, minimiert das Risiko ungewollten Plagiierens.

Das Plagiat

Namen wie Karl-Theodor zu Guttenberg, Silvana Koch-Mehrin, Annette Schavan oder zuletzt Franziska Giffey, deren Masterarbeit man schon einen „Flickenteppich aus Plagiaten"[144] nachsagt, sind in den letzten Jahren nicht oder nicht nur aufgrund der politischen Leistungen ihrer Träger:innen bekannt geworden[145]. Allen Genannten wurde der Doktortitel entzogen, weil man ihnen nachweisen konnte, dass sie von anderen abgeschrieben, sie also fremdes geistiges Eigentum als ihr eigenes ausgegeben, kurzum plagiiert haben.

Direktes oder indirektes Zitieren ohne Nachweis ist geistiger Diebstahl und/oder Ideenklau. Eine Person, die sich darauf einlässt, hat sich nicht in die Rolle eines:r Autors:in eingefunden, sie kann, je nach Intensität des Plagiats, allenfalls als Kompilator:in bezeichnet werden. Noch nicht einmal das tut sie korrekt, weil beim Plagiierten naturgemäß die Quellennachweise fehlen. Mit Plagiaten stößt man in das Herz philosophischer und ethischer Diskussionen vor.

144 Andreas Schmidt (2001): *„Flickenteppich aus Plagiaten"*. Giffey soll sogar bei Masterarbeit abgeschrieben haben. https://www.merkur.de (30.05.2023).

145 Noch offen ist aktuell die Überprüfung der Doktorarbeit des Staatssekretärs Patrick Graichen. Inzwischen ist auch seine Masterarbeit in den Fokus von Plagiatsjäger:innen gerückt. Vgl. Felix Durach (2023): *„Schwerwiegende" Mängel: Plagiatsjäger werden bei Habeck-Vertrautem Graichen wohl erneut fündig.* https://www.merkur.de (30.05.2023).

Plagiieren bedeutet nicht nur, dass Autor:innen ihrer Rolle durch die Aufnahme von Zitaten in ihren eigenen Text oder durch simples Abschreiben nicht gerecht werden, dass sie also den eingefügten oder in Gänze übernommenen fremden Text nicht nachweisen, sondern Plagiieren lässt sich in verschiedene Subtypen auffächern: bei einem „Vollplagiat" scheut eine Person nicht davor zurück, eine Publikation in ihrer Totalität, ungekürzt mit all ihren Besonderheiten und ohne jegliche Änderung, entweder in ihren Text zu übernehmen oder ihn a priori als eigenen Text auszugeben. „Copy-and-paste" bezieht sich auf Passagen aus dem Internet, die übernommen und dem „eigenen Text" eingepflegt werden. In den Reigen fügen sich außerdem Übersetzungsplagiate (der aus einer anderen Sprache übersetzte Text wird als eigener bezeichnet), Paraphrasierungsplagiate (vor der Übernahme werden die übernommenen Texte umformuliert), Ideenplagiate (die Ideen anderer bezeichnet man als eigene), Strukturplagiate (eine fremde Gliederung oder ein Inhaltsverzeichnis wird übernommen) und Selbstplagiate (die Integration von Teilen einer eigenen, früheren Publikation, ohne dies nachzuweisen)[146].

Ghostwriting im Allgemeinen und die Verwendung von KI-gestützten Content-Generatoren, sogenannten Chatbots, im Besonderen sind perfide Plagiatsvarianten, weil die qua Prüfungsordnung beauftragten oder andere Verfasser:innen sich ihrer Aufgabe vorsätzlich entziehen und das, was sie eigentlich tun müssten, an eine andere Person oder an KI delegieren. Plagiatssoftware, an sich ziemlich verlässlich, wird sich in absehbarer Zeit auch auf diese Sonderfälle erstrecken. Es ist nicht zu beschönigen: Nutzer:innen von Ghostwriting und ChatGPT lassen sich auf kriminelle Handlungen ein, wenn sie nicht offenlegen, dass sie diese Verfahren genutzt haben. Sie befinden sich zwischen Skylla und Charybdis bzw. in der selbstverschuldeten misslichen Lage, zwischen Pest und Cholera zu wählen. Je nach Ausmaß ihrer Kaltschnäuzigkeit können sie mit einer der beiden Varianten gut leben, wenn ihr schlechtes Gewissen sie nicht einholt und ihre Delinquenz nicht auffliegt. Tut sie dies aber, dann sind sie alle hinterrücks erworbenen Titel los.

Im Gegensatz zu menschlichen Ghostwritern, die sich ihre Aktivitäten teuer entlohnen lassen, sind KI-gestützte Content-Generatoren kostenlos bzw. von ihnen existieren kostenfreie Versionen. Mit dem bekanntesten dieser Programme, ChatGPT, sind – so kann man vermuten – alle Bildungsinstitutionen „kalt erwischt" worden. „Die Bachelorarbeit in drei Tagen mit ChatGPT schreiben? Geht das überhaupt?"[147] – Dies testete die Reporterin Nadine

[146] Vgl. dazu M. Feidel (2018/2022): *Was ist ein Plagiat? / Definition, Konsequenzen und Vermeidung.* https://www.mentorium.de (30.05.2023).

[147] Nadine Hadad (2023): *Reporterin lässt Bachelorarbeit von ChatGPT schreiben.* https://www.focus.de (30.05.2023). Es handelt sich um einen Beitrag, der ursprünglich als Video im Bayerischen Rundfunk erschien. Vgl. https://www.ardmediathek.de/video/puls-reportage/bachelorarbeit-in-drei-tagen-mit-chatgpt/br (30.05.2023).

Hadad. In den 31 Seiten, die der Chatbot für sie anfertigte, fiel jedoch auf, dass sich viele Formulierungen ähnelten. Diese galt es zu eliminieren, außerdem mussten alle Quellen überprüft werden, die das Programm geliefert hatte. Das Feedback eines Professors an der Ludwig-Maximilian-Universität in München, der die Arbeit überprüfte, war gespalten: „Die Struktur der Abschlussarbeit und die Lesbarkeit" seien recht gut, doch es seien Zusammenhänge zu vermissen, die Arbeit sei nicht vollständig und im Quellenverzeichnis seien drei Bücher aufgeführt, die es nicht gebe[148]. Zwar sei die Abschlussarbeit „in jeder Hinsicht nicht bestanden"[149], aber ChatGPT biete sich als „technisches Hilfsmittel"[150] an.

Es ist nicht verwerflich, dieses Hilfsmittel zu nutzen, unter der Voraussetzung, dass man es in der Eigenständigkeitserklärung zum Abschluss der Arbeit vermerkt, nachzulesen beispielsweise in einem Statement der Universität Würzburg[151], in dem sich Tilmann Fleck mit der genauen Definition von Plagiaten auseinandersetzt. Und: Nicht nur YouTube wird derzeit von Videos zu ChatGPT überschwemmt, auch auf seriösen Plattformen ist das Plädoyer für eine adäquate Nutzung zu finden[152] und erste Buchpublikationen zu ChatGPT sind auf dem Markt. Christian Rieck, der unter anderem qua ChatGPT in rekordverdächtiger Zeit eine Monografie zum Thema fertiggestellt hat, wenn man so will den ersten „Meta-Chatbot", lobt in seinem Vorwort „Schummeln als hohe Kunst des Lernens"[153] und spricht sich für das Schreiben mit ChatGPT im Abseits betrügerischer Verfahren aus. Das Programm sei „das Tor zu einer neuen Welt, die dritte große Revolution nach Internet und Smartphone". Es gebe „wahrscheinlich keinen Lebensbereich, den diese Technologie nicht umkrempeln werde"[154]. Obwohl Rieck die revolutionäre Technik feiert, begegnet er ihr mit Skepsis. Nur wenn es gelinge, ChatGPT klug zu verwenden, seien die „Rettung der Seminararbeit"[155] und „Prüfungen der Zukunft"[156] zu bewerkstelligen. Riecks Text veranschaulicht aufs wunderbarste die beiden Seiten von ChatGPT. Seine Leser:innen erfahren in der Tat, dass sie mit ChatGPT Schreibblockaden lösen und die Kreativi-

148 Vgl. Hadad, op. cit.

149 Ebd.

150 Ebd.

151 Vgl. Tilmann Fleck (2023): *Prüfungsrechtliche Fragen zu ChatGPT.* https://www.rz.uni-wuerzburg.de (30.05.2023).

152 Tobias Solis (2023): *ChatGPT für deine Hausarbeit, Bachelorarbeit und mehr nutzen.* https://www.scribbr.de (30.05.2023).

153 Christian Rieck (2023): *Schummeln / Schreiben! Mit ChatGPT. Texte verfassen mit künstlicher Intelligenz für Schule, Uni und Beruf.* München: YES, S. 8.

154 Ebd.

155 Vgl. ebd., S. 163 ff.

156 Vgl. ebd., S. 167 ff.

tät steigern können, außerdem lernen sie, was sich in diesem Kontext hinter dem Begriff „Seed“ verbirgt. Die Schattenseite: Den Anspruch, mit ChatGPT zu schreiben, unterwandert der Autor selbst, weil sein Buch über weite Strecken hinweg recht fragmentarisch und oberflächlich daherkommt. Dies maskiert er mit einem pseudo-originellen Habitus, der in der Referenz auf eine Vielzahl von Autoren besteht – unter anderem diskutieren in einem Gespräch Franz Kafka und Edgar Allan Poe[157] oder Loriot und Mr. Bean[158].

Bevor man so weit geht, seine „auctoritas“, also seine Autorenschaft, mithilfe von Ghostwritern oder einem Chatbot einzubüßen, sollte man sich mit einigen Fragen selbstkritisch prüfen: Wie geht es mir damit, wenn ich mich nicht auf meine eigenen Recherche- und Schreibfähigkeiten verlasse? Habe ich überhaupt Interesse an dem Fach, das ich studiere? Wo ist meine Motivation? Wollte ich eventuell nur einmal den Chatbot testen oder sehen, ob ich mit einem Ghostwriter zurechtkomme? Gehe ich einfach nur pragmatisch vor, weil ich so viel zu tun habe? Beantwortet man die letzte Frage mit Ja, sollte man dann, wenn die Arbeitslast allein dem Studium zu schulden ist, versuchen, dieses auf mehr Semester, als die Regelstudienzeit umfasst, zu strecken. Falls die Last weniger an das Studium geknüpft ist, heißt es, genau zu diagnostizieren, warum das Studium im Vergleich zu anderen Aktivitäten offensichtlich nicht priorisiert werden kann.

Zu bedenken ist immer, dass der spontane und unüberlegte Einsatz von KI-gestützten Content-Generatoren nur unbefriedigende Ergebnisse erbringt. Ähnliches gilt für die Konsultation von Ghostwritern, die nur selten Expert:innen für das jeweilige Thema oder die Fragestellung sind. Jeder original und eigenständig von Menschenhand geschriebene Text weist zudem Idiosynkrasien, individuelle Besonderheiten in der Formulierung, auf, die ihn ein Stück weit einzigartig machen und die ChatGPT sicherlich verschwinden lässt. In letzter Konsequenz ist das hundertprozentige Delegieren an Maschinen oder an Ghostwriter synonym zur Aufgabe der eigenen Identität.

Und dennoch: Man muss lernen, mit der trotz aller Bedenken faszinierenden Technik umzugehen, mit einer Technik, die Konzepte wie Humanität, Autorenschaft und Individualität, in äußerster Konsequenz den Menschen in seiner intellektuellen und psychosomatischen Ganzheit, attackiert. Diese Konzepte werden gleichwohl nicht außer Kraft gesetzt, sondern es ist angezeigt, ihre Definitionsspanne zu erweitern. Strenggenommen obliegt es jeder und jedem, selbst zu entscheiden, inwieweit sie:er sich „cyborgisieren“ lassen möchte oder nicht, inwieweit, ausgehend von Donna Haraways bahn-

157 Vgl. ebd., S. 31.

158 Vgl. ebd., S. 15 f.

brechendem „Cyborg Manifesto“[159], man dies mit leicht ironischem Blick als Chance begreifen kann oder sich mit Vehemenz allem entzieht. KI wird in all ihrer Janusköpfigkeit bestehen bleiben. Ob man nun die eigene Expertise an eine als bedrohlich erachtete Macht im Hintergrund delegiert oder mit dieser geschickt koaliert – das wird ein Balanceakt bleiben.

Auch alle, die den „redlichen Gewinn suchen“, die wissen, dass sich „Verstand und rechter Sinn mit wenig Kunst selber vorbringt“[160], die Maschinen nutzen können, ihre eigene Macht aber nicht an eine Maschine abgeben, tun gut daran, sich ab und an zu fragen, worin genau Originalität im 21. Jahrhundert besteht. Diese Problemstellung ist nicht nur vor dem Hintergrund von ChatGPT neu zu verhandeln. Bei allen individuellen sprachlichen Eigenheiten, die Texte, ebenso die wissenschaftlichen, offenbaren, bei aller Sorgfalt, mit der ihre Verfasser:innen recherchieren, sind Wiederholungen anderer Autor:innen oder unfreiwillige Plagiate nicht gänzlich zu verhindern. Aus diesem Grund empfiehlt es sich, mit Plagiatssoftware zu arbeiten, um die eigenen Texte zu überprüfen.

Strukturierung der Texte

Wenn man nun in das eigentliche Stadium der Textproduktion zurückkehrt, dann ist zu ergänzen, dass beim Schreiben, beim Einbinden der Zitate und beim Vermeiden von Plagiaten, auf die interne Strukturierung des entstehenden Textes zu achten ist.

Während die meisten Studierenden kaum Mühe haben, eine tragfähige Makrogliederung zu erstellen und es genauso gut meistern, die einzelnen Kapitel gut intern, in ihrem Argumentationsverlauf, zu strukturieren, sieht es mit den Übergängen von Abschnitt zu Abschnitt, nicht immer so rosig aus. Überhaupt erweisen sich Übergänge, auch die größeren von Kapitel zu Kapitel, mitunter als Problem. Dass ein neuer Gedanke ausgearbeitet wird und wo es geschieht, ist unstrittig, wie er ausgeführt werden soll, kann Probleme bereiten. Ein besonderes Augenmerk ist demzufolge auf die „Nähte“ des Textes zu richten, dorthin, wo sich Gedanken miteinander verbinden und ein gerade ausgeführter zugunsten eines neuen ad acta gelegt wird.

Als Erstes ist es wichtig, Absätze einzufügen. Textverarbeitungsprogramme funktionieren glücklicherweise anders als Nachrichten über Facebook oder Microsoft Teams: Man kann die Enter-Taste betätigen, ohne dass gleich eine Nachricht entfleucht. Als Nächstes müssen die Nahtstellen des Textes so

159 Das Manifest wurde ursprünglich 1985 veröffentlicht, aber mehrfach überarbeitet. Die deutsche Übersetzung erschien 1995. Das englische Original ist u. a. auf der folgenden Website als PDF zu finden: Donna Haraway (1985 / 2016): *A Cyborg Manifsto. Science, Technology, and Socialist-Feminism in the Late Twentieth Century.* https://warwick.ac.uk/ (30.05.2023).

160 Vgl. J. W. v. Goethe: *Faust*, op. cit., S. 22.

versiegelt werden, dass keine abrupten Wechsel in ihn hineinbrechen. Strukturwörter bzw. Konnektoren können die Kohärenz zwischen den Absätzen gewährleisten. Es funktioniert aber auch ohne sie.

Einen Abschnitt oder ein Kapitel schließt man im Idealfall so ab, dass sich das Folgende organisch aus dem Vorhergehenden entwickelt und man ohne „Richtungsanweisungen“, d. h. Bemerkungen zur Organisation der Arbeit, auskommt. Bei längeren Arbeiten sind solche internen Verweise in der Regel häufiger, schon allein deshalb, um bestimmte Aspekte den Lesenden in Erinnerung zu rufen und auf andere vorauszudeuten. Als Faustregel lässt sich festhalten, dass man nur so viel wie unbedingt nötig und so wenig wie möglich in der Arbeit über das eigene Tun reflektieren sollte, außerhalb dafür umso mehr.

4.2.6 Besonderheiten der Elocutio – Basics zum Formulieren

Während des Schreibens gilt es, weitere Gesichtspunkte zu beachten, einiges Grundsätzliches, was sich querschnittmäßig durch die gesamte Arbeit zieht, genauso wie Fragen des Stils.

Dass eine Hausarbeit, egal in welchem Stadium des Studiums sie verfasst wird, egal ob sie eine Arbeit im ersten Semester oder bereits die Bachelor-Arbeit ist, den Anspruch erhebt, orthografisch und grammatikalisch fehlerfrei zu sein[161], muss nicht eigens betont werden. Dass sich dennoch an der einen oder anderen Stelle kleinere Fehler einschleichen, lässt sich meistens nicht vermeiden, die Gefahr dafür aber mit exaktem Arbeiten minimieren.

In der folgenden Aufstellung, prozedierend vom Allgemeinen zum Besonderen, dennoch etwas querbeet unter kognitionswissenschaftlicher und linguistischer Perspektive, versammeln sich Stolpersteine, deren Nichtbeachtung relativ viele Arbeiten unter Beweis stellen. Verfasser:innen von Hausarbeiten müssen lernen, damit umzugehen, damit sie in stilistischer Hinsicht ein bestmögliches Ergebnis erzielen (vgl. **M16–M18**).

161 Wer dies in irgendeiner Weise infrage stellen sollte, dem sei die folgende Publikation empfohlen: Kathrin Kunkel-Razum u. a. (2018): *Warum es nicht egal ist, wie wir schreiben.* Berlin: Duden.

Unter der Lupe: „Negative Beispiele"

Wenn Sie die folgenden Ausführungen dieses Kapitels gelesen haben werden, wissen Sie, was in den folgenden, zugegebenermaßen sehr plakativen, Sätzen verbessert werden sollte:

Ich schreibe in meiner Arbeit über alle Wissenschaftler, die sich im Literaturverzeichnis befinden. Alle sind verbeamtete Lehrer, die ihr Schreiben über die Wichtigkeit und Aktualität der Unterrichtsvorbereitung und der Unterlassung von Bestrafungen in Publikationen veröffentlicht haben. In diesen Texten befinden sich viele Schüler und es wird sich ganz oft reflektiert. Wir als Erwachsene werden den Kindern und Eltern gegenübergestellt und viele gemachte Erfahrungen werden auf aufgenommenen Fotos gezeigt. So werden optimalste Beweise für alles vorgelegt, was problematisch ist. Darauf komme ich als Student gar nicht klar.

Mit vielen Interviews wird in meiner Hausarbeit die Weiterverbreitung der Aggressivität bei vielen Kindern untersucht. Sie werden alle in meine Arbeit aufgenommen.

Gendern

Nein, es ist nicht der Flachwitz, den man oft hört, dass es sich hierbei nämlich um „Kentern" auf Sächsisch handle. Vielmehr impliziert Gendern eine Entscheidung, die ganz pragmatisch vor Beginn des Schreibens getroffen werden sollte. Nicht zuletzt beim wissenschaftlichen Schreiben ist es notwendig, dass alle Geschlechter adressiert werden, indem Autor:innen „genderleicht"[162] schreiben. Mit einer geschlechter- und gendergerechten Sprache wird das, was Luise Pusch bereits in den 1980er-Jahren monierte und unter linguistischer Perspektive akribisch analysierte[163] – Sprache als Machtinstrument des Patriarchats –, durchbrochen. Es spielt keine Rolle, wo Menschen sich im Spektrum der geschlechtlichen Identität verorten. Mit der Genderleichtigkeit einer neutralen und wertfreien Sprache, ein Zeichen für Diversität und Inklusion, fühlen sich alle angesprochen.

Vielen Regelungen im Umkreis des Genderns wird vorgeworfen, dass sie den Sprachfluss störten. Das ist kein Argument, weil sich alle Kritiker:innen und alle Konservativen in das Schlupfloch des generischen Maskulinums hineinbegeben können: Man begnügt sich damit, in einer Fußnote (nicht im

[162] Vgl. zu allen hier genannten Aspekten das hervorragende Buch von Christine Olderdissen (2021): *Genderleicht. Wie Sprache für alle elegant gelingt.* Berlin: Duden.

[163] Vgl. dazu Luise F. Pusch (1991): *Das Deutsche als Männersprache. Diagnose und Therapievorschläge.* Dies.: *Das Deutsche als Männersprache. Aufsätze und Glossen zur feministischen Linguistik.* Frankfurt/M.: Suhrkamp, S. 46 – 68.

Fließtext!) darauf hinzuweisen, dass man aus Gründen der Lesbarkeit bei der männlichen Form bleibe und dass diese alle Geschlechter einbeziehe. So demonstriert man(n) ein bisschen Goodwill, aber es bleibt alles beim Alten. Deshalb ist anzuraten, dass alle, die sich um den Sprachfluss sorgen, vielleicht auf das generische Femininum rekurrieren sollten.

Um den sprachlichen Raum für alle Geschlechter und Genderorientierungen zu öffnen, bieten sich andere Verfahren an: Binnen-I, Sternchen, Doppelpunkt oder Unterstrich. Ob man nun LeserInnen, Leser*innen, Leser:innen oder Leser_innen schreibt, ist im Grunde eine Frage der persönlichen Präferenz. Das Binnen-I ist etwas aus der Mode gekommen und es ist nicht ganz so günstig, weil zwischen Wortstamm und -endung kein Zwischenraum bleibt, so wie bei den anderen Varianten. Insbesondere diese Lücke bietet den Raum für das Spektrum der Diversität. Im mündlichen Sprachgebrauch hört man diese „Leerstelle" als Glottisschlag. Am bequemsten zu verwenden ist der Doppelpunkt, weil er am leichtesten auf der deutschen Tastatur zu finden ist.

Bei diesen Varianten des Genderns muss ferner beachtet werden, dass sich auch die Pronomen doppeln. Wenn Begriffe in einer neutralen, meist partizipialen, Form vorliegen, so etwa Studierende, Lehrende oder Lesende[164], können auch diese eine Option sein. Und: Manche Begriffe haben im Deutschen keine weibliche Form, so etwa Mitglied, andere wiederum, so etwa Gast, besitzen eine weibliche Form, die man beim ersten Hören oder Lesen als Archaismus einstufen würde. Ob man eine „Gästin" sein möchte oder eine solche einlädt, muss jede:r selbst entscheiden. Immerhin hat diese Form bereits 2009 Eingang in den Duden gefunden.[165]

„Ich-Tabu"

Obwohl normalerweise hinter jedem wissenschaftlichen Text das *Ich* eines:r Verfassers:in steht, sollte sich dieses nur in Ausnahmefällen explizit, also in der 1. Person Singular, zu erkennen geben. Meistens lassen sich Ich-Formulierungen umgehen, indem man auf Passivsätze, Nominalisierungen, Formulierungen mit „lassen" oder mit „man" zurückgreift.[166]

Immer dann jedoch, wenn die Arbeit keine rein wissenschaftliche ist, wenn es um persönliche Beobachtungen geht und Reflexionen gefragt sind, dürfen auch Formulierungen mit Ich zum Einsatz kommen, eventuell seien sie sogar besser als unpersönliche Wendungen[167]. Insgesamt habe sich, so Helga Esselborn-Krumbiegel, das Ich-Verbot „in den letzten dreißig Jahren

[164] Vgl. dazu Olderdissen, op. cit., S. 74 ff.

[165] Vgl. ebd., S. 42.

[166] Vgl. Stefan Kühtz (2016): *Wissenschaftlich formulieren. Tipps und Textbausteine für Studium und Schule.* Paderborn: Schöningh (UTB). 4. Aufl., S. 29.

[167] Vgl. Sawatzki / Thiel, op. cit., S. 81.

vor allem unter dem Einfluss anglo-amerikanischer Wissenschaftstexte erheblich gelockert“[168].

Mehr noch als ein Ich ist der sogenannte „Pluralis majestatis“ zu vermeiden, der in wissenschaftlichen Texten der 1970er- und 1980er-Jahre sehr verbreitet war. Er darf wirklich nur unter der Voraussetzung angewandt werden, dass eine Gruppe von Forscher:innen über ihr ganz konkretes Forschungsdesign spricht oder schreibt.

Auf ganzer Linie unwissenschaftlich sind Formulierungen wie z. B. „wir als Lehrer:innen“ oder „wir als Erwachsene“, die im mündlichen Sprachgebrauch oft vorkommen und in alltäglichen Texten wie E-Mails oder Briefen uneingeschränkt benutzt werden können. In wissenschaftlichen Texten indessen offenbart sich ihr anbiedernder Charakter aufs heftigste. Mit „wir als ...“ schleicht sich ein Gruppengefühl in die Sprache ein, das real eher selten präsent ist und zudem Grenzen zu denen zieht, die sich nicht angesprochen fühlen. Dieser sprachliche Impetus könnte in der Ghettoisierung der eigenen oder der anderen Gruppe, von der man sich distanziert, kulminieren.

Logische Fehler

Logische Fehler sind ein Fass ohne Boden. Obschon sich das Etikett „logischer Fehler“ meistens auf fehlerhafte Schlussfolgerungen, etwa beim Halo-Effekt[169], bezieht, passt es genauso gut, wenn sich Empirie und Darstellung derselben, Wirklichkeit und Text bzw. Realität und Narration, ineinander verstricken. Ein solches Crossover, eine Vermischung der Kategorien bzw. ein Mashup von empirischen Aspekten und ihrer Darstellung, liegt auch vor, wenn Abstraktes und Konkretes nicht klar voneinander unterschieden werden.

Wenn sich Realität und Narration kreuzen, beginnt der Text zu leben. Dies passiert besonders oft, wenn man sich mit fiktionalen Texten auseinandersetzen muss. Als „Prinzip Tintenherz“ lässt sich dieses Muster bezeichnen, denn man erinnere sich, dass der begnadete Vorleser Mo (Mortimer Folchart), Vater der Protagonistin Meggie, „real existierende Menschen“ in seine Geschichten hineinlesen kann.

„In diesem Text heiraten Peter und Petra“, „in diesem Abschnitt hat Petra Läuse“, oder – ein echtes Beispiel aus einer Arbeit zu einem literaturwissenschaftlichen Proseminar zu Benjamin Constant: „Bei dem Roman *Adolphe* handelt es sich um die Liebesbeziehung zwischen Adolphe und Ellénore“[170].

168 Helga Esselborn-Krumbiegel (2021): *Richtig wissenschaftlich schreiben.* Paderborn: Schöningh (UTB). 6. Aufl., S. 14.

169 Der Halo-Effekt bezieht sich auf alle Schlussfolgerungen, die man von einem bestimmten Merkmal einer Person auf andere Eigenschaften zieht: z. B. neigen viele Menschen dazu, einem physisch schönen Gegenüber gleichzeitig auch einen moralisch einwandfreien Charakter zu attribuieren.

170 Dieses und alle folgenden Beispiele stammen aus Texten von Studierenden. Falls nicht, wird es extra vermerkt.

Oder: „In den Paratexten jedoch versucht Constant, der Zensur zu entgehen". Natürlich *thematisiert* der Roman die Liebesbeziehung und nicht *in*, sondern *mit* den Paratexten, müht sich Constant, der Zensur zu entgehen.

„Thomas Mann bezeichnet seine Novelle als autobiografisches Werk, in dem es viele Begebenheiten und Ereignisse wirklich gegeben hat" – hier wimmelt es geradezu von lebendigen Narrationen.

Nicht nur im literaturwissenschaftlichen Kontext fühlen sich diese Fehler wohl, sondern sie können sich genauso gut in einem generalisierten Umfeld ein Stelldichein geben, wenn z. B. eine Forscherin „im 3. Teil der Arbeit Befragungen durchgeführt hat" oder, „sich im Anhang das Literaturverzeichnis und die Autoren befinden". Das stelle man sich einmal bildlich vor.

Auch das umgekehrte Prinzip kann wirken, also der Eintritt einer Geschichte in die Wirklichkeit, wenn etwa „der Autor die Geschichte beschreibt", „der Titel anschaulich beschrieben ist" oder „ein Fachartikel detailliert beschrieben ist".

Diese Beispiele verdeutlichen, dass viele Verfasser:innen von Hausarbeiten mit dem Verb „beschreiben" ihre liebe Not haben. Das Prinzip ist einfach: Situationen lassen sich beschreiben, ein Gemälde oder eine Skulptur ebenso, bei Texten wird es schwierig. Ein anschaulich beschriebener Titel könnte sich auf ein Cover beziehen.

Im nächsten Beispiel kompilieren Autor:innen Konkretes und Abstraktes in fröhlicher Gemengelage: „Kinder entnehmen aus ihren Vorbildern Verbrechen", „Die Autoren greifen die Probleme rund um Kinder und Fernsehen als einen Ratgeber auf", „Gesehene Bilder müssen verdaut werden" und „Diese Monografie richtet sich direkt an das Thema der Adoleszenz". In prononciert plastische Höhen steigt man mit einer Kurzgeschichte auf, „die in einer Grünanlage stattfindet" und in die „noch die Mutter des jungen Mannes eingebaut wird".

Für all diese Sätze gilt: erst denken, dann schreiben, obwohl man nie vor dem Gegenteil gefeit ist. Das weiß jede:r, der:die selbst Texte verfasst und jede:r, der:die mit offenen Augen durch die Welt geht. Was meint z. B. einer der bekanntesten deutschen Automobilhersteller mit der „Dialogannahme", ein Wort, das in großen, gar illuminierten Lettern an einer Werkstattwand prangt? Verfassen Kund:innen einen Dialog und bringen ihn mit? Oder führen sie einen Monolog, den sie als Dialog „einkleiden"? Oder nehmen sie einen vorgefertigten aus einem dramatischen Text? Sketche von Loriot oder Theaterstücke von Yasmina Reza würden sich dafür hervorragend eignen.

Flexible Syntax

Damit ist gemeint, dass es nicht immer einfach ist, die einzelnen Teile eines Satzes, seine Satzglieder, eindeutig aufeinander zu beziehen. Nicht selten kommen auch Ellipsen ins Spiel: „Das Restaurant bleibt wegen Krankheit geschlossen". Dieses Beispiel aus dem Alltag bringt das Problem auf den Punkt. Besser wäre es hier, in etwa so zu formulieren: „Wegen eines Krankheitsfalls bleibt das Restaurant geschlossen". Ähnlich ist es mit „Seine Erkrankung wurde erstmals mit 13 Jahren diagnostiziert".

Mehr Fragen tauchen auf bei einem Satz wie, „Die Autoren umschreiben in diesem Sammelband die Reittherapie mit verschiedenen Behinderungen und Beeinträchtigungen". Zwar kann man erkennen, was gemeint ist, doch die Syntax ist mehr als ambivalent: Haben die Autoren Behinderungen und Beeinträchtigungen, die ihr Schreiben stören? Ist die Reittherapie beeinträchtigt? Bei diesem zweiten und ziemlich „schrägen Missverständnis" jedenfalls würde eine unangemessene Anthropomorphisierung, eine Vermenschlichung der Reittherapie also, unterstellt werden können, genauso wie in „ADHS ist eine verhaltensgestörte Krankheit". Und: Haben Sie schon einmal einen Dachs auf dem Weg zur Arbeit gesehen?

Klassische Kalauer, die in diese Rubrik gehören, sind Kommafehler: „Komm, wir essen, Opa!" ist der kannibalischen Variante, „Komm, wir essen Opa!", unbedingt vorzuziehen. Auch in anderen Fällen können Satzzeichen Leben retten: „Erhitze zusammen mit einem Erwachsenen zwei Liter Apfelsaft!"[171] oder „Zwei Erwachsene essen ein Kind gratis"[172]. Zwei Kommata in der Aufforderung und ein Komma in dem Reklamesatz wären also sehr vorteilhaft.

Nomen und Verben

Im Gegensatz zu vielen anderen Sprachen bietet sich im Deutschen die Gelegenheit[173], Adjektive und Verben im Handumdrehen zu nominalisieren. Rein grammatikalisch lassen sich der Substantivierung kaum Grenzen setzen. Warnzeichen dafür seien, so Wolf Schneider, Suffixe/Endungen wie „-ung" und „-keit", die gestelzte Wortungetüme wie „Beampelung" und „In-Verkehrbringung" produzierten. In vielen wissenschaftlichen Texten drängen sich Nominalisierungen und originäre Nomen gleichermaßen. „Nomina zu häufen, jenseits von Bedarf und Vernunft" sei „eine Leidenschaft aller Bürokraten"[174]. „Attraktives Deutsch" bestehe auch in der Regel, „nie ein Substantiv zu verwenden, wo ein Verb an seine Stelle treten kann"[175]. So oft wie es vertretbar ist, sollte man demzufolge Verben gegenüber Nomen favorisieren.

171 Beispiel aus einem Adventskalender mit kleinen Botschaften für Kinder.

172 Veronika Mennel (2017): *Satzzeichen retten Leben.* https://www.veronikamennel.at (19.05.2023).

173 Vgl. zu diesem und den folgenden Punkten: Wolf Schneider (2004): *Deutsch fürs Leben. Was die Schule zu lehren vergaß.* Hamburg: rororo, 13. Aufl.

174 Ebd., S. 94.

175 Ebd.

Aktiv und Passiv

Die deutsche Sprache bietet den immensen Vorteil, dass die meisten Sätze fast so flexibel wie im Englischen im Passiv konstruiert werden können. „Hier werden Sie zwar nicht geholfen" und „Sie werden auch nicht erlaubt, das Handy zu benutzen", aber „Es werden in diesem Buch viele unterschiedliche Perspektiven aufgezeigt" oder „Es wird in dieser Abhandlung über Bindungstheorien diskutiert".

Viele Schreibende stellen fest, dass der Vorteil der Passivkonstruktionen zum Nachteil in der stilistischen Gestaltung mutiert. Wenn man nicht aufpasst, insbesondere bei Darstellungen der Vorgehensweise zu Beginn der Arbeit, findet man sich im Dickicht der Passivformen wieder, im Schlagabtausch von u. a. „werden", „wurden", „geworden" oder „wird geworden sein". Das lässt sich nicht immer vermeiden. Wenn man sich aber der möglichen Passivdichte bewusst ist, kann man in stilistischer Hinsicht gegensteuern, notfalls einmal mit Nominalisierungen.

Stilistisch verwerflich sind unpersönliche Passivkonstruktionen mit reflexiven Verben, eine Modeerscheinung der letzten Jahre. „Es wird sich reflektiert", „damit wird sich nicht beschäftigt", „dem wird sich gewidmet", „es wird sich auseinandergesetzt mit" oder „darüber wird sich ausgetauscht". All diese Formulierungen verlangen danach, ausgetauscht zu werden.

Adjektive

Eigenschaftswörter kommen bei Goethe und Thomas Mann in wohlklingender Fülle vor. Im Hinblick auf das Abfassen wissenschaftlicher Texte wohnt ihnen jedoch die Gefahr inne, überflüssig zu sein. Laut Schneider ist prinzipiell zwischen „unliebsamen" und „begrüßenswerten" Adjektiven zu differenzieren. Unliebsame sind ein bloßes Add on, ein simples Dekor, begrüßenswerte hingegen dienen der Unterscheidung – die blaue Tasse, nicht die gelbe[176].

Sehr häufig seien Adjektive „**tautologisch**, immer häufiger **akademisch-bürokratisch gespreizt**, oft **lächerlich** und manchmal einfach **falsch**"[177]. Fehlerhaft sind z. B. Begriffe wie „fünfköpfiger Familienvater" oder „zehnjähriges Jubiläum"[178] – weder trägt der Familienvater fünf Köpfe auf seinen Schultern noch ist das Jubiläum selbst zehn Jahre alt. Ähnlich ist es bei der „mehrsprachigen Sprachförderung", dem „erzieherischen Kontrollverlust", dem „herablassenden Menschenbild" oder der „fossilen Energielobby"[179]. Sprachförderung ist nicht mehrsprachig, mit Kontrollverlust funktioniert Er-

176 Vgl. dazu Wolf Schneider: *Kleine Stilkunde*, z. B. verfügbar unter https://static.uni-graz.at/fileadmin/_Persoenliche_Webseite/parncutt_richard/Pdfs/WieSiebesserschreiben.pdf (30.05.2023).

177 Ebd., Hervorhebung im Original.

178 Ronald. M. Filkas (2018): *Adjektive in festen Wortgruppen groß oder klein?* https://ronaldfilkas.de (30.05.2023).

179 Zwei der drei Beispiele stammen aus Schneiders „Kleiner Stilkunde", vgl. op. cit.

ziehung nicht so gut, das Menschenbild ist nicht herablassend, sondern die Personen dahinter, und eine fossile Lobby ist mehr als angestaubt.

Ungeschickter oder falscher Gebrauch von Adjektiven entzieht sich oft der Aufmerksamkeit der Schreibenden und Lesenden. Deshalb ist es wichtig, den Blick dafür zu schulen und Genauigkeit zu verfolgen.

Was sich Beobachter:innen demgegenüber seltener entzieht, ist die Neigung vieler Schreibenden, Adjektive mit Majuskeln zu versehen, was meist völlig deplatziert ist. Adjektive werden nur dann großgeschrieben, wenn sie nominalisiert sind, also „das kleine Blau und das kleine Gelb“[180], ansonsten nur dann, wenn sie zu einem Eigennamen oder einem festen Begriff gehören, z. B.: „Am Schwarzen Brett ist dieser Aushang zu finden, der sich auf das Fest der Heiligen Drei Könige bezieht.“

Präpositionen und Konjunktionen

Präpositionen bestechen durch die Vielfalt ihrer Einsatzmöglichkeiten. Alle Mitglieder der deutschen (und vieler anderen) Sprachgemeinschaften können sich eines breiten Spektrums dieser Funktionswörter bedienen und das sollten sie auch tun. In den letzten Jahren indessen ist die „kalte Machtübernahme“ der Präposition „auf“ zu konstatieren. Das mag in erster Linie auf den mündlichen Sprachgebrauch zutreffen, aber solche kruden Erzeugnisse wie „auf etwas klarkommen“ verirren sich zunehmend in die Schriftsprache. „Auf“ invadiert Fügungen, in denen es nichts zu suchen hat, so etwa „auf der Arbeit“, was die meisten Menschen als normal erachten, aber auch hier ergeht der Rat, dass man sich das doch bitte einmal als Bild ausmale. Worauf sitzen, stehen oder laufen die Menschen dann? Sinn ergibt „an der Arbeit“, zumal sich diese Präposition auf viele Kontexte übertragen lässt: am Laptop, am Tablet, an der Tafel, an der Theke, am Fließband oder am Herd.

„Jemand kommentiert etwas auf diesen Post“, jemand wird „auf bestimmte Themen sensibilisiert“ – so war in den letzten Wochen in einem Podcast zu hören. „Es lassen sich keine Spuren auf ein Gewaltverbrechen finden“ und „der Espresso diente dazu, Optimismus auf den nächsten Tag zu wecken“ – diese Sätze sind in aktueller Unterhaltungsliteratur zu lesen. Die korrekten Lösungen wären einmal „zu“ („kommentieren zu“) und dreimal „für“.

Dem Plädoyer für präpositionale Diversität könnte man entgegenhalten, dass sich Sprache im Wandel befindet – das, was angehende Deutschlehrer:innen im Grundkurs Linguistik hören. Darüber hinaus lässt sich das „Gesetz der sprachlichen Ökonomie“ bemühen, besagend, dass die meisten Menschen sowohl in mündlichen als auch in schriftlichen Settings mit so wenig Aufwand wie möglich kommunizieren wollen. Ein anderes „Gesetz“ ist zwar erst recht ungeschrie-

180 Dies ist auch der Titel eines Bilderbuchs von Leo Lionni.

ben und hat in wissenschaftlichen Kontexten kaum etwas zu suchen, dafür aber im Kontakt mit einer Klasse oder einer anderen Gruppe von Lernenden und dies nicht nur, wenn im Deutschunterricht schriftlicher Ausdruck oder Literatur auf dem Programm steht: das Gesetz der sprachlichen Vielfalt und der Ästhetik.

Bei mindestens zwei Präpositionen des Deutschen gilt, dass weniger definitiv mehr ist: Warum neigen viele Nutzer:innen der deutschen Sprache dazu, so etwas zu formulieren wie „ich war für fünf Tage im Urlaub“ oder „In 2022 hatte ich Corona“. In den beiden überflüssigen Präpositionen „für“ und „in“ verbergen sich unangebrachte Anglizismen. Obwohl sie sich eingebürgert zu haben scheinen, sollte man dagegenhalten.

Im Deutschen steht auch im Bereich der Konjunktionen ein bunter Strauß Lexeme zur Verfügung. Es kommt immer einmal wieder vor, dass Konjunktionen mit Präpositionen oder Adverbien verwechselt werden. Das Adverb „trotzdem“ als Konjunktion zu benutzen war für Franz Kafka normal, heutzutage gilt es als Regionalismus. Ein Satz wie „Trotzdem (oder, schlimmer, „trotz dass“) die Referendarin gut vorbereitet war, wurde ihr Unterricht schlecht bewertet“, ist demnach falsch. Viele Verfasser:innen von Hausarbeiten nutzen die beiden Konjunktionen „da“ und „weil“ undifferenziert für kausale Konnexe. Aber: „Weil“ bezieht sich auf eine direkte und neue Begründung, „da“ auf Hintergrundwissen. „Da er eine lange Anfahrt zur Schule hat, ist es nicht immer einfach für ihn, pünktlich zu sein“ bedeutet, dass jede:r über seine lange Anfahrt informiert worden ist, vielleicht wurde sie im Text zuvor thematisiert. Ein Nebensatz mit „da“ sollte vorausgestellt, nicht nachgestellt sein und sich auf einen bekannten Grund beziehen. „Weil“ ist unproblematisch und kann „da“ oft ersetzen. Obwohl der umgekehrte Fall stilistisch unangemessen ist, neigen viele Studierenden dazu, die Konjunktion „da“ zu favorisieren.

Konnektoren

Konnektoren sind die aus dem Englischunterricht vertrauten „connectives“ oder „linking words“. Es lohnt sich, auch im Deutschen einen Blick darauf zu werfen. Hinter dem Begriff verbergen sich Präpositionen, Konjunktionen, Adverbien oder idiomatische Wendungen, deren Aufgabe es ist, einen Text zu veranschaulichen und zu variieren. Obschon man sie beim Abfassen wissenschaftlicher Texte mit Bedacht wählen und es mit ihnen nicht übertreiben sollte, tragen sie häufig zur Optimierung des Stils bei.

Beliebte Konnektoren, die am Satzanfang und in der Satzmitte auftreten können, sind etwa „außerdem“, „darüber hinaus“ oder „des Weiteren“. In einem enumerativen Kontext obliegt es ihnen, der Argumentation einen weiteren Aspekt hinzuzufügen. Als nicht minder popuär erweisen sich konzessive Konnektoren wie „obwohl“ und „obgleich“.

Um am Ende eines Textes sozusagen das argumentative Paket zu schnüren und einen Schlusspunkt zu setzen, kann man unter anderem Partizipien wie „zusammenfassend“ oder „schlussfolgernd“ zu Hilfe nehmen. Hier lauern erneut logische Fehler. Sätze wie „Zusammenfassend gibt die Literaturliste wichtige Informationen“ oder „Schlussfolgernd kann also der Asterix-Band ein wichtiger Bestandteil mentalgeschichtlicher Dimensionen sein“ sind orthografisch und grammatikalisch zwar völlig korrekt, ergeben aber kaum Sinn. Die Literaturliste gibt wichtige Informationen und das lässt sich zusammenfassend feststellen. Dieselbe Logik gilt für den Asterix-Band.

Lieblings- und Füllwörter

Für manche Konnektoren entwickeln (nicht nur) Studierende eine Vorliebe. Diese stellen eine (sich ein-)schleichende Gefahr dar. Beim Schreiben ist es günstig, jedem Verdacht nachzugehen und dabei herauszufiltern, ob man tatsächlich bestimmte Wörter oder Wendungen bevorzugt. Dafür setzt man die Suchfunktion des jeweiligen Textverarbeitungsprogramms ein.

Es verwundert im Übrigen nicht, dass sich die Frequenz der Lieblingswörter umgekehrt proportional zur Zeitmenge verhält, die für die Abfassung der Arbeit bleibt. Bei wenig Zeit häufen sich Wiederholungen.

Dasselbe gilt für „Füllwörter“, die sich bei Zeitmangel schneller in einem Text tummeln. Obwohl diese oft als „Deko-Wörter“ abqualifiziert und inzwischen von Korrekturprogrammen aufgespürt werden, spricht nichts dagegen, sie mit gebotener Vorsicht auch in wissenschaftlichen Texten heranzuziehen. Viele Adjektive und Adverbien – die Wortklassen mit den meisten Füllwörtern – mildern eine Aussage ab oder verschärfen sie. Für viele Wissenschaftler:innen sind Adverbien wie „eigentlich“, „sozusagen“ oder „nämlich“ tabu; ohne einige andere, wie „auch“, „insbesondere“ oder „also“ wird kaum ein:e Autor:in auskommen. Generell würden viele Texte ihr „je ne sais quoi“, ihre kaum in Worte zu fassende Besonderheit, oft ihr Alleinstellungsmerkmal, verlieren. Manchen Füllwörtern indessen sollte der Eingang in wissenschaftliche Texte gänzlich verwehrt bleiben, so allen Fügungen mit „irgend“ – „irgendwie“, „irgendwo“, „irgendwann“ und „irgendwelche“. Über Wörter wie „übrigens“ oder „freilich“ kann man diskutieren.

Umgangssprache, Modewörter, Dialekt und Soziolekt

Dass sich die Sprache eines wissenschaftlichen Textes vom mündlichen Sprachgebrauch unterscheidet, muss nicht wiederholt werden. Obwohl diese Prämisse klar ist und Autor:innen, die sie beachten, in einen guten sprachlichen Flow geraten können, ragen manchmal einzelne Wörter störend hervor.

Anglizismen sind zu vermeiden – nur dann, wenn sie Fachwörter sind, wie z. B. „Flow“, spricht nichts gegen sie. Dass Wörter wie „cool“ oder „chillen“

außen vor bleiben müssen, versteht sich von selbst. Nicht so deutlich ist es bei „schlussendlich" – ein Adverb, das mehr und mehr in die Schriftsprache hineindiffundiert, obwohl es nicht in diese gehört.

Alle Wörter, die eine überdeutliche und unbegründete Wertung enthalten und/oder der Umgangssprache angehören, sind in wissenschaftlichen Texten per se tabuisiert: „klasse", „toll", „super", des Weiteren viele Komposita mit „-mal" („nochmal", „erstmal", „mal" für „einmal", also: noch einmal, erst einmal, einmal) und „rein" oder „raus" („reingehen" anstatt hineingehen, „rausgehen" anstatt hinausgehen usw.). Ebenso haben Verben wie „kriegen", „schmeißen" oder „gucken" nichts in schriftlichen Texten verloren.

Ein Dauerbrenner und völlig in Ordnung im Mündlichen, ist die Konjunktion „dadurch, dass". Sie ist zwar modal und final akzentuiert, lässt sich aber in der Schriftsprache oft durch eine kausale Konjunktion ersetzen (z. B. indem).

Metaphern, Redewendungen und Sprichworte

Es wäre mehr als bedauerlich, wenn in wissenschaftlichen Texten ein striktes Metaphernverbot herrschte. Die kontroverse Diskussion über Bildlichkeit begann schon in der Antike. „Die Gegner sehen durch Sprachbilder vor allem den Anspruch nach klarer, unmissverständlicher Ausdrucksweise verletzt; die Befürworter betonen den besonderen didaktischen Wert der Anschaulichkeit, die dem Leser das Textverständnis erleichtern kann."[181] Mangelnde Klarheit rivalisiert mit Anschaulichkeit und beide Positionen sind ernst zu nehmen, kurzum: der Einsatz von Metaphern, Redewendungen und Sprichworten ist immer ein Balanceakt, es gilt, das Für und Wider genau abzuwägen und im Einzelfall dafür oder dagegen zu optieren.

Bildlichkeit, unabhängig davon, aus welcher Quelle genau sie sich nährt, muss immer angemessen sein. Viele Bilder verbieten sich von selbst, weil sie stilistisch zu auffällig, insgesamt zu prononciert sind. Einige Wendungen hingegen können unhinterfragt eingesetzt werden[182].

Bei Unsicherheiten ist anzuraten, Metaphern wegzulassen und auf Redewendungen und Sprichworte zu verzichten. Die eigentlichen Fallen[183] stehen aber dort, wo man sie nicht bemerkt, sie schnappen bei ungebräuchlichen oder unfreiwilligen Bildern zu: „Lehrerinnen sorgen dafür, dass Kinder weiterhin am roten Faden bleiben". „Die Handlung sorgt dafür, dass Kinder ans Buch gefesselt werden". Der „rote Faden" und das Fesseln sind sehr konkrete Bilder. Oft fallen sie nicht auf, aber der Teufel, der bekanntlich ein Eichhörnchen ist, verbirgt sich im Detail der Formulierung: Die Metaphern rekon-

[181] Kühtz, op. cit., S. 32.

[182] Vgl. ebd., S. 33.

[183] Das Bild der Falle wird hier ganz bewusst benutzt.

kretisieren sich beim Lesen, sie gehen ihrer Bildlichkeit verlustig. Derselbe Automatismus offenbart sich in dem folgenden Beispiel, das sich nicht für vegetarisch oder vegan lebende Personen eignet: „Kleintiere sowie Pferde werden nur kurz angeschnitten". Den Satz „Außerdem wird die Gesetzgebung angerissen" wird im Vergleich dazu jede:r ertragen können. Wenn man sich für Bildlichkeit entscheidet, ist es förderlich, sich das jeweilige Bild in seiner Konkretheit vorzustellen.

Der Konjunktiv
Gewönne doch der Konjunktiv![184] – so lautet ein anderer Titel des „Stil-Gurus" Wolf Schneider. Allein dieser Titel insinuiert die Schwierigkeit, die manche Nutzer:innen des Deutschen mit der „Möglichkeitsform" haben, die zu allem Überfluss in Konjunktiv I und II dividiert werden muss. Ein Sprachwandel ist auch in diesem Kontext zu verfolgen, weil in vielen Texten nur selten auf den Konjunktiv zurückgegriffen wird. Dabei reicht es aus, sich zwei einfache Regeln zu merken: 1. Der Konjunktiv ist für Annahmen zu verwenden. 2. Pflicht ist der Konjunktiv immer dann, wenn die Gedanken und / oder Texte anderer in indirekter Rede referiert und / oder paraphrasiert werden. Je nach Zeitform des Textes, den man schreibt, benutzt man Konjunktiv I oder II.

Sammelsurium
Den Abschluss dieser Liste mit „Fettnäpfchen" des Formulierens bilden einige isolierte Punkte, die man hintereinander Revue passieren lassen kann:

Da ist zuerst der **Apostroph** und ein mit ihm einhergehendes Mahnen, dass niemand sich ein Beispiel an der Art und Weise nehme, wie Apostrophe oft in der Öffentlichkeit vorkommen, daran, wie sie auf Schildern und Auslagen prangen: Tablett's und CD's sind inexistente Formen. Zugelassen ist der Apostroph seit einigen Jahren dann, wenn, so wie im Englischen, Zugehörigkeiten markiert werden, etwa in „Amalia's Blumenladen"[185]. Besser ist „Amalias Blumenladen", schlechter „der Blumenladen von Amalia". Schlichtweg falsch ist der Regionalismus „der Amalia ihr Blumenladen".

In Hausarbeiten von Studierenden oft zu bemerken sind Unsicherheiten bei der **Bildung unregelmäßiger grammatikalischer Formen**. Bei „winken", ein Verb, dessen Partizip auch Bastian Sick[186] aufführt, scheint „gewunken" inzwischen akzeptiert zu sein, obschon die korrekte Form nach wie

184 Wolf Schneider (2009): *Gewönne doch der Konjunktiv!: Sprachwitz in 66 Lektionen.* Reinbek: rororo, 3. Aufl.

185 Vgl. dazu Bastian Sicks Best- und Longseller: Bastian Sick (2004): *Der Dativ ist dem Genitiv sein Tod. Ein Wegweiser durch den Irrgarten der deutschen Sprache.* Köln: Kiepenheuer & Witsch, S. 29 ff. Auch alle folgenden Bände sind rundum empfehlenswert. Dasselbe gilt für Bastian Sick (2011): *Wie gut ist Ihr Deutsch? Der große Test.* Köln: Kiepenheuer & Witsch. Und für alle anderen Publikationen des Autors.

186 Ebd., S. 189.

vor „gewinkt“ lautet. Dasselbe gilt für „wohlgesinnt“. Ein Satz wie „Er ist ihr wohlgesonnen“[187] ist nicht korrekt. Ein Klassiker ist das Verb „hängen“ bzw. „aufhängen“, bei dem viele die Partizipien „aufgehängt“ und „aufgehangen“ verwechseln. Die eigentlich korrekte Form ist „aufgehängt“. Doch möglicherweise hat sich eine Wissenschaftlerin an einem bestimmten Detail ihrer Forschungen „aufgehangen“ oder der Computer hat dies getan. Ein Bild an der Wand ist aber immer aufgehängt worden, weil das Verb „hängen“ transitiv, mit Objekt[188], das in diesem Passivsatz als Subjekt erscheint, benutzt wird.

Grobe Fehler entstehen dann, wenn Partizipien frei erfunden bzw. analog zu anderen Ausnahmen oder regelmäßigen Formen gebildet werden. Erwachsene, die nicht zufälligerweise das Deutsche erlernen, regredieren in einem solchen Fall in Stadien frühkindlicher Sprachentwicklung und sagen z. B. „abgeschwiffen“ anstatt „abgeschweift“.

Einige Substantive im Deutschen können **zwei Artikel** haben, „der“ oder „das Laptop“, „der“ oder „das Virus“ oder „der“ oder „das Essay“. Manchmal ändert sich beim Wechsel des Artikels die Bedeutung: „Der Band“ bedeutet nicht dasselbe wie „das Band“ und „der Verdienst“ ist nicht identisch mit „das Verdienst“. Die meisten Substantive haben nur einen Artikel, so etwa „das Gegenüber“ und „die Klientel“, zwei Wörter, die in pädagogischen Zusammenhängen hochfrequent sind und gleichermaßen hochfrequent mit falschem Artikel („der“ respektive „das“) verwendet werden.

Manche **Abstrakta** sind genauso wenig zählbar wie eine unbestimmte Menge an Backzutaten. Genauso wenig wie man zwei Zucker und drei Mehl sagt oder schreibt, ist es in Ordnung, ein Wort wie „Reflexionsfähigkeit“ zu zählen und in den Plural zu setzen. Dasselbe gilt für ethische Begriffe wie Treue, Liebe, Moral, Ehre usw. Solche Wörter mit Artikel zu versehen impliziert so gut wie immer Zählbarkeit, was kaum Sinn ergibt. „Eine Reflexionsfähigkeit“ oder „Die Reflexionsfähigkeiten“ passt genauso wenig wie „eine Treue“ oder „die Treuen“. Im Singular würden diese Formen nur unter der Voraussetzung adäquat sein, dass danach eine Erläuterung, z. B. als Vergleich oder Relativsatz, folgte, also „eine Treue, wie sie im Buche steht“ oder „eine Reflexionsfähigkeit, die in diesem Alter herausragend ist“.

Der hässliche Plural von „Bedarf“, „die Bedarfe“, hat sich eingebürgert, was Sprachwandel beweist und die Tatsache, dass Bausteine aus wissenschaftlichen Diskursen Eingang in die Alltagssprache finden.

Worauf Studierende des Weiteren ein Augenmerk richten sollten, sind unfreiwillige **Tautologien**, unfreiwillige Dopplungen im Ausdruck, die erheitern können, wie etwa im Satz „Der Anfang beginnt mit einer Einleitung zum

187 Ebd.

188 Vgl. ebd., S. 188.

Thema. Dort wird der Leser langsam in das Thema hineingeführt". Eine Tautologie steckt jedoch ebenso in Fügungen wie „gemachte Erfahrungen" oder „gemachte Fotos". Beim Machen von Erfahrungen oder Fotos geht es um den Erwerb oder das Aufnehmen in actu. „Erfahrungen" und „Fotos", benutzt als isolierte Nomen, sind aber in der Gegenwart immer gemacht. Anders ist es, wenn man den Blick auf die Vergangenheit oder die Zukunft lenkt.

Ein weit verbreiteter Fehler ist die zusätzliche **Steigerung von Superlativen**. Dass „der/die/das Einzigste" falsch sind, dürfte zumindest für die Schriftsprache bekannt sein. Genauso falsch sind aber die „optimalsten Ergebnisse" oder die „minimalsten Bedingungen"[189].

Nicht tautologisch sind zweifach konstruierte **Wendungen**: entweder – oder, je – desto, einerseits – andererseits, sowohl – als auch. Wenn nur eine der beiden Komponenten vorliegt, sind sie unvollständig und somit falsch.

Bei vielen festgefügten Wendungen ist ebenfalls zu beobachten, dass sie sich ändern oder aus dem mündlichen Sprachgebrauch in die Schriftsprache übergehen. Ob man diese Wandlungen mitmachen möchte oder nicht, muss jedes Mitglied einer Sprachgemeinschaft selbst entscheiden. Fällt ihm:ihr das leicht oder einfach? Wenn es ihm:ihr schwer und nicht schwierig fällt, sollte er:sie es unterlassen, z. B. ein Adverb wie „schlussendlich" in seine:ihre schriftlichen Texte zu integrieren.

Die meisten Schreibenden haben ihre eigenen „wunden Punkte", die sich nie ganz ausmerzen lassen, denen man aber mit sorgfältiger Korrektur und Fehler-Achtsamkeit wenigstens partiell erfolgreich begegnen kann.

4.2.7 Korrektur und Überarbeitung der Form

An das Ausformulieren des Textes schließen sich eine intensive inhaltliche sowie sprachlich-stilistische Überprüfung und eine geeignete Formatierung bzw. Umsetzung der diesbezüglichen Vorgaben an.

Von immenser Bedeutung ist es, einen Schlussstrich zu ziehen, die Zeitvorgaben einzuhalten und gegen Ende auch einmal pragmatisch zu sein, will sagen, dass z. B. ein Detail, das nicht ganz durchdacht ist, weggelassen werden kann.

Wenn der Abgabetermin kurz bevorsteht oder sogar schon einmal verschoben wurde und daher eine Korrektur im Eiltempo angesagt ist, werden Fehler schnell übersehen, denn nach den teilweise langen und dichten Arbeitsphasen zuvor trübt nicht selten eine ausgeprägte Betriebsblindheit den notwendigen kritischen Blick. Tippfehler entgehen der Aufmerksamkeit, Buchstabendreher werden genauso wenig identifiziert wie etwa Sätze, in denen ein Verb fehlt, ergänzt man dieses doch beim schnellen Überlesen automatisch

189 Vgl. ebd., S. 42 ff: „Brutalstmöglich gesteigerter Superlativissimus".

im Kopf. Einen guten wissenschaftlichen Text sollte man eventuell zwischendurch einmal, vor allem jedoch nach seiner Fertigstellung, ein paar Tage ruhen lassen. Obwohl Bilder sparsam zu verwenden sind, erscheint die Metapher eines Hefeteigs angebracht: Ein guter Text muss, so wie ein Hefeteig, Zeit zum Aufgehen haben.

„Das Auge liest mit" – diese leicht variierte Binsenweisheit lässt sich nicht bestreiten. Daher sollte auch für die Elaboration der Form genügend Zeit bleiben. Wechsel in der Schriftart oder -größe, Flattersatz, der sich in den Blocksatz eingeschlichen hat oder umgekehrt Blöcke im Flattersatz, stellen zwar nicht den Inhalt des Textes infrage, mindern aber dennoch seine Qualität.

Spätestens dann, wenn im Fließtext und im Literaturverzeichnis alle formalen Vorgaben umgesetzt wurden, sind ein Deckblatt für die Arbeit zu erstellen und eine Eigenständigkeitserklärung[190] zu verfassen.

Da es an den meisten Fachbereichen und Instituten nicht mehr ausreichen dürfte, eine Hausarbeit allein in Papierform einzureichen, muss die zu übermittelnde Datei korrekt abgespeichert werden. Für die Bezeichnung der PDF- und/oder Word-Datei (je nach Vorgabe) sind der Name des:r Verfassers:in und der Titel der Lehrveranstaltung, zu der die Arbeit gehört, ein absolutes Muss. Reicht man die Datei nicht über Moodle ein oder über eine offizielle E-Mail-Adresse der jeweiligen Universität, sondern nutzt einen privaten Account, dann sollte die Adresse neutral[191] sein.

Wissenschaftliches Arbeiten ist die Seele jeder universitären Ausbildung. Weder KI im Allgemeinen noch Chatbots im Besonderen sind dazu angetan, diese Bedeutung zu beeinträchtigen, wenn man sie mit Vernunft für die eigenen Zwecke heranziehen kann. Authentizität und Präzision, so viel Objektivität und Wertfreiheit wie möglich – allein diese Mindestanforderungen an Wissenschaftlichkeit formieren eine Bastion der Originalität und Wahrhaftigkeit inmitten einer um sich greifenden unreflektierten „Copy-and-paste- und Chatbot-Mentalität".

Angehenden Lehrer:innen, denen wissenschaftliches Arbeiten zur zweiten Natur geworden ist, die sich auch im zweiten Teil ihrer Ausbildung, im Referendariat, nach seinen Prinzipien richten, fällt es später leicht, dieses ihren Schüler:innen weiterzugeben. Ein Outcome guten Unterrichts sollte es – unter vielem anderen – sein, dass seine Adressat:innen wissenschaftliches Arbeiten als Schlüsselqualifikation begreifen und sie diese Erkenntnis für ihren eigenen Kompetenzgewinn in allen Fächern nutzen. Eine mehrfache Vermittlungspraxis erstrahlt hier in einem besonders hellen Licht.

190 Beispiele für beides im Downloadbereich M19 und M20.

191 Eine neutrale E-Mail-Adresse besteht entweder aus dem Namen des:der jeweiligen Users:in oder einer Abkürzung desselben. Adressen wie etwa „Bienchen2005@xy.de" oder „Skywalkerderfuenfte@zet.de" wirken unseriös.

5 Präsentationen und Kolloquien danach

Behält man die Reihenfolge der antiken Rhetorik bei, folgt nun das Stadium der Memoria. „Mit *memoria* wird in der Rhetorik das Stadium der Redebearbeitung benannt, in dem sich der Redner seine Gedanken und deren sprachliche Formulierung zusammen mit den während der Redeaufführung geplanten Aktionen einprägt.“[192] Im „Stadium der Redebearbeitung“ rückt die Aufbereitung der bereits bestehenden Arbeit ins Zentrum, wobei es selbstverständlich ist, dass eine Präsentation sehr häufig ohne eine solche erstellt wird bzw. eine Vorarbeit für eine wissenschaftliche Hausarbeit sein kann. Beide Richtungen kreisen um die Frage, wie die jeweiligen Erkenntnisse vorgebracht, wie sie publikumswirksam präpariert und verschönert werden. Eine Präsentation soll ihre Inhalte in das bestmögliche Licht rücken, sie visualisieren, vielleicht sogar mit Musik unterlegen und sie effizient an den Mann oder die Frau bringen. „Edutainment“ heißt hier die Devise, selbst bei der Präsentation im Rahmen eines Prüfungskolloquiums.

In der wissenschaftlichen Hausarbeit einerseits und der Präsentation bzw. dem Referat andererseits konzentrieren sich die primären Facetten des Lehramtsstudiums: Wissen erwerben und produzieren sowie in der Lage sein, dieses so darzustellen, es didaktisch so aufzubereiten, dass es verständlich ist[193] und gern aufgenommen wird.

Spätestens wenn die Präsentation ausgearbeitet ist, stellt sich die Frage, ob für den eigentlichen Vortrag die Folien ausreichen oder ob man sich auf Karteikarten oder andere Hilfsmittel stützt. Wenn dies geklärt ist, steht das Üben an, hier als Memoria 2.0 deklariert, und danach die Verquickung von „pronuntiatio“ und „actio“ in einem grandiosen Finale.

5.1 Memoria

Folgt man der Kategorisierung, die Andrea Hüttmann vornimmt – „Präsentationen im weiteren Sinne“ und „Präsentationen im engeren Sinne“[194] –, dann sind die klassischen Referate während eines Seminars als „im weiteren Sinne“ zu definieren. Die Foliensätze dazu stellen die Referierenden eher

192 Ueding / Steinbrink, op. cit., S. 229.

193 Vgl. Bohl, op. cit., S. 81.

194 Andrea Hüttmann (2018): *Erfolgreiche Präsentationen mit PowerPoint.* Mit wertvollen Tipps und Tricks. Wiesbaden: Springer / Gabler, S. 8.

nicht, so wie es Dozent:innen mit den Folien zu Vorlesungen oder Seminaren tun, ihrem Publikum vorab zur Verfügung, aber ihr Anliegen ist es auch, ein Themengebiet so zu strukturieren und seine Inhalte zu erläutern, dass sich jede:r am Ende gut informiert fühlt.

Trotz der relativ klaren Zuordnung ist es allen Präsentierenden auf Lehrveranstaltungs- und Prüfungsebene anzuraten, sich ein bisschen von „Präsentationen im engeren Sinne" und von dem, was mit dem Anglizismus „Pitch" bezeichnet wird, inspirieren zu lassen. Eine solche Art des Vortrags geht sehr schnell, passend zu einem Prüfungsvortrag, dessen Zeit knapp bemessen ist, die Adressat:innen sehen die Folien oder die anderen Materialien in der Regel nur einmal, sie sollten – so Hüttmann – „erlebt und niemals gelesen werden"[195]. Ob man das so dezidiert und uneingeschränkt sagen kann, sei dahingestellt, aber Fakt ist, dass man mehr beeindrucken muss, weil es darauf ankommt, das Publikum von einer neuen Idee oder Theorie zu überzeugen. Zum Pitch, mit dem ursprünglich Agenturen ihre Ideen vor Vertreter:innen eines Unternehmens angepriesen haben, passt das AIDA-Akronym – Attention, Interest, Desire, Action. Die Präsentierenden streben danach, bei ihrem Publikum Aufmerksamkeit und Interesse zu erregen, die den Wunsch, mehr über ein Thema zu erfahren, nach sich ziehen. In der Diskussion nach der Präsentation lässt sich dieser Wunsch erstmalig und niederschwellig erfüllen.

Eine ideale Präsentation ist, der Begriff sei erneut bemüht, „Edutainment": den Referierenden ist es ein Anliegen, extensiv und intensiv zu informieren, was sie mit ein bisschen Show besser erreichen. Sein und Schein greifen ineinander, wobei die eine Seite Gefahr läuft, ein bisschen zu inhaltslastig zu werden, und die andere, was ungleich schwerer wiegt, das eigentliche Sein an den Schein abzutreten. Eine gute Mischung von intellektuellem Tiefgang und Publikumswirksamkeit lässt sich erzielen, wenn man sich an den „vier Verständlichmachern" orientiert. Die Arbeit mit ihnen läuft parallel zur medialen Ausgestaltung. Aus Gründen der Transparenz werden die beiden Prozesse nacheinander behandelt.

5.1.1 Die Aufbereitung der Inhalte

Die vier Verständlichmacher

Vor mehr als 40 Jahren entwickelten die Psychologen Inghard Langer, Friedemann Schulz von Thun und Reinhard Tausch das „Hamburger

[195] Ebd.

Verständlichkeitskonzept"[196]. Die zu ihm gehörenden „vier Verständlichmacher" sind hervorragend zur Vorbereitung von Präsentationen geeignet und lassen sich in ihrem Verlauf leicht umsetzen.

- Am Anfang steht die **Einfachheit**[197]. Ein Anliegen von Präsentierenden sollte es sein, möglichst kurze, parataktische Sätze zu verwenden, d. h. Hauptsätzen den Vorzug gegenüber Haupt- und Nebensatzkonstruktionen zu geben. Es gilt, die wichtigste Botschaft in einen Hauptsatz zu verpacken. Einfach sein bedeutet zudem, konkret und anschaulich darzustellen, soweit möglich geläufige Wörter zu wählen und Fremd- sowie Fachwörter zu erklären, wenn nicht vorausgesetzt werden kann, dass alle Zuhörenden sie kennen.
- Verständlichmacher Nr. 2 dürfte keine Mühe bereiten, wenn der zu erstellenden Präsentation eine abgeschlossene Hausarbeit zugrunde liegt: **Gliederung und Ordnung**[198]. Zur Makrogliederung, der äußeren Gliederung, die zu Beginn des Vortrags so knapp wie möglich verdeutlicht wird und sich in Form von Überschriften durch die Folien zieht, tritt eine Mikrogliederung oder innere Ordnung, die sich in Sätzen spiegelt, die aufeinander bezogen sind. Mit dem Primat-Rezenz-Effekt sollte man auch hier operieren können, also darauf achten, wie die Zuhörenden mit in den Vortrag hineingenommen werden und wie sie daraus hervorgehen.
- **Kürze und Prägnanz** treten als Nr. 3 hinzu. Damit ist gemeint, dass „die Länge des Textes in einem angemessenen Verhältnis zum Informationsziel"[199] stehen sollte. Eine sehr verdichtete, im Extremfall formelhafte Ausdrucksweise ist dabei genauso zu vermeiden wie ornamentale Abschweifungen und eine exzessive Ausführlichkeit. Während des Präsentierens besteht die Kunst im Weglassen vor allem dann, wenn man tief in das Thema eintauchen und viele Anekdoten erzählen könnte. Spart man jedoch zu viele Details aus, wird das Publikum zu Gedankensprüngen gezwungen, die schwer nachvollziehbar sind und Verständlichmacher Nr. 1 verletzen.
- **Anregende Zusätze**[200] vervollständigen das Quartett, obwohl diese hervorragend dazu geeignet sind, Nr. 3 außer Kraft zu setzen. Auch hier ist also Ausgewogenheit gefragt.

  Wie die „Stimulantien" genau aussehen, hängt von den Vortragenden und ihren persönlichen Voraussetzungen ab. Manche von ihnen sind gern dazu bereit, eine persönliche Geschichte zu erzählen, ihre besondere kommu-

196 Vgl. grundlegend dazu: Inghard Langer / Friedemann Schulz von Thun Reinhard Tausch (2011): *Sich verständlich ausdrücken*. München / Basel: Ernst Reinhardt. 9. Aufl.

197 Vgl. ebd., S. 22 f.

198 Vgl. ebd., S. 24 f.

199 Ebd., S. 26.

200 Vgl. ebd., S. 27 f.

nikative Kompetenz als homo narrans unter Beweis zu stellen, andere wiederum begnügen sich mit geschickt platzierten rhetorischen Fragen, die zum Mit- und Weiterdenken ermuntern.
Alle Visualisierungen, die hinzukommen, sollten attraktiv, packend und daher anregend sein.

Unter der Prämisse, dass die vier Verständlichmacher im Einzelnen wohlbedacht aufeinander eingestellt werden, können sie die Schlüssel zu den Schlössern des Publikumsinteresses sein. Immer sind die Adressat:innen zu berücksichtigen. So etwa müssen Fachbegriffe im Rahmen eines Bachelorkolloquiums nicht erläutert werden, das wäre dem Erfolg ein Hemmschuh. Während einer Lehrveranstaltung mit studentischem Publikum sieht es anders aus.

Bei allen Begleitmaterialien des Vortrags ist – so wie in der Hausarbeit – nach Perfektion in Orthografie, Grammatik und Stil zu streben. Fehler auf einer Folie sind um einiges exponierter als Fehler in einem Text. Jede:r sieht sie und sie zeugen von geringer Fachkompetenz.

Kompetenzen im Blick haben

Bei der Aufbereitung der Inhalte sollte man darauf achten, dass der Vortrag letztendlich so organisiert sein wird, vor allem wenn er einem Prüfungskolloquium vorausgeht, dass er Komponenten aus den vier großen Kompetenzbereichen abdeckt. Während die „Subkompetenz“ des wissenschaftlichen Arbeitens, die mit einer Hausarbeit bewiesen wird, primär an Sach- und Methodenkompetenz teilhat, kommen beim Vortragen auch Personal- und Sozialkompetenzen ins Spiel. Es interagieren die Facetten aller großen Kompetenzbereiche in einer hyperonymen, allen anderen Kompetenzen übergeordneten und diese durchdringenden, „Kompetenzkompetenz“. Obschon die Trennung in vier klar voneinander unterschiedene Gruppen vorwiegend ein theoretisches Konstrukt ist, macht man sich sinnvollerweise erst einmal nacheinander klar, welche Fähigkeiten grob in welche Kompetenzgruppen passen.

Tipp: Basiskompetenzen in und rund um Präsentationen

- **Sachkompetenz / Fachkompetenz / Wissen:** Achten Sie auf sachliche Richtigkeit und Vollständigkeit, ferner darauf, fachtheoretisches Grundlagenwissen, soweit erwartet, korrekt in Ihre Präsentationen einzubringen.
- **Methodenkompetenz:** Verdeutlichen Sie die Gliederung Ihres Vortrags, schreiten Sie logisch voran und vermitteln Sie Ihre Inhalte auf verständliche, jedoch nicht allzu einfache Weise. Ziehen Sie, falls möglich, verschiedene Medien hinzu.

- **Selbst-/Personalkompetenz:** Strahlen Sie Kompetenz aus und behalten Sie immer das Zepter in der Hand, auch nach der Präsentation, wenn die Diskussion und / oder die Fragen einmal unangenehm werden. Treten Sie angemessen auf und sprechen Sie in mittlerer Lautstärke sowie Geschwindigkeit. Lassen Sie sich niemals aus der Ruhe bringen, emotionale Ausbrüche sind tabu!
- **Sozialkompetenz:** Begeben Sie sich von Anfang an in einen gewinnbringenden Austausch mit den Anwesenden, gehen Sie kommunikativ und dialogisch vor. Kleben Sie nicht an Karteikarten oder Folien, lesen Sie also nicht ab und deklamieren auch nicht das, was Sie auswendig gelernt haben!

Die folgenden Vorbereitungsschritte beinhalten diese Kompetenzen.

5.1.2 Die mediale Ausgestaltung

PowerPoint

Obgleich die uneingeschränkte Begeisterung für das Präsentationsprogramm PowerPoint in den letzten Jahren merklich abgeflaut ist, scheint es, abgesehen von Keynote und Prezi, keine echten digitalen Alternativen zu geben, wenn man nicht von vornherein mit Videomaterial o. Ä. arbeiten möchte.

PowerPoint ist auch für „Digital Immigrants" und Präsentations-Anfänger:innen einfach zu handhaben, weil sie ohne Anleitung, nur mit „learning by doing" und dem unvermeidlichen Duo „trial and error", beeindruckende Präsentationen „komponieren" können. Folien zu erstellen, diese je nach Bedarf mit Musik, gesprochenen Texten und Videos zu unterlegen – das ist mit PowerPoint am einfachsten zu realisieren. Wenn man das Programm nicht selbstständig ausprobieren möchte, helfen Anleitungen im Internet und eine Vielzahl von Publikationen sehr verlässlich dabei, die ersten Schritte hin zur eigenen Präsentation zu durchlaufen.

Tipp: Gestaltung von Präsentationsfolien – minimale Gesichtspunkte

- Folien müssen zuallererst layoutet werden: Wählen Sie ein aussagekräftiges Layout, das Sie im besten Fall selbst kreieren. Es darf den Inhalt der Folien nicht überlagern.
- Lassen Sie bei der Farbauswahl Vorsicht walten. Farbig dürfen die Folien sein, aber nicht übertrieben bunt. Knüpfen Sie die Farbentscheidung an das Thema. Vermerken Sie die jeweiligen Gliederungspunkte auf den Folien.

Wenn möglich, entspricht eine Folie einem Gliederungspunkt bzw. ein Gliederungspunkt erstreckt sich nicht über mehr als drei bis vier Folien.

- Packen Sie nur wenig Text auf eine Folie. Als Faustregel gelten 250 Zeichen[201].
- Entscheiden Sie vorab, ob Sie die Texte auf den Folien in vollständigen Sätzen formulieren oder es bei Stichpunkten belassen. Halten Sie das jeweilige Prinzip konsequent ein. Manche Autor:innen empfehlen eher Stichpunkte, andere sprechen sich für das Formulieren sogenannter Action title aus – Mini-Sätze, mit denen man die Botschaft einer Folie resümiert. Diese seien schnell gelesen, so dass man sich danach der Visualisierung widmen könne[202].
- Bedecken Sie lediglich 60 bis 70 % der Fläche einer Folie. Positionieren Sie auch das Bildmaterial übersichtlich. Es waltet an sich optische Homogenität, wobei ein Zuviel davon schnell langweilen kann. Richten Sie sich nach dem „Paradoxon einer heterogenen Homogenität" (oder umgekehrt). Dies führt zu einem guten Ergebnis.
- Bringen Sie Animationen und Videos nur mit Vorsicht ein. Sie können eine echte Chance bieten, allerdings – das Risiko besteht besonders beim Einsatz von ClipArts oder Emojis – genauso schnell lächerlich wirken.
- Nehmen Sie sich für jede Folie genügend Zeit und bedenken Sie, dass Sie auf der Grundlage einer Präsentation Geschichten erzählen können. Ob Sie sich dafür oder dagegen entscheiden, ist eine Frage der „Verständlichmacher", der persönlichen narrativen Kompetenz und des individuellen Ausmaßes an Nervosität. Wenn bei der Präsentation viel auf dem Spiel steht, sind Anekdoten am Rande eventuell nicht passend.

Geht die Präsentation mit einem Leistungsnachweis einher oder ist sie sogar Teil eines Bachelor- oder Masterkolloquiums, ist oft ein digitales Präsentationsformat vorgegeben oder entspricht zumindest der Erwartungshaltung. Falls nicht, ist es eine Überlegung wert, für eine analoge Form der Präsentation zu optieren.

Analoge Formen der Präsentation

Die fachliche Disziplin, das Thema bzw. die Fragestellung, aus der die Präsentation stammt, der Veranstaltungsort und nicht zuletzt das Können und Wollen der Präsentierenden schieben dem Spektrum der Kreativität einen Riegel vor. Nichtsdestoweniger reicht die Multiperspektivität der Möglich-

201 Markus Reiter (2012): *Studieren mit Erfolg: Perfekt präsentieren.* Stuttgart: Schäffer Poeschel, S. 66.

202 Hüttmann, op. cit., S. 21 f.

keiten vom Einsatz üblicher Medien, etwa Flipchart und Moderationskarten, hin zum Ausagieren von Inhalten in einem Rollenspiel. Letzteres dürfte vor allem dann gut funktionieren, wenn mehrere Studierende vortragen und sich das Thema dafür eignet.

Einzelne Vortragende indessen können die Arbeit mit einem **Flipchart** (vgl. **M21**) exzellent bewältigen, schon allein deshalb, weil Ständer und Blocks an allen Universitäten vorzufinden sind. Die jeweiligen Bögen können zuvor erstellt und während der Präsentation hintereinander aufgeblättert werden. Besser ist es jedoch, die Visualisierung beim Vortrag allmählich erblühen zu lassen. Dafür benötigen Vortragende eine gehörige Portion an Chuzpe und so wenig Lampenfieber wie möglich. Außerdem sollten sie dazu in der Lage sein, schnell und gefällig zu zeichnen, was bedeutet, dass Skizzen flott zu Papier zu bringen sind. Das Ergebnis muss nicht perfekt sein, aber so, dass es den Augen der Betrachter:innen schmeichelt. Effektiv einsetzen lässt sich ein Flipchart als additives Stimulans, ebenso für Fragen an das Publikum, die mitten in der Präsentation oder danach gestellt werden, oder für die Sammlung von Diskussionsbeiträgen. Immer ist so groß wie möglich zu schreiben und mit leserlicher Handschrift.

Für die gemeinsame Arbeit an einem Thema eignen sich des Weiteren **Moderationskarten**, die für Beiträge des Publikums ausgeteilt werden. Die sicherlich vielen Dozent:innen aus Teambesprechungen vertraute Moderationsmethode kann so abgewandelt werden, dass sie einer Präsentation adäquat ist. So ergibt sich der Vorteil, dass die Karten nach und nach auf einer passenden Tafel angeordnet werden und somit als Ergebnis sichtbar bleiben.

Im Vergleich dazu ist ein **Poster**[203] oder **Plakat** von vornherein so konzipiert, dass die relevanten Inhalte auf einem DIN-A0-Bogen resümiert werden und dieses Ergebnis ausgehängt wird. Nicht nur, aber definitiv im Rahmen von Tagungen in naturwissenschaftlichen Disziplinen ist es üblich, dass Forscher:innen ihre neu gewonnenen Erkenntnisse auf Postern visualisieren. Ein Poster ist eine „hybride" Art der Präsentation, weil das Produkt der Arbeit analog, es aber nur in sehr seltenen Fällen auf diese Weise, also „händisch", erstellt worden ist. Im Hinblick auf die Konzeption und Fertigstellung von Postern können unterschiedliche Programme genutzt werden, auch PowerPoint. Im Übrigen gilt das, was auch für Folien zu beachten ist: nicht überladen, keine unpassenden Gimmicks, nur zwei bis maximal drei unterschiedliche Schriftgrößen wählen und mit Farben sparsam umgehen.

Mag sein, dass es sinnvoll ist, ein Poster analog zu erstellen, um den damit gebotenen Kreativitätsspielraum auszuschöpfen. Denkbar sind Plakate

203 Vgl. Studierwerkstatt der Universität Bremen: *Wissenschaftliche Poster erstellen – ein kleiner Leitfaden.* https://www.uni-bremen.de (30.05.2023).

mit Palimpsestcharakter: Nach dem Öffnen mancherlei Fenster oder kleiner Klappen[204] an der Oberfläche offenbaren sich weitere Informationen. Es liegt auf der Hand, dass ein solches Pattern hervorragend im Kontext eines Lehramtsstudiums für Grundschulen geeignet ist. Aber es kann sich empfehlen, in anderen Studiengängen mit Überraschungseffekten zu operieren, wofür das nötige Selbstbewusstsein aufgebracht werden muss.

In dieselbe Richtung wie ein analoges Poster mit Fenstern bewegen sich **Leporello** und **Kamishibai**. Leporello, Diener des Lüstlings *Don Giovanni* in Mozarts gleichnamiger Oper, singt in seiner berühmten Register-Arie über die vielen Eroberungen seines Herrn und blättert dabei eine schier unendliche Liste, ein Register, auf, in dem die Namen der Frauen verzeichnet sind und die jeweiligen Länder, in denen Don Giovanni sie „gedatet" hat. Daher stammt der Name Leporello als Bezeichnung für ein langes, in Abschnitte gefaltetes Papier, heutzutage oft ein kleines Fotoalbum. In einer abgewandelten Form lässt sich ein Leporello für die unterschiedlichen Aspekte einer Präsentation verwenden, vielleicht so, dass zu jedem Hauptgliederungspunkt ein Leporello aufgefächert wird. Ein Leporello könnte aber auch zusätzliches Bildmaterial enthalten oder die ausgedruckte PowerPoint-Präsentation im Miniaturformat. Der Fantasie der Präsentierenden sind nur wenig Grenzen gesetzt.

Ein **Kamishibai** ist ein traditionelles Erzähltheater, in dem Erzähler:innen nach und nach die Bilder einer Geschichte enthüllen. Die meisten Kinder von drei bis sechs Jahren lieben es, wenn ein Kamishibai zum Einsatz kommt, sie Spannendes hören und selbst erzählen dürfen. Wenn man sich während einer Präsentation, zumindest außerhalb elementarpädagogischer Settings, eines Kamishibai bedient, ist der Überraschungseffekt sicherlich garantiert. Es lohnt sich allemal, mit dieser Präsentationsform zu experimentieren: Sie kann trockene Theorien verlebendigen und passt uneingeschränkt zu allem, was mit Literatur zu tun hat. Gut geeignet ist sie auch für die Visualisierung naturwissenschaftlicher Zusammenhänge. In einer eher reduzierten Form – mit nur minimal platzierten narrativen Akzenten – kann ein Kamishibai, so wie ein Leporello, sehr gut dabei unterstützen, eine digitale Präsentation zu re-analogisieren.

Erinnert man sich kurz an den Verständlichmacher Nr. 4, die „zusätzlichen Anregungen", dann passen Leporello und Kamishibai aufs vorzüglichste. Außerdem kann es zielführend sein, mit **Requisiten** zu arbeiten, Materialien mitzubringen, die das Publikum staunen lassen. Was für einen Prüfungskontext nur in Ausnahmefällen, grundsätzlich also kaum geeignet sein dürfte, ist es in Präsentationen vor Mitstudierenden dafür umso mehr. Den Bezug

204 Eine gute Inspirationsquelle dafür sind die Bilderbücher aus der Reihe „Wieso? Weshalb? Warum?" aus dem Ravensburger Verlag.

zur Präsentation müssen die Anwesenden herstellen können. Noch besser ist es, wenn sie zu einer Gestaltungsaktion mit den mitgebrachten Requisiten bzw. Materialien eingeladen werden. Wenn man beispielsweise ohnehin über eine Aktion referiert, die mit einer Schulklasse durchgeführt werden kann, z. B. die Herstellung eines H_2O-Molekül-Modells in einer Grundschulklasse, dann ist es ein Leichtes, die dafür benötigten „Zutaten", konkret Styroporkugeln oder Holzkugeln in unterschiedlichen Farben, mitzubringen. Dasselbe gilt für alle anderen Gestaltungsaktionen – Materialien mitbringen und ausprobieren lassen.

Überhaupt ist es angebracht, Präsentationen im Lehrveranstaltungskontext immer als Übungsfeld zu definieren, viele Dinge auszuprobieren, mit unterschiedlichen Materialien zu experimentieren, um damit eine Vielzahl von Effekten zu erzielen. Im Laufe der Zeit entsteht ein Repertoire von Strategien und/oder eine Sammlung von Materialien, auf die man zu einem späteren Zeitpunkt zurückgreifen kann, weil sie sich im Studium bewährt haben und im Unterricht genauso gut ankommen.

Bei der Vorbereitung aller Präsentationen ist zu berücksichtigen, dass alle genutzten Literatur- und Bildquellen – so wie in der Hausarbeit zuvor oder wie man es in einer solchen tun würde – offengelegt werden müssen. Die Angaben befinden sich direkt auf den Folien oder auf einem Handout, Thesenpapier oder anderem Begleitmaterial[205], das für die Präsentation angefertigt wurde (vgl. **M22–M24**).

5.1.3 Der Vortrag

Wie möchte ich vortragen? Diese Frage beantworten die meisten Studierenden identisch. Sie stützen den Vortrag auf Karteikarten, die sie zu jeder Folie und/oder jedem Gliederungspunkt heranziehen. Blätter in DIN-A5 oder einem größeren Format erfüllen denselben Zweck. Bei allen muss die Passung zur Präsentation vorhanden sein.

Das, was man sagen möchte, kann man ganz „old school" handschriftlich auf Karteikarten notieren. So voranzuschreiten ist mnemotechnisch sehr wirksam, weil es leichter ist, sich das Vorzutragende einzuprägen. Ein Nachteil kann im nicht auszuschließenden Konkurrenzverhältnis von Folien und Karteikarten liegen.

Eine gute Alternative besteht darin, mit einer zweiten digitalen Fassung der Präsentation zu arbeiten. Nach dem zweiten Speichern erweitert man die Präsentationsdatei um alles, was man sagen möchte und druckt diese erweiterten Folien auf Karteikarten aus. Bei einer Druckseite mit sechs Foli-

205 Vgl. Downloadmaterialien.

en erhält man DIN-A6-Karteikartenformat. Je nach individueller Präferenz kann es besser sein, die Langversion auf einem Tablet zu speichern und die Präsentation für alle auf einem USB-Stick, einem zweiten Tablet oder einem Laptop parat zu haben.

Nur in Einzelfällen, die man gegenüber sich selbst rechtfertigen kann, sollten die Sätze auf den Karteikarten oder in der zweiten Dateifassung ausformuliert sein. Mit Fließtext steigt das Risiko des Ablesens. Verzichtet man hingegen auf diese Vortragshilfe, weil man gut im Thema steckt, läuft man Gefahr, sich zu verzetteln und auszuschweifen. Es ist ein fortdauernder Balanceakt zwischen den Extremen des statischen, monotonen Ablesens, im schlimmsten Fall ohne Blickkontakt, auf der einen Seite und des allzu freien, lockeren, unverbindlichen und inhaltsleichten Redens auf der anderen Seite. Auswendiglernen ist ebenfalls keine gute Idee. Kurzum: Der gute und dynamische Weg in der Mitte muss eingeübt werden.

5.2 Memoria 2.0

Während des Übens ist es empfehlenswert, alle Folien ein letztes Mal intensiv zu korrigieren, sprachliche Fehler und Ungenauigkeiten auszumerzen und – falls nötig – inhaltliche Änderungen einzufügen (vgl. **M25**).

Das eigentliche Vortragstraining kann in zwei Etappen erfolgen: In der ersten geht man vor wie ein antiker Rhetor, stellt sich, wenn man mag, vor einen Spiegel und kontrolliert, ob man in der Lage ist, mit der Hilfe des gewählten Materials frei zu sprechen, also korrekte Sätze zu konstruieren, ohne diese abzulesen. Zwar ist es, wie man weiß, kontraproduktiv, den gesamten Vortrag auswendig zu lernen, aber es spricht nichts dagegen, sich bestimmte Etappen genau einzuprägen, sich auch die eine oder andere Formulierung oder einen Textbaustein, der im Eifer des Präsentierens Orientierungshilfe zu leisten vermag, im Wortlaut zu merken. Da meistens, vor allem bei Prüfungskolloquien, eine Zeit vorgegeben ist, muss man unbedingt kontrollieren, ob der Vortrag in diese hineinpasst und ggf. das Sprechtempo anpassen.

Der verbale Vortrag und die ihn begleitenden Impulse / Stimuli addieren sich zu „Edutainment", besser und genauer gesagt zu „delectare" und „prodesse". Alle Anwesenden können sich rundum für die Präsentation begeistern und fühlen sich danach im positiven Sinne belehrt. Sie schätzen es, dass sie auf spannende Weise neue Erkenntnisse gewinnen durften. Beim Einüben des Vortrags sollte man die affektive und kognitive Wirkung vor Augen haben, auf verbale, para- und nonverbale Aspekte der Vermittlung achten und im Vorfeld nicht vergessen, falls irgend möglich, den Raum, in dem die Präsentation stattfindet, in Augenschein zu nehmen.

5.2.1 Verbale und paraverbale Aspekte des Vortragens

Alles, was zu den stilistischen Aspekten einer wissenschaftlichen Hausarbeit bemerkt wurde, lässt sich bis zu einem gewissen Punkt auf Präsentationen ausdehnen. Selbstverständlich fällt das „Ich-Tabu“ weg – für einen Vortrag wäre es kontraproduktiv. Schwierig kann es beim Gendern werden, ganz einfach deshalb, weil der Glottisschlag, der sich beim Sprechen von Doppelpunkt oder Sternchen ergibt, mit äußerster Sorgfalt trainiert werden muss. Im mündlichen Sprachgebrauch bedarf es ferner maximaler Konzentration, um Personalpronomen an Gender-Erfordernisse zu adaptieren. Vieles gestaltet sich nicht unkompliziert – aber warum deshalb aufgeben?

Für Beharrlichkeit spricht, dass die Fehlertoleranz im mündlichen Sprachgebrauch höher ist als in der Schriftsprache. Kleine Lapsus sind zu verzeihen, außerdem lässt die dreidimensionale lebendige Performanz spontane Korrekturen zu.

Obwohl Zuhörende bei der Beurteilung von Lieblings- und Füllwörtern gnädiger als Korrigierende sind, muss man gerade beim Vortragen die Frequenz derselben kontrollieren. Die Liste ist lang – auch, sozusagen, tatsächlich, aber usw. – und erweitert sich um spezifisch mündliche Adverbien wie „halt“ („das ist halt gut so“) und um Fülllaute („äh“, „hm“), die nicht mit „sozialem Grunzen“ gleichzusetzen sind. Sie unterlaufen den meisten Menschen beim Sprechen, sind also völlig normal. Allein ihre Häufigkeit ist einzudämmen.

Was aber NIE, absolut NIE auftreten darf, ist das, was man als „Du-Jargon“ titulieren könnte. War man vor einigen Jahren noch erstaunt darüber, dass Moderator:innen bestimmter Radiosender ihre Hörer:innen mit generischem Du ansprachen, so hat sich diese Unsitte inzwischen wie eine Seuche verbreitet, was allen Formen von Social Media (aber nicht nur ihnen) zu verdanken ist. Selbst wenn ein Du pandemisch geworden ist, sollte man es nicht akzeptieren. Es grassiert wider alle Vernunft.

Neben der inhaltlichen Vorbereitung und dem damit einhergehenden Training des Redeflusses, ist es wichtig, Paraverbalia zu beachten – suprasegmentale Eigenschaften der Sprache zwischen Verbalität und Nonverbalität – und die vortragsförderlichen unter ihnen quasi zur zweiten Natur mutieren zu lassen.

Tipps: Grundsätze der Präsentationsvorbereitung auf verbaler und paraverbaler Ebene

- Praktizieren Sie Zwerchfell- bzw. Bauchatmung. Vielleicht haben Sie das beim Singen oder beim Spielen eines Blasinstruments gelernt. Eine wohlgesetzte und angenehm klingende Stimme entsteht nicht in der Lunge, sondern im Bauchraum.
- Seien Sie sich der Lautstärke Ihrer Stimme bewusst. Wenn Sie meinen, zu laut oder zu leise zu sprechen, bitten Sie Personen Ihres Vertrauens um Rückmeldung. Zurücknehmen sollten Sie die Lautstärke aber nur dann, wenn sie von vielen Menschen als unangenehm empfunden wird. Meist ist es eher angezeigt, der Stimme mehr Volumen zu verleihen.
- Hören Sie genau auf die Höhe Ihrer Stimme. Sie korreliert nicht selten mit der Lautstärke. Ein piepsiger Sopran ist leise, wohingegen ein wohltönender Bass naturgemäß laut ist. Mit einem Training der Lautstärke können Sie auch die Stimmhöhe modifizieren.
- Finden Sie heraus, was Ihre spezifische Stimmfarbe ist. Meist wird diese als Kombination verschiedener Eigenschaften aufgefasst. Im Hinblick auf einen Vortrag sollten Sie sich vor allem gewahr sein, ob Sie sprechen können, ohne dabei in irgendeiner Weise eine Hürde zu spüren. Ihre Stimme strömt frei nach außen, sie ist klar und nicht kratzig oder belegt.
- Die Intonation, die Betonung dessen, was Sie sagen, muss mit dem Inhalt konformgehen. Vermeiden Sie unter allen Umständen übertriebene Akzentuierungen. Eine Präsentation im Rahmen einer Prüfung ist keine Werbeveranstaltung. Wenn in Ihrem Vortrag die Inhalte zählen sollen, verzichten Sie ebenso auf suggestive und rhetorische Fragen.
- Behalten Sie Ihr Sprechtempo im Ohr. Zügeln Sie es, falls es an Fahrt aufnimmt. Falls es mit dem langsamen Sprechen nicht so gut klappen sollte, sagen Sie sich, dass zu schnell in 90 % aller Fälle besser ist als zu langsam.
- Rhythmisieren Sie die Sequenzen einer Präsentation. Finden Sie einen guten syntaktischen Rhythmus, einen, der nach den Satzmustern strukturiert ist, in dem Satzzeichen gehört werden, aus denen sich möglicherweise eine Melodie erhebt.
- Gehen Sie selbstbewusst mit Aussprachevarianten um. Stehen Sie zu den Besonderheiten Ihrer Performanz. So wie in anderen Sprachen gibt es auch im Deutschen Aussprachevarianten, die zu einer bestimmten Region gehören oder daher rühren, weil das Deutsche die zweite oder dritte Sprache des:der Sprechers:in ist. Es sind also weder Dialekte noch Soziolekte, sondern schlichtweg Idiosynkrasien.
- Alle Arten von Kaugummi, Bonbons, Dragees oder Tabletten haben in einer Präsentation nichts zu suchen. Sollte Ihre Kehle sehr trocken werden, bitten Sie Ihr Publikum um Entschuldigung, trinken einen Schluck Wasser und machen weiter.

5.2.2 Nonverbales

So abgedroschen es sich auch anhört: Der erste Eindruck vom Erscheinungsbild des:r Präsentierenden und seines:ihres Auftretens ist entscheidend. Manche Menschen sind von einer besonderen Aura umgeben. Betreten sie einen Raum, schlagen sie alle Anwesenden in ihren Bann. Für Präsentationen und Prüfungen kann man sich ein bisschen von diesem Charisma abschauen und einfach so tun, als hätte man es. „Fake it till you make it" - der auch in Deutschland verbreitete Aphorismus hat seine Berechtigung.

Während ein solch charismatisches Auftreten, das ausnahmsweise nicht authentisch sein muss, für Präsentationen im Rahmen einer Lehrveranstaltung ausreicht – es gilt die Devise „come as you are" –, sollte man sich vor Präsentationen im Rahmen von Abschlussprüfungen ins Gedächtnis rufen, dass eine offizielle Veranstaltung, die eine Prüfung nun einmal ist, zwar keinen rigiden Dresscode mehr vorschreibt, formelle oder semi-formelle Kleidung aber von Vorteil sein kann. Es muss nicht unbedingt ein Anzug mit Krawatte bzw. ein Kostüm oder Hosenanzug sein, aber saubere Schuhe und ebensolche Kleidung, neutral und wertig, sind nicht zu hinterfragen. Formalisieren lässt sich das Ganze mit einem Jackett, Blazer oder Cardigan. Ein solches „Outfit" muss nicht teuer sein, sollte aber auch nicht als Fast Fashion identifiziert werden können.

Wenn man sich an diese einfachen Grundsätze hält, kommt man gar nicht in Verlegenheit, über die „Don'ts" nachzudenken.

Tipps: Grundsätze der Vorbereitung auf nonverbaler Ebene

- Sportkleidung oder sogenannte „Loungewear" – all das, worin Sie sich vielleicht an den langen pandemischen Tagen zu Hause wohlgefühlt haben – ist tabuisiert und wenn sie noch so teuer war und mit Wildkatze, Swoosh, drei Streifen oder was auch immer verziert ist.
- Bauchfreie Kleidung ist nicht „einfach so" modern und luftig, sondern ihre Trägerinnen können unangenehme Blicke und leise despektierliche Kommentare auf sich ziehen. Es ist indiskutabel, dass solche Reaktionen und Kommentare immer übergriffig und unrechtmäßig sind. Sie spiegeln die Intoleranz der Reagierenden. Jede:r kann tragen, was er oder sie möchte. Außerdem werden hier keine Inhalte verhandelt, sondern leere Formalitäten. Und dennoch: Die dahintersteckenden, historisch gewachsenen Rituale sind manchen Menschen heilig. Sie zu respektieren ist auch eine Sache der Toleranz. Wenn Sie sich dezidiert von Traditionen distanzieren möchten, ist das völlig in Ordnung, Sie sollten sich nur möglicher Konsequenzen bewusst sein. Provokationen in einer Prüfung oder das, was die Prüfenden so definieren, haben meistens ihren Preis. Sie dürften die Noten-

gebung kaum unmittelbar beeinflussen, für Traditionalist:innen könnten sie allerdings das Zünglein an der Waage sein.

- Eine Prüfung ist weder Konfirmation noch Hochzeit noch Abendveranstaltung, daraus folgt, dass Sie eher nicht auf die Idee kommen sollten, das kleine Schwarze hervorzukramen, selbst dann nicht, wenn es von Chanel stammt.
- Bei großer sommerlicher Hitze könnte ein ärmelloses Etuikleid ohne Jacke darüber akzeptabel sein – nicht jedoch, wenn Sie große Tattoos auf Armen oder Beinen tragen. Die Toleranz gegenüber Körperdekorationen hat in den letzten Jahren zugenommen; als Träger:in von flächigen Tätowierungen sollten Sie sich bei sommerlicher Hitze trotzdem eher für langärmelige als für ärmellose Kleidung entscheiden.
- Tragen Sie keine Flipflops, in denen die Füße patschende Geräusche verursachen. Und wenn sie noch so modern sind: Sie gehören an den Strand oder in den häuslichen Bereich. Wenn Sie offene gegenüber geschlossenen Schuhen bevorzugen, sollte man diesen Modellen ihre Wertigkeit ansehen.
- Bleiben Sie dezent beim Make-up, tragen Sie nicht allzu dick und bunt auf. Smokey Eyes verbieten sich von selbst, wohingegen ein dezentes Tages-Make-up zum positiven Eindruck, den seine Träger:innen vermitteln, beitragen kann.
- Piercings sind, ähnlich wie Tattoos, eine inzwischen akzeptierte Form der nonverbalen Kommunikation. Den Schmuck an Nase, Wangen oder Ohren, vor allem bei Septum und Tunneln, sollten Sie dennoch nur so sichtbar wie nötig und so neutral wie möglich gestalten.
- Warum kleiden Sie sich bei Präsentationen nicht einmal so, dass eine Affinität zu den Inhalten deutlich wird? Kleidung im Besonderen und nonverbale Kommunikation im Allgemeinen können Sie geschickt zum eigenen Vorteil einsetzen. Manche Themen bieten sich dafür gar nicht an, andere dafür umso mehr, was aber nicht bedeutet, dass eine Präsentation zu Themen aus dem Fach Sport in einem Sportoutfit gehalten werden sollte.

Nonverbale Aspekte einer Präsentation und einer Prüfung sind Haltungssache. So wie im Umkreis der professionellen pädagogischen Haltung ist es wichtig, Nähe und Distanz zum Publikum und / oder zu den Prüfenden auszupendeln, ihnen authentisch und wertschätzend gegenüber zu treten und dabei eine Freundlichkeit zu zeigen, die gleichwohl auf Distanz bleibt.

5.2.3 Der Raum

Selbst die am besten und am glänzendsten vorbereitete Präsentation kann sich selbst torpedieren, wenn die Technik nicht mitspielt. Wenn es irgendwie zu bewerkstelligen ist, soll man den Raum, in dem die Präsentation stattfindet, sondieren und ausprobieren, ob alles so läuft wie zu Hause: Passt der USB-Stick in das Digital Board? Das ist meistens unproblematisch, aber: Kann ich mein iPad mit einem Android-System koppeln oder umgekehrt Android mit iOS? Welche Programmversionen laufen auf dem Digital Board oder generell dem System, mit dem man arbeiten wird? Sind sie kompatibel?

Alles, was nicht auf Anhieb oder spätestens nach ein bis zwei Minuten klappt oder zu beheben ist, wirft ein äußerst schlechtes Licht auf die Präsentierenden. Das war sogar in den Anfangszeiten der Beamer so, als oft mit den Tücken der Technik gerechnet werden musste.

Wenn alle Hürden aus dem Weg geräumt sind und offenbar keinerlei Unbilden mehr lauern, ist drei weiteren Punkten Beachtung zu schenken:

1. Niemals sollte man auf der Basis des Smartphones präsentieren. Bei Bachelorkolloquien würde bestimmt niemand auf diese Idee kommen, wohl aber bei Präsentationen auf Lehrveranstaltungsebene. Folien, die von einem Handy aus gezeigt werden, erscheinen meistens kleiner als reguläre PowerPoint-Folien, oben und unten haben sie zudem schwarze Balken. Wenn man das beheben kann, ist es kein Problem, aber falls nicht, ist es ein grober Fehler.
2. Es ist besser, sich nicht vom WLAN abhängig zu machen und die Folien so zu gestalten, dass Videos und ggf. anderes audiovisuelles Material direkt in der Präsentation geöffnet werden kann, ohne dafür einen Hyperlink zu bemühen.
3. Glücklicherweise kommt das selten vor, aber es ist nicht auszuschließen: der Strom ist weg. An einer gut ausgestatteten Universität nimmt wohl übergangslos ein Notstromaggregat seinen Dienst auf, aber was, wenn es das nicht tut? Für diesen Fall hat man mit ausgedruckten Folien Vorsorge getroffen. Diese lassen sich an eine Pinnwand heften oder sogar auf Tischen ausbreiten, so dass der:die Präsentierende gelassen von Folie zu Folie gehen und diese erläutern kann.

5.3 Pronuntiatio und Actio

Es verwundert nicht, dass sich die letzte und eigentliche Etappe der Rede wegen ihrer individuellen Vielfalt über lange Strecken hinweg der theoretischen Fixierung entzog. Später „wird *pronuntiatio* für den stimmlichen Vortrag reserviert, *actio* für die Körperberedsamkeit und externe Inszenierung der Rede gebraucht“[206] und dem Vortrag insgesamt insofern eine immen-

206 Ueding / Steinbrink, op. cit., S. 231.

se Bedeutung beigemessen, als ihm die Aufgabe zukommt, „die Wirklichkeit des selbstverständlich auch charakterlich ‚guten' Redners darzustellen [...] und zu verhindern, daß diese Wirklichkeit hinter einem verfehlten Vortrag verschwindet"[207]. Der Redner trägt ein großes Verantwortungspaket auf seinen Schultern, denn er vermittelt nicht nur Inhalte, sondern demonstriert mit seiner Vortragsweise, wie ein „richtiges" und „wahres" Leben[208] aussehen sollte. Er avanciert zum ethisch-moralischen Vorbild und kann damit, überspitzt formuliert, ein Modell für jede Lehrtätigkeit liefern, auch noch im 21. Jahrhundert.

5.3.1 Non- und paraverbale Aspekte während des Vortrags selbst

Die Grundhaltung residiert auch hier in den Komponenten Authentizität, Kongruenz und Wertschätzung. Nie gab es so viele Möglichkeiten wie heute, zu beobachten, ob die Haltung stimmt oder nicht – z. B. auf YouTube-Videos.

Hüten sollte man sich vor jedweder Artifizialität, die sich auf leisem Fuße oft einschleicht, wenn man es so richtig gut machen möchte und wirklich extrem viel geübt hat. Nur das „Fake-Charisma" ist hier ausgenommen.

Authentizität und Kongruenz „toppen" alles andere. Zum Authentischen zählen Nervosität und / oder Lampenfieber, das man, so Markus Reiter, ganz produktiv als „Eustress" nutzen könne, wenn es nicht ausarte. Über „leichtes Lampenfieber" solle man erfreut sein, denn das ausgeschüttete Adrenalin steigere die Aufmerksamkeit so, dass man während des Präsentierens davon profitiere. Ähnliches gelte für „mittelschweres Lampenfieber", das im Gegensatz zur leichten Variante in den ersten Minuten des Vortrags bestehen bleibe, dann aber meist verschwinde, nachdem man einen guten Einstieg, Hilfe dafür böten z. B. die ersten Sätze auf Karteikarten, gefunden habe. „Schweres Lampenfieber" hingegen sei ein „Ausdruck von Versagensangst"[209], die im Extremfall therapeutisch begleitet werden müsse.

Im Verlauf der Prüfung ergibt es Sinn, einige wenige körpersprachliche Regeln zu beachten, ohne sich dabei zu verstellen. Ein Prinzip, das man sehr oft hört, ist, dass man keine geschlossene Körperhaltung einnehmen, Beine oder Arme nicht überkreuzen dürfe, weil dies als Errichten einer Barriere missdeutet werden könne. Wenn es einem selbst aber entspricht, die Arme zu verschränken, dann wirkt das echter und natürlicher, als die Hände zu einer „Merkel-Raute" zu stilisieren. Locker verschränkte Arme sind nicht mit verknoteten Armen identisch, die meist von einer eher verbissenen Miene begleitet werden.

---

207 Ebd.

208 Vgl. ebd.

209 M. Reiter, op. cit., S. 57.

Für den Einstieg in die Präsentation sei es förderlich, eine „ideale Körperhaltung“ einzunehmen: Nach oben solle man sich aufrichten und nach unten einen stabilen Bodenkontakt wahren und dabei das Körpergewicht „gleichmäßig auf den Füßen“[210] verteilen.

Des Weiteren: Vor allem im Oberkörper sollten Sie eine Spannung halten. Lassen Sie also die Schultern nicht fallen und den Körper im Bauchbereich nicht einknicken. Nicht wackeln! Die Füße stehen schulterbreit nebeneinander. Die Arme hängen seitlich herab. Aus dieser Ausgangsposition haben Sie alle Möglichkeiten. Sie können sich nach vorne auf das Publikum zubewegen. Sie können sich mit dem Oberkörper zur Seite wenden, um auf eine PowerPoint-Projektion zu weisen. Sie können die Hände für Gesten einsetzen.[211]

Wenn man jedoch die ganze Präsentation über in dieser idealen Körperhaltung feststecke, wirke man „wie ein trauriger Baumstumpf im Wald“[212]. Ein bisschen Bewegung ist also angesagt, ohne hektische Gesten, nur so, dass man damit Dynamik ausstrahlt und die Inhalte der Präsentation nonverbal pointiert.

Beim Prüfungskolloquium danach darf man sich meistens hinsetzen, aber nicht „hinlümmeln“. Die Beine sind geschlossen zu halten, „Manspreading“ ist unter allen Umständen zu vermeiden. Es wird niemandem verwehrt, ab und an einen Schluck zu trinken, auch kurz innezuhalten, um durchzuatmen. Bei großer Nervosität vor und während der Diskussion und des Kolloquiums, ggf. schon vorher, kann es hilfreich sein, einen Gegenstand, z. B. einen Stift oder eine Fernbedienung, in die Hand zu nehmen. Wenn der Kontakt zu einem Objekt intensiver sein muss, kann man einen Igelball mitbringen. Die Prüfer:innen werden dafür Verständnis haben.

5.3.2 Diskussion und / oder Kolloquium

Eine Diskussion im bloßen Lehrveranstaltungskontext lässt sich insofern lenken, als man immer, auch dann, wenn es nicht explizit als Erwartungshorizont formuliert ist, Fragen mitbringen sollte, um die Diskussion anzuregen. Mit intensiver Lektüre zum Thema und um dieses herum, mit einer guten Kenntnis der Themen, die zuvor präsentiert wurden und dem eigenen Thema nah sind, lässt sich das locker angehen.

Etwas diffiziler kann sich die Vorbereitung eines Bachelor- oder Masterkolloquiums gestalten, das in seinem zweiten Teil mit einer mündlichen Prüfung ohne vorausgehende Präsentation zu vergleichen ist. Es gilt in nuce, im

210 Ebd., S. 61.
211 Vgl. ebd., S. 60.
212 Vgl. ebd., S. 61.

Kern, das, was zu mündlichen Prüfungen gesagt wurde. Unbedingt anzuraten ist eine Breitbandvorbereitung.

Das Fachgespräch nach einer Bachelor- oder Masterpräsentation, das eigentliche Verteidigen einer Arbeit, kann sich auf den vorgestellten thematischen Radius beziehen, muss es aber nicht. Dies ist an verschiedene Voraussetzungen geknüpft, unter anderem an die Art und Weise, wie die Prüfenden sich vorbereitet haben. Falls sie sich nicht oder kaum auf das Kolloquium eingestimmt haben, fragen sie nur zu dem, was sie gehört haben und erinnern sich nicht mehr an das, was sie im Vorfeld mehr oder weniger intensiv im Hinblick auf die Begutachtung der Arbeit gelesen haben. Bei guter Vorbereitung der Prüfenden ist mit breitgefächerten Fragen zu rechnen – auch und vor allem dann, wenn die Prüfenden selbst gut im Thema bewandert sind.

Sind sie es nicht, kann es vorkommen, dass sie von einem bestimmten Detail im Vortrag getriggert werden, dass sie exakt „darauf abfahren" und eine Frage stellen, die sich vom eigentlich Intendierten meilenweit entfernt. In einer solchen Situation ist es ein probates Mittel, die Frage zu wiederholen oder wiederholen zu lassen, um Zeit zu schinden und vielleicht darauf hinzuweisen, dass die Frage in eine interessante Richtung weise. Gleichzeitig muss man umschwenken, eine Pirouette hin zu einem anderen Kontext vollführen und der Frage einen anderen Twist geben – am besten so, dass es niemand bemerkt. Dieses Umdisponieren funktioniert nur unter der Voraussetzung, dass man wirklich Bescheid weiß, dass man sich mit dem Thema nahezu identifiziert und es motiviert sowie engagiert bearbeitet hat.

Je besser die Vorbereitung, desto intensiver die Präsentations- und Prüfungs-Power. Nichtsdestoweniger kann es bei allerbesten Voraussetzungen einmal stocken.

5.3.3 Wenn es einmal stockt

Wie man mit einem stockenden Prüfungsgeschehen und im schlimmsten Fall mit einem Blackout umgeht, ist eine Frage der persönlichen Voraussetzung. Da kaum allgemeine Regeln dafür aufzustellen sind, dienen nur wenige Bemerkungen der Orientierung:

Tipps: Umgang mit Lücken im Prüfungsgeschehen

- Seien Sie glänzend vorbereitet. Es geht nichts über diese Art von „Lücken-Prophylaxe". Wenn das Prüfungsgeschehen trotzdem stockt, bleibt es meist beim einmaligen Ereignis. Wie intensiv dies bei der Beurteilung zu Buche schlägt, hängt zum einen von der Bedeutsamkeit der Frage ab, zum anderen aber davon, ob der Rest der Prüfung flüssig war oder nicht. Dasselbe gilt für das Ende einer bis dahin bravourös gelaufenen Prüfung.
- Sollten Sie das Pech haben, dass sich die Prüfung gleich zu Beginn oder nach Phasen, die schon problematisch waren, dahinschleppt, wiederholen Sie entweder die Frage selbst oder bitten den:die Prüfer:in, dies zu tun. Dieser kleine Aufschub kann Wunder wirken.
- Ehrlichkeit ist manchmal ein Trumpf: Bekennen Sie sich zum Nichtwissen und bitten um eine neue Frage.

Zentral ist bei einem solchen Geschehen immer die inhaltliche Relevanz des Erfragten. Eine schlechtere Note muss man dann erwarten, wenn man bei Kernbereichen des Themas versagt.

Worst-Case-Szenarien sind ein echtes Blackout und / oder ein emotionaler Ausbruch. Bei beidem ist es am besten, um eine Pause zu bitten. Fünf Minuten Aufschub können bereits aus der Patsche helfen.

Mit einer guten Vorbereitung und dem Wissen, wie man mit kleineren Hürden und Leerstellen umgeht und diese vielleicht trotz aller Aufregung als prickelnde „Challenge" sehen kann, wird alles vorzüglich über die Bühne gehen.

Manch eine:r sieht Praktika, überhaupt das folgende praktische Agieren vor einer Klasse, als größere Herausforderung an als jedes Prüfungsgeschehen.

6 Praktika

Alle, die mit dem Gedanken spielen, ein Lehramtsstudium aufzunehmen und sich mit der Struktur des jeweiligen Studiengangs auseinandersetzen, erfahren schnell, wann Praktika anstehen. Wie die Ausführungen im ersten Kapitel gezeigt haben, erwarten einige Universitäten, dass vor der Aufnahme eines Studiums im Hinblick auf das Lehramt an Grundschulen oder an Haupt- und Realschulen (oder spätestens in den ersten Semesterferien) ein Orientierungspraktikum erfolgt. Hinzu kommen in diesen Studiengängen jeweils zwei Praktika in den Semesterferien. Ähnlich ist es für das Lehramt an Förderschulen.

Während Praktika für das Lehramt an Berufsschulen unterschiedlich ausgeführt werden, es praktische Studien während der Semesterferien sein können oder ein Praxissemester, ist für die meisten Studiengänge im Hinblick auf das Lehramt an Gymnasien ein Praxissemester vorgeschrieben.

Schulpraktische Studien in den Semesterferien und Praxissemester unterliegen einer engmaschigen Begleitung seitens der Hochschule – Dozent:innen, die Vor- und Nachbereitungsveranstaltungen durchführen, bei Problemen als Ansprechpartner:innen für die Praktikant:innen zur Verfügung stehen und sie ein- bis zweimal an der Schule besuchen, um sich vor Ort von der Qualität des Praktikums zu überzeugen.

Die folgenden kursorischen Bemerkungen sind mit ihren ersten beiden Punkten vor allem für Orientierungspraktika geeignet, weil die (zukünftigen) Studierenden sich ohne initiale Begleitung zurechtfinden müssen. Im Mittelpunkt stehen Prämissen für die Arbeit mit Kindern und Jugendlichen, die Dimension Unterricht wird nur bedingt mitgedacht. Die sich daran anschließenden Abschnitte (6.3 und 6.4) tragen vermutlich noch mehr Eulen nach Athen, weil die Vor- und Nachbereitung eines Praktikums im Studium das aufgeworfene Themenspektrum abdecken dürfte, sowohl die Grundlagen als auch das Hospitieren und Unterrichten. Dennoch bleiben diese beiden Punkte nicht unberücksichtigt.

6.1 Von der Bewerbung bis zum ersten Tag

In den meisten Fällen lässt sich ein Orientierungspraktikum durch ein FSJ, ein freiwilliges soziales Jahr, ersetzen. Jugendliche, die sich nach dem Abitur dafür entscheiden, können sich unter anderem auf der Website des Bundesfreiwilligendienstes informieren, sich um dort ausgeschriebene Stellen bewerben und sich einer guten Unterstützung gewiss sein. Ähnliches gilt für Praktika im Studium selbst, vorwiegend dann, wenn die jeweilige Universität Schulen als Kooperationspartner:innen für ihre Lehramtsstudierenden gewinnen konnte.

Eher auf sich allein gestellt ist man bei der freien Suche nach Stellen für ein erstes Praktikum. Da dieses in Einrichtungen der Kinder- und Jugendhilfe absolviert werden soll, eröffnet sich eine breite Palette an Möglichkeiten – angefangen von einer Kinderkrippe bis hin zu stationären Wohngruppen für Jugendliche. Es können Praktika an einer Ganztagsschule sein, in Horten oder auch an Förderschulen. Abgesehen davon, dass der Zufall oft bei der Auswahl mitspielt oder das berühmte „Vitamin B" – man kennt jemanden, der in einer solchen Einrichtung angestellt ist und erhält über sie oder ihn eine Stelle –, ist es anzuraten, im Orientierungspraktikum, falls möglich, mit der Zielgruppe des folgenden Lehramtsstudiums zu arbeiten. Für angehende Grundschullehrer:innen ergibt es Sinn, neben Grundschule oder Hort, in Kindertageseinrichtungen zu gehen, um strukturelle sowie institutionelle Bedingungen einerseits und andererseits Kinder kurz vor Schuleintritt kennenzulernen, eventuell auch in einer „Jahrgangsstufe 0" tätig zu werden, die in vielen Landkreisen für Kinder ab fünf Jahren angeboten wird.

Vor einem Studium im Hinblick auf das Lehramt an Haupt- und Realschulen hingegen ist es alles andere als verkehrt, sich mit Kindern in der zweiten Hälfte der mittleren Kindheit (ab ca. 10 Jahren) und jungen Menschen in der Adoleszenz (ab 13 Jahren) auseinanderzusetzen. Offene Kinder- und Jugendarbeit könnte in Frage kommen, Jugendarbeit in einer kommunalen oder kirchlichen Gemeinde, zusätzlich stationäre Wohngruppen oder Einrichtungen der Kinder- und Jugendpsychiatrie, selbstredend unter der Voraussetzung, dass die jeweiligen Verantwortlichen Praktikant:innen akzeptieren.

Nachdem man sich über mögliche Praxisstellen informiert hat, sind Bewerbungen zu schreiben. In den meisten Fällen dürften dies Initiativbewerbungen sein, mit denen man nicht auf eine ausgeschriebene Stelle reagiert. Auch wenn man „nur" ein Praktikum machen möchte: Man muss alle Anforderungen erfüllen, die für jede andere Bewerbung gelten. Es wäre z. B. schon ein grober Fehler, wenn man das Anschreiben an „Sehr geehrte Damen und Herren" richten würde, sich also vorab nicht nach den Namen der jeweiligen Ansprechpartner:innen erkundigt hätte.

Wenn die Stelle für ein längeres Praktikum oder ein FSJ gefunden wurde, empfiehlt es sich, einen Tag oder wenigstens ein paar Stunden in der Einrichtung zu hospitieren, einfach anwesend zu sein und zu schauen, wie es ist, wenn sie sich im „vollen Betrieb" befindet. Sollte das nicht den eigenen Vorstellungen entsprechen, ist es noch Zeit, höflich abzusagen und sich Plan B zuzuwenden.

Vor dem eigentlichen ersten Tag ist es völlig normal, nervös zu sein und sich in bunten Farben auszumalen, was die folgenden Wochen und ggf. Monate bringen werden. So wie Kinder vor dem Schuleintritt oder dem Wechsel von einer Schulform in die folgende, durchläuft man schließlich eine Transition – das Alte ist vergangen und das Neue hat noch nicht begonnen. In diesem Zwischenstadium wabern die Unsicherheiten empor.

Ob der Beginn eines Praktikums organisiert ist und strukturiert abläuft, ist von Einrichtung zu Einrichtung verschieden. Mit etwas Glück wird man von dem:r jeweiligen Anleiter:in in Empfang genommen und der oder den Gruppe/n, mit denen man zu tun haben wird, vorgestellt. Eine andere Möglichkeit wäre ein kurzes Treffen mit der Einrichtungsleitung, die die Vorstellung übernimmt und Gelegenheit für Fragen einräumt.

Jede Einrichtung besitzt eine Konzeption, aus der die Leitlinien der pädagogisch-didaktischen Arbeit mit der jeweiligen Klientel hervorgehen. Damit müssen sich auch Praktikant:innen vertraut machen.

Tipp: Organisatorisches am ersten Praktikumstag  **M26**

- Neben den regulären Aufgaben, mit denen Sie sich am ersten Tag vertraut machen müssen, sollten Sie einige organisatorische Dinge erledigen:
- Stellen Sie sich der Einrichtungsleitung vor, falls diese Sie nicht begrüßt hat.
- Fragen Sie nach der Konzeption der Einrichtung, aus der die Leitlinien der pädagogisch-didaktischen Arbeit mit der jeweiligen Klientel hervorgehen. Setzen Sie sich damit auseinander.
- Bringen Sie einen Aushang mit Foto und knappen biografischen Informationen mit, damit Eltern und Erziehungsberechtigte, auch Kolleg:innen, die man nicht ständig sieht, wissen, wer der:die neue Praktikant:in ist. Heften Sie Ihr Blatt an einen Ort, wo es gut sichtbar ist.
- Erkundigen Sie sich zum Dienstplan, darüber hinaus zu den Regelungen bei Teambesprechungen, ggf. Elternabenden oder Supervisionen. Manche Einrichtungen lassen dabei die Teilnahme von Praktikant:innen zu, andere verwehren es ihnen strikt.
- Klären Sie unbedingt, gerade bei Orientierungspraktika, wer bei Krankheit oder Verspätungen zu benachrichtigen ist. Wenn das Praktikum von der Universität aus organisiert wird, sind Verhinderungsfälle meist mitbedacht.

Insbesondere für Praktikant:innen, die es während ihrer Schulzeit nicht ganz so genau mit der Anwesenheit oder der Pünktlichkeit genommen haben, ist es ab dem ersten Praktikumstag wichtig, sich klarzumachen, dass man nur bei Krankheit und nicht verschiebbaren offiziellen Terminen fehlen darf. Ein pünktlicher Dienstbeginn ist selbstverständlich und es ist von

Vorteil, sich an die Anweisungen der Praxisanleitung zu halten. Renitenzpotenzial beweisen und rebellieren darf man dann, wenn Anweisungen absurd erscheinen, zu Befehlen ausarten oder von Kolleg:innen rühren, die nicht weisungsbefugt sind.

In knapper Form: Weder darf man sich auf dem Praktikant:innenstatus ausruhen noch diesen von anderen ausnutzen lassen.

6.2 Praktikant:in, Zielgruppe und Team – die primären Handlungsebenen

Unabhängig davon, in welchem Arbeits- und/oder Tätigkeitsfeld das Praktikum genau stattfindet – Arbeit mit Kindern bis zehn Jahren, Offene Kinder- und Jugendarbeit, Schule, Hort oder Hilfen zur Erziehung –, es kommen in jedem Feld voneinander zu unterscheidende und gleichermaßen interagierende Handlungsebenen ins Spiel. Im Wesentlichen sind dies die Zielgruppe, also Kinder und/oder Jugendliche, Eltern und Erziehungsberechtigte, das Team, der Träger, mögliche Kooperationspartner:innen und der Sozialraum der Einrichtung mit seiner Infrastruktur. Als Handlungsebene benennen lässt sich des Weiteren der:die Praktikant:in selbst insofern, als das Praktikum in seiner Gesamtheit der Entfaltung und Entwicklung der eigenen Kompetenzen dient. Mittler:innen zwischen allen Ebenen sind die jeweiligen Praxisanleiter:innen, als Handlungsebene am Team partizipierend. Ein Praktikum steht und fällt mit ihnen, weil sie die ersten Ansprechpartner:innen für alle Belange der Praktikant:innen sind. In regelmäßig terminierten Anleitungsgesprächen reflektieren beide Seiten vergangene Situationen und skizzieren gemeinsam die weiteren Schritte und Entwicklungsperspektiven für die pädagogische Praxis.

Wie gut Praktikant:innen die Arbeit mit der Zielgruppe gelingt, ist eine Frage des Kontakt- und Beziehungsaufbaus. Bei allen Kindern und Jugendlichen ist zu Beginn eine abwartende, leicht zögerliche Haltung anzuraten, die besser zu Introvertierten als zu Extrovertierten passt. Wenn man sich in Geduld übt, kann man die Signale des jeweiligen Gegenübers feinfühlig wahrnehmen und darauf eingehen. Im Kontakt zur Klientel fließen Akzeptanz, Empathie und Kongruenz in einer authentischen Haltung zusammen, in der Nähe und Distanz ausbalanciert werden müssen.

Von besonderer Bedeutung ist dies außerhalb des schulischen Kontexts. Während eines Praktikums in Einrichtungen der Kinder- und Jugendhilfe läuft der Kontakt zur Zielgruppe weniger formell ab. Es können nebenbei Gespräche stattfinden, die Kinder oder Jugendliche als Versuch einer privaten Kontaktaufnahme missdeuten.

Es gilt unterschiedslos für alle Einrichtungen und alle Altersgruppen, dass als Erstes Distanz angesagt ist, aus der heraus sich das Quantum an Nähe ergibt. In dieser Haltung darf man sich nicht verunsichern lassen – nicht vom Duzen, das bei Kindern bis ca. sechs Jahren der noch ganz regulär ablaufenden Sprachentwicklung zu schulden ist, bei Kindern ab ca. sieben jedoch oft mit mangelnder Erziehung und mangelnder Sprachkenntnis zu tun hat, genauso wenig von Äußerungen wie „Guck mal, der macht bei uns Praktikum, sieht ja selbst noch wie ein Schüler aus", die bei Jugendlichen an der Tagesordnung sind. Solche Dinge kann man wahlweise ignorieren oder souverän darüber hinweglächeln. Bei direkten Fragen sollte man aus der Sachebene heraus reagieren und dann, wenn man in einen guten Arbeitsmodus gekommen ist, sowohl das Duzen als auch andere despektierliche Äußerungen aus der erlangten Autorität, aber aus autoritativem Gestus heraus, ansprechen.

Eine Grundregel sollte bei jeder Arbeit mit Kindern und Jugendlichen walten: alle pädagogischen Fachkräfte, d. h. Sozialpädagog:innen, Erzieher:innen und Lehrer:innen, gehen so demokratisch und so partizipativ vor, wie es die Umstände zulassen. Sie respektieren jedes Kind und jede:n Jugendliche:n in seiner:ihrer Individualität und berücksichtigen die einander konträren Eckpfeiler Bindung und Exploration. Aus dem Balanceakt von Nähe und Distanz heraus unterbreiten sie ein Bindungs- und Beziehungsangebot, das genug Raum zum Ausprobieren und Explorieren lässt.

Die ersten Tage eines Praktikums können sehr anstrengend und aufreibend sein, weil es nicht immer einfach ist, der neuen Rolle als Lehrperson bzw. – in Einrichtungen ohne Unterricht – pädagogischer Fachkraft im Praktikum gerecht zu werden. Im Gegensatz zur eigenen Schulzeit ist man nun aus der Gruppe emporgehoben, ragt – je nach Altersgruppe der Klientel – physisch hervor, muss sich als *primus inter pares* darüber bewusst sein, dass man ein Modell ist, nach dem sich Kinder und Jugendliche richten sollen. Schon Praktikant:innen sollten ein „Fels in der Brandung" alltäglicher Widernisse sein, mit denen viele Minderjährige zu kämpfen haben. Ist man sich einmal der neuen Rolle innegeworden und funktioniert das Paradoxon einer Nahbarkeit auf Distanz, dann sollte man die Chance ergreifen, mit Kindern und Jugendlichen tiefergehend ins Gespräch zu kommen, um mehr über ihre Lebenswelten zu erfahren. Für die Weiterführung des Praktikums und das Studium kann man davon nur profitieren.

Während die Ebenen Eltern und Erziehungsberechtigte, Träger, Kooperationspartner:innen und Sozialraum als solcher während eines Praktikums nur bedingt als Handlungsebenen relevant sind, sind am täglichen Tun immer Kolleg:innen beteiligt. Ob alle gegenüber Praktikant:innen weisungsbefugt sind, steht möglicherweise als Frage im Raum, wenn in Einrichtungen der Kinder- und Jugendhilfe auch unliebsame Haushaltsaufgaben zu erfüllen sind, die Arbeitsabläufe an der einen oder anderen Stelle einmal ins Schlingern geraten und Praktikant:innen aufgefordert werden, in die Bresche zu springen. Bei einem einmaligen Vorkommnis ist man gut beraten, das Ganze hinzunehmen und nicht weiter zu thematisieren. Ein Ausnahmefall ist definitiv zu verzeihen, wenn im regulären Fall jede:r einmal das tut, worauf niemand Lust hat. Fühlen sich Praktikant:innen ausgenutzt, haben sie den Eindruck, dass Mitglieder des Teams Aufgaben auf sie abwälzen, dann sollten sie eine offizielle Beschwerde einlegen oder sich in jedem Fall eine andere Stelle suchen.

Dasselbe trifft auf Situationen zu, in denen Praktikant:innen zu viel Verantwortung übertragen wird. Ob Praktikant:innen mit einer Klasse oder einer Gruppe von minderjährigen Kindern allein sein dürfen, ist gesetzlich nicht im Detail geregelt, sondern geht in manchen Fällen aus einem Ausbildungs- oder Praktikumsvertrag hervor. Einige Minuten mit einer Gruppe allein zu sein, dürfte immer einen unproblematischen Ausnahmefall darstellen. Lässt eine Lehrperson aber die Klasse eine ganze Unterrichtsstunde mit einem:r Praktikanten:in allein, verletzt sie ihre Aufsichtspflicht.

Unter- oder überfordernde Aufgaben, die nicht zur eigentlichen Ausbildung bzw. zum Studium gehören, schleichen sich oft im Verlauf des Praktikums in das Tätigkeitsspektrum ein. In der ersten Woche gestehen die meisten Einrichtungen ihren Praktikant:innen so etwas wie „Welpenschutz“ zu. In diese Phase sollten Praktikant:innen breitgefächerte Beobachtungen legen und am besten all das notieren, was ihnen auffällt. Die Ordnung nach bestimmten Kriterien kann man in einem zweiten Schritt selbst vornehmen oder sie an vordefinierten Parametern in Beobachtungsbögen ausrichten.

6.3 Hospitieren

Die eigentliche pädagogische Arbeit beginnt mit Beobachtung. Von frühpädagogischen Settings bis hin zur Erwachsenenbildung formiert sie den ersten Schritt in jedem didaktischen Planungskreislauf (vgl. **M27**).

Ohne Vorgaben im Hintergrund, ohne Prüfung, wissenschaftliche Hausarbeit oder Studie, für die Daten gesammelt werden sollen, ist man frei, ein eigenes System zu entwickeln, ein solides Verständnis von Didaktik und dem berühmten „didaktischen Dreieck“ vorausgesetzt (s. Abb. 14).

Das aus Ruth Cohns „Ich-Wir-Es-Globe-Modell“ hervorgehende Dreieck, auf dem eine Vielzahl differenzierter didaktischer Modelle gründen, verdeutlicht auf seinen Kanten die beiden Hauptdimensionen von Unterricht: eine „inhaltsbezogene“, „didaktisch-methodische“ und eine „interaktionell-soziale“, also auf Beziehungen beruhende Dimension. Fachwissen, methodische

Vermittlung und Beziehung durchdringen sich, spiegeln Kompetenzen wider und aktivieren diese gleichermaßen in der Performanz guten Unterrichts. Und exakt dieser lässt sich mit gezielten Fragestellungen beobachten.

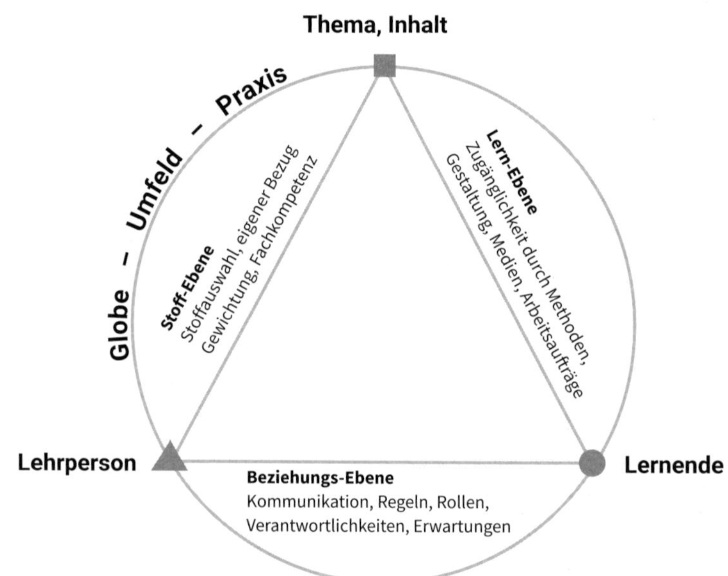

Abb. 14: Didaktisches Dreieck (https://studlib.de), 30.05.2023.

Ansetzen kann die Beobachtung ebenso mit „Globe", der Atmosphäre, in der sich Unterricht entfaltet, in erster Linie sehr konkret mit dem Raum, in dem ein Lernprozess vonstattengehen soll – mit der Rolle des Raums als „dritter Erzieher", so wie ihn Loris Malaguzzi in seiner Reggiopädagogik definiert. In frühpädagogischen Settings sind Räume und ihre Gestaltung konstitutiv für Bildungsprozesse. Obwohl sich ihre Relevanz danach schmälert, dürfen sie nicht vernachlässigt werden.

Nach der eher frei orientierten Beobachtung ist es anzuraten, den Fokus auf bestimmte Aspekte des Unterrichts zu legen und dabei einen „forschenden Habitus" zu entwickeln. So lassen sich Beobachtungen zum einen für die Vorbereitung und Durchführung des eigenen Unterrichts nutzen und zum anderen eventuell als Basis für eine wissenschaftliche Hausarbeit, die im Lauf des Studiums anzufertigen ist. Der weite Panoramablick des Anfangs ist zugunsten von Details einzuengen.

Auf allen drei Kanten verorten lassen sich didaktische Prinzipien, deren Kenntnis für Beobachtungen ebenfalls zielführend ist. Obwohl sie in der einschlägigen Fachliteratur nicht immer gleich benannt werden, manchmal auch schlichtweg Unterrichtsprinzipien heißen, lassen sich diese, bereits im frühpädagogischen Bereich wirksamen, Maximen weitestgehend reduzieren auf Anschaulichkeit, Lebensnähe, Partizipation, Altersadäquatheit, Autonomie / Selbsttätigkeit, Zielklarheit, Strukturierung, Neutralität und Vorurteilsbewusstheit. Sie überschneiden sich wiederum teilweise mit den ebenso fachübergreifenden Querschnittsaufgaben, die jedoch stärker von einer Altersstufe zur nächsten differieren: sprachliche Bildung, Medienerziehung, Inklusion und Interkulturalität, Geschlechter- und Gendergerechtigkeit, BNE (Bildung für nachhaltige Entwicklung), politisches Bewusstsein bzw. politische Bildung.

Oft schwingen didaktische Prinzipien und Querschnittsaufgaben eher im Untergrund mit, als subliminale Faktoren, die mitunter vernachlässigt werden, deren Tragweite sich aber umso deutlicher zeigt, wenn gegen sie verstoßen wird. Es ist unbedingt zu empfehlen, dafür besonders feine Antennen zu entwickeln und sei es, um an „negativen Modellen“ zu lernen und selbst zu einem späteren Zeitpunkt besser vorzugehen.

Lehrpersonen, die autoritär vor eine Gruppe treten, verstoßen gegen das Prinzip der Partizipation, andere, die eher mit einem Laissez-faire-Stil unterwegs sind, kurbeln De- und Fehlorganisation an, leisten Chaos Vorschub und missachten möglicherweise Altersadäquatheit. Da Kinder sich noch nicht strukturieren können, muss ebenso immer Klarheit in den Zielen des Unterrichts herrschen. Die ideale Lösung residiert in einem autoritativen Unterricht, der sich aus den didaktischen Prinzipien speist, Querschnittsaufgaben integriert und eine Vielfalt an Methoden zulässt. Das darf phasenweise ein frontaler und direktiver Unterricht sein. Genauso kommen Gruppenarbeitsphasen vor, in denen doch einmal Laissez-faire dominieren kann. Die gute Mischung macht es – Ausschläge zu den Extremen sind zu verzeihen.

Nicht zu verzeihen sind despektierliche Äußerungen und / oder Berührungen o. Ä., mit denen eine Lehrperson ihre Macht ausspielt – ein Verhalten, das in Adultismus, Rassismus oder Klassismus gipfeln kann. Nicht nur in Kindertagesstätten, auch noch in Grundschulen ist Adultismus ein großes Thema. Rassismus kann neben seiner direkten Variante in mancherlei Subtilitäten daherkommen, z. B. an das krause Haar einer POC (Person of Colour) fassen, fragen, woher und warum sie denn so gut Deutsch sprechen könne und vieles mehr. Zum Klassismus zählen die Vorbehalte gegenüber den Chantals und Kevins dieser Welt – mit anderen Worten: der Satz vor dem Gedankenstrich ist es auch.

Selbst wenn sich viele Vorurteile, deren man sich bewusst ist, in der Praxis bestätigen, rechtfertigt dies in keiner Weise verbale oder andere Übergriffigkeiten. Alle Fach- und Lehrkräfte, die professionell mit Kindern und Jugendlichen arbeiten, haben bedingungslose Neutralität zu wahren und müssen ihrem Schutzauftrag nachkommen. Praktikant:innen sind gehalten, zu registrieren, ob Ideal und Realität in dieser Hinsicht konform gehen. Abgründe, die sich auftun, fordern Praktikant:innen zu selbstbewusstem Einschreiten auf – spätestens nach der Beobachtung.

Generell bleibt die Beurteilung des Beobachteten während der Beobachtung selbst irrelevant. Würde man das Ergebnis als solches in einen Fließtext integrieren, dann hätte dieser den Anspruch, so neutral und wertfrei wie eine wissenschaftliche Ausarbeitung zu sein. Dass Ideal und Realität hier auseinanderklaffen, ist die Regel, weil eine Beobachtung immer durch das beobachtende Subjekt und dessen Perspektive geprägt ist, also allein aus diesem Grund nur bedingt objektiv sein kann. Dabei fällt es kaum ins Gewicht, ob die Beobachtung durch spezifische Fragen gelenkt wurde oder ob sie eine freie war. Fakt ist indessen, dass sie immer die erste Station in einem didaktischen Kreislauf bildet:

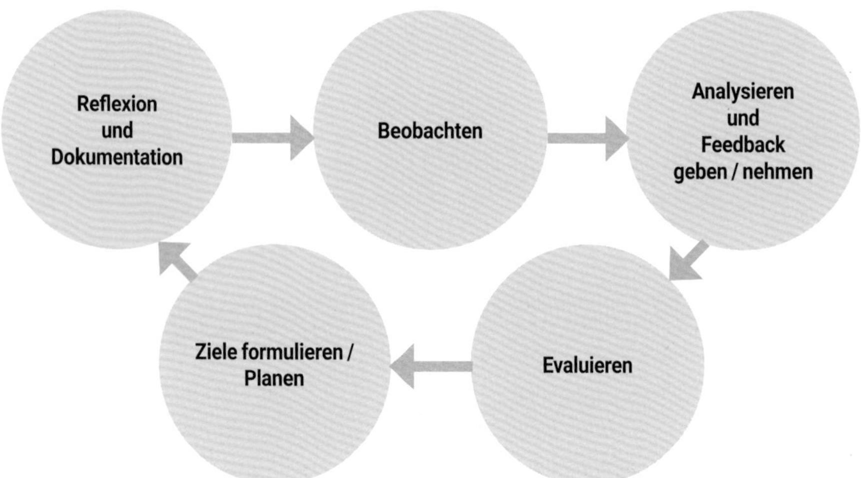

Abb. 15: Didaktischer Kreislauf

Gibbs' bekannter „Reflective Cycle“ tritt hier in reduzierter und modifizierter Fassung auf. Das aus dem Unterricht gewonnene Material, aus dem eigenen oder dem einer anderen Person, wird im Folgeschritt einer genauen Analyse unterworfen. In einem Praktikum sollte damit immer ein Feedback verknüpft sein, des:der Praktikanten:in an die ausgebildete Lehrperson nach der Hospitation und – sehr viel differenzierter – der Lehrperson an den:die Praktikanten:in nach den ersten Unterrichtsversuchen. Zum Ablauf der Analyse gehört es, das Empirische der Situation, in diesem Fall das im Unterricht Beobachtete, mit Fachwissen anzureichern und zu vertiefen, bevor sich eine

Evaluation anschließt, eine Bewertung, die durchaus emotional akzentuiert sein darf. Auf dieser Grundlage erfolgen Planung, Reflexion und Dokumentation – Schritte, die eventuell zusammengefasst werden können, bevor neuer Unterricht stattfindet und der Kreislauf von vorn beginnt. Auch wenn man noch so sorgfältig vorgeht, ist es nicht zu verhindern, dass sich die Schritte überschneiden und verwischen. Dem Ziel des Ganzen, überlegtes didaktisches Handeln, steht dies nicht im Weg.

Das Stadium der Analyse, nachdem Praktikant:innen den Unterricht beobachtet haben, verlangt nach Anleiter:innen, die sich gern das Feedback von Anfänger:innen anhören und davon für die Bestätigung und/oder Weiterentwicklung der eigenen Kompetenz profitieren können. Egal an wen das Feedback adressiert ist: Um Wirksamkeit entfalten zu können, muss es ehrlich sein. Aufrichtigkeit schließt Fingerspitzengefühl nicht aus, das man vor allem beim Feedback an Kommiliton:innen beweisen sollte, mit denen man das Praktikum gemeinsam absolviert.

6.4 Unterrichten

Im Verlauf eines Orientierungspraktikums, sollte es überhaupt an einer Schule stattfinden, erreicht man diesen „krönenden Abschluss“ der Praxisphase eher selten. Je mehr Lehrer:innen fehlen, desto wahrscheinlicher wird er jedoch.

Der erste eigene Unterricht ist häufig ein Prüfstein für die Berufswahl. Spätestens nach den ersten Beobachtungen ist jedem:r klargeworden, dass Unterrichten immer mit einem komplexen und differenzierten Planungsgeschehen einhergeht, das in den Ferien vor dem Beginn eines neuen Schuljahres einsetzt: Im ersten Schritt macht man sich mit dem Curriculum eines Faches vertraut und verschafft sich einen Überblick über die Lehr- und Lerninhalte, bevor zu überlegen ist, wie der Stoff auf ein Halbjahr oder ggf. das gesamte Schuljahr verteilt wird. Im Zuge der Planung zerfällt dieser in immer kleinere Einheiten: Seine thematischen Abschnitte werden auf Wochen und Tage, schließlich auf einzelne Unterrichtsstunden[213] parzelliert. Zudem sollten Lernkontrollen und/oder Klassenarbeiten bzw. Klausuren terminiert werden.

Sollten Themen zu vermitteln sein, bei denen man selbst das Gefühl hat, in irgendeiner Weise Lücken zu haben, führt kein Weg daran vorbei, diese zu schließen. Kennt man die Lehr- und Lerninhalte, recherchiert man zu aktuellen Publikationen und ggf. neuen Erkenntnissen.

[213] Vgl. dazu Böhmann / Schäfer-Munro, op. cit., S. 68 f.

Ein Praktikum setzt normalerweise dort an, wo die grobe Planung in die Organisation einzelner Stunden übergeht. Praktikant:innen übernehmen meist eine Unterrichtsstunde oder eine kleinere thematische Einheit von mehreren Stunden hintereinander. Wie variationsreich und/oder innovativ sie mit der eigenen Planung sein dürfen, hängt von den Variablen im didaktischen Dreieck ab, von der Vorstrukturierung des Stoffes und in erster Linie von der Klasse.

Hat man sich einmal mit allen Planungskomponenten auseinandergesetzt, kann ein genauer Unterrichtsentwurf konzipiert werden. Zwar darf man getrost davon ausgehen, dass die wenigsten Lehrer:innen nach ihrem zweiten Staatsexamen für jede Stunde einen differenzierten Entwurf schreiben, was selbst bei allerbestem Zeitmanagement schlechterdings nicht gelingen könnte, aber für die ersten eigenen Stunden ist ein Plan sehr hilfreich. Genaue Entwürfe sind die heilige Kuh für alle Unterrichtsbesuche im Rahmen des Referendariats. Es schadet also nicht, ihre Anfertigung so früh wie möglich zu üben. Nach dem Zweiten Staatsexamen bleibt die Vorbereitung nicht minder wichtig, aber die Art und Weise, wie diese geschieht und mit welcher Unterrichtsskizze man vorgeht, darf man getrost selbst steuern.

Es gibt kein Patentrezept für Unterrichtsentwürfe[214], wohl aber einige Eckpfeiler als grobe Gliederungspunkte (vgl. **M28**):

1. Die **Bedingungsanalyse** nähert sich dem Unterrichtsgeschehen von außen und umfasst alles, was den Sozialraum betrifft, dazu die institutionellen Bedingungen, die Klassengröße sowie die Lernvoraussetzungen bei den einzelnen Schülern. Sie klärt, ob die Gruppe heterogen oder eher homogen ist, liefert eine Art Bestandsaufnahme zu den Lernenden und ihrem Umfeld.
2. Die **Sachanalyse** richtet den Blick auf das Fach oder die Fächer, auf den Stoff in seiner Gesamtheit und das Thema, das im Mittelpunkt des Unterrichts stehen wird. Umfang und Tiefe richten sich nach Schulform und Fach. Stoffbereiche grundschulischer Bildung, alle Kulturtechniken etwa, oder gesicherte naturwissenschaftliche Erkenntnisse in höheren Klassen benötigen weniger Raum als beispielsweise neue Texte im Deutsch- oder Fremdsprachenunterricht, die noch nicht in Lehrbüchern verankert sind.
3. Die **didaktische Analyse** fokussiert die Auswahl des Stoffes: Welche Inhalte genau aus dem Themenbereich stehen in der Unterrichtsstunde im Zentrum? Welche Lernziele und/oder welche Kompetenzen sollen Schüler:innen in der Stunde erlangen?
4. Lernziele lassen sich gemeinhin aufdröseln in nach absteigendem Abstraktionsniveau geordnete Richt-, Grob- und Feinziele. Richt- und Grobziele figurieren oft im Rahmen der didaktischen Analyse, wohingegen Feinziele meist in die Verlaufsplanung eingefügt werden.

[214] Vgl. dazu die vorzüglichen Ausführungen in ebd., S. 67 ff.

5. Die **methodische Analyse** bezieht sich auf das Lehrer:innenhandeln. Ist frontaler Unterricht geplant oder sollen interaktionelle Methoden zum Zug kommen? Wie sieht es mit Stillarbeitsphasen aus? Neben den Arbeitsformen wird der Medieneinsatz erläutert. Womit genau lernen die Schüler:innen, z. B. Buch, Heft, Stift, Digital Board, PC oder Tablet?
6. Die **Stundenverlaufsplanung** demonstriert, wie sich die zuvor aufgeführten Aspekte in lebendige Performanz übersetzen lassen. Stringent und akribisch ist die Stunde in ihre Phasen zu zerlegen. In die Makrogliederung Einleitung, Hauptteil und Schluss sind genaue Zeitangaben und Feinziele mit motivationalen Akzentuierungen integriert, darüber hinaus Bemerkungen zu einem prägnanten Beginn und einem ebensolchen Schluss. In der Phase, die diesem vorhergeht, muss die jeweilige Sicherung der Unterrichtsergebnisse bedacht werden.

Ein Unterrichtsentwurf ist zwar keine wissenschaftliche Arbeit, aber ein Literaturverzeichnis und in vielen Fällen ein Anhang gehören dazu. In diesem versammeln sich unter anderem all jene Texte, die nicht im Lehrbuch abgedruckt sind oder weitere Informationen, die sich nicht ganz so bequem im Internet oder anderswo auffinden lassen.

Auf der Basis eines guten Unterrichtsentwurfs können sich Praktikant:innen testen, ob der eigene Unterricht klappt. Da es sehr wahrscheinlich ist, dass er nicht nach Rezept läuft, ist es gut, einen Plan B in der Tasche zu haben. Vielleicht können sich aber manche Anfänger:innen auch voll und ganz auf ihre situative Spontaneität verlassen.

In authentischen, kongruenten und wertschätzenden Anleitungsgesprächen erhalten Praktikant:innen im günstigsten Fall ein ehrliches Feedback. Sollte dies nicht ganz so positiv ausfallen, ist es angezeigt, diese Kritik erhobenen Hauptes zu akzeptieren. In den weitaus meisten Fällen werden Praktikant:innen mit ein bisschen Stolz feststellen, dass es „ganz gut gelaufen ist", sie an der einen oder anderen Stelle nachjustieren werden, aber die zukünftige Lehrer:innenlaufbahn nicht anzuzweifeln brauchen.

Lehramtsstudierende sollten sich in ihrem ersten Praktikum genug Zeit geben, um sich auszuprobieren, sich in professioneller pädagogischer Haltung zu üben und zu überprüfen, inwieweit sie bereits vorhandene Kompetenzen in die Performanz des Unterrichtens einfließen lassen können. In Begleitung ihrer Tutor:innen schöpfen sie im Idealfall den Möglichkeitsraum des Hospitierens und bedingt des Unterrichtens aus. Sie scheuen nicht davor zurück, ihre Berufswahl zu überdenken, wenn sich ein allzu tiefer Graben auftut zwischen dem, was sie sich vorgestellt haben, und dem, was sie als Wirklichkeit vorfinden.

Literatur

Albrecht, H. (2017): *„Durchatmen, und los geht's".* Die Zeit 38 (2017). https://www.zeit.de/2017/38 (30.05.2023).

Anhang I für den Studienanteil Allgemeine Grundschulpädagogik (2018). Uni Report vom 17. April 2018. https://www.uni-frankfurt.de/73606591/SPOL_L1_AGD_2018_04_17.pdf (30.05.2023).

Anhang II für den Studienanteil Bildungswissenschaften (2018). Uni-Report Goethe-Universität Frankfurt am Main vom 19. September 2018. https://www.uni-frankfurt.de/73844488/BW_PO_2018.pdf (30.05.2023).

Apastyle. https://apastyle.org (30.05.2023).

Averhoff, C.et al. (2019): *Pädagogisches Handeln professionalisieren.* Hamburg: Handwerk und Technik.

Beispiele für Service Learning an der Universität Kassel. https://www.uni-kassel.de (30.05.2023).

Black Voices (2022): *War das jetzt rassistisch? 22 Anti-Rassismus-Tipps für den Alltag.* Graz: Leykam.

Bloom, B. S. (1956): *Taxonomy of Educational Objectives. The Classification of Educational Goals.* London: Longmans. https://eclass.uoa.gr/modules/document/file.php (30.05.2023)

Boeglin, M. (2012): *Wissenschaftlich arbeiten Schritt für Schritt. Gelassen und effektiv studieren.* München: Fink (UTB), 2. Aufl.

Bohl, T. (2018): *Wissenschaftliches Arbeiten im Studium der Erziehungs- und Bildungswissenschaften. Arbeitsprozesse, Referate, Hausarbeiten, mündliche Prüfungen und mehr …* Weinheim / Basel: Beltz, 4. Aufl.

Böhmann, M. / Schäfer-Munro, R. (2008): *Kursbuch Schulpraktikum. Unterrichtspraxis und didaktisches Grundwissen.* Weinheim / Basel: Beltz. 2. Aufl.

Bourdieu, P. (1987): *Die feinen Unterschiede. Kritik der gesellschaftlichen Urteilskraft.* Frankfurt/M.: Suhrkamp.

Böttger, H. (2023): *Neurodidaktik des frühen Sprachenlernens. Wo die Sprache zuhause ist.* Bad Heilbrunn: Klinkhardt. 2. Aufl. (UTB)

Burchard, A. (2009): *Kevin ist kein Name, sondern eine Diagnose.* Zeit online. https://www.zeit.de/wissen (30.05.2023).

Doran, G. T. (1981): *There's a S.M.A.R.T Way to Write Management Goals and Objectives.* Management Review, 70, S. 35 – 36.

Draksal, M. (2017): *Mentale Prüfungsvorbereitung. Prüfungen so erfolgreich meistern wie Olympiasieger.* Leipzig: Draksal Fachverlag.

Durach, F. (2023): *„Schwerwiegende" Mängel: Plagiatsjäger werden bei Habeck-Vertrautem Graichen wohl erneut fündig.* https://www.merkur.de (30.05.2023).

Esselborn-Krumbiegel, H. (2021): *Richtig wissenschaftlich schreiben.* Paderborn: Schöningh (UTB). 6. Aufl.

Feidel, M. (2018/2022): *Was ist ein Plagiat?/Definition, Konsequenzen und Vermeidung.* https://www.mentorium.de (30.05.2023).

Feldman Barrett, L. (2020): *Seven and a Half Lessons About the Brain.* London: Picador.

Felten, M. (2020): *Unterricht ist Beziehungssache.* Stuttgart: Reclam.

Felten, Michael (2023): *„Schwierige" Schüler. Wer sie versteht, kann ihnen helfen.* Stuttgart: Reclam.

Filkas, R. M. (2018): *Adjektive in festen Wortgruppen groß oder klein?* https://ronaldfilkas.de (30.05.2023).

Finger, F. (2023): *Frei und selbstbestimmt? Von wegen. Adultismus in der Kita.* Kindergarten heute 4, S. 10 – 14.

Fleck, T. (2023): *Prüfungsrechtliche Fragen zu ChatGPT.* https://www.rz.uni-wuerzburg.de (30.05.2023).

Folta-Schoofs, K. / B. Ostermann, B. (2019): *Neurodidaktik. Grundlagen für Studium und Praxis.* Stuttgart: Kohlhammer.

Frank, G. / Storch, M. (2021): *Die Mañana-Kompetenz. Wer Pausen macht, hat mehr vom Leben.* München: Piper.

Friedrichs, B. (2017): *Erinnerung schafft Identität. Schritte der Plakatgestaltung.* Klasse leiten 1, S. 23 – 37.

Frischknecht, U. R. (2016): *Dynamic Learning: Wir behalten 90 % von dem, was wir selber tun?* https://www.nlp.ch (30.05.2023).

Fünfzehn Punkte gegen den Lehrkräftemangel. https://www.gew.de/15-punkte-gegen-lehrkraeftemangel (30.05.2023).

Gasser, P. (2010): *Gehirngerecht lernen. Eine Lernanleitung auf neuropsychologischer Grundlage.* Bern: hep.

Goethe, J. W. v. (1790/1977): *Faust. Eine Tragödie. Erster und zweiter Teil.* München: dtv.

Gora, S. / Hinderer, M. (2021): *Leitfaden Sprechen in der Schule.* Hannover: Friedrich Verlag.

Guttmann, D.: *Zeitmanagement: Methoden kennen und richtig einsetzen!* https://lernkarten.de (30.05.2023).

Hadad, N. (2023): *Reporterin lässt Bachelorarbeit von ChatGPT schreiben.* https://www.focus.de (30.05.2023).

Haluk Yumurtaci, H. u. a. (2023): *Anti-Rassismus für Lehrkräfte. Handlung reflektieren. Sensibilität schaffen. Diskriminierung vorbeugen.* Mülheim: Verlag an der Ruhr.

Haraway, D. (1985/2016): *A Cyborg Manifsto. Science, Technology, and Socialist-Feminism in the Late Twentieth Century.* https://warwick.ac.uk/ (30.05.2023).

Hatlapatka, G. (o. D.): *„Was ist guter Unterricht?“ Qualitätsprinzipien im Rahmen der Lehrerausbildung an der Universität Augsburg.* https://www.km-bayern.de (30.05.2023).

Heidenberger, B.: *Die optimale (mentale) Prüfungsvorbereitung – 18 Tipps.* https://www.zeitblueten.com (30.05.2023).

Herrmann, U. (2020): *Neurodidaktik. Grundlagen für eine Neuropsychologie des Lernens.* Weinheim / Basel: Beltz. 3. Aufl.

Höcker, A. et al. (2022): *Prokrastination – Extremes Aufschieben.* Göttingen: Hogrefe.

https://werde-lehrer-in-hessen.de (30.05.2023).

https://www.ardmediathek.de/video/puls-reportage/bachelorarbeit-in-drei-tagen-mit-chatgpt/br (30.05.2023).

Hüttmann, A. (2018): *Erfolgreiche Präsentationen mit PowerPoint. Mit wertvollen Tipps und Tricks.* Wiesbaden: Springer Gabler.

Kitz, V. / Tusch, M. (2011): *Psycho? Logisch! Nützliche Erkenntnisse der Alltagspsychologie.* München: Heyne. 6. Aufl.

Klippert, H. (1994): *Methodentraining. Übungsbausteine für den Unterricht.* Weinheim / Basel: Beltz, 13. Aufl. 2002.

Kompetenzmodell. www.sinustransfer.de (30.05.2023).

Kühtz, S. (2016): *Wissenschaftlich formulieren. Tipps und Textbausteine für Studium und Schule.* Paderborn: Schöningh (UTB). 4. Aufl.

Kunkel-Razum, K. u. a. (2018): *Warum es nicht egal ist, wie wir schreiben.* Berlin: Duden.

Langer, I. / Schulz von Thun, F. / Tausch, R. (2011): *Sich verständlich ausdrücken.* München / Basel: Ernst Reinhardt. 9. Aufl.

Lehmann, G. / Nieke, W. (2001): *Zum Kompetenzmodell.* https://www.sinus-uni.bayreuth.de (30.05.2023).

Lehramt an beruflichen Schulen. https://www.uni-giessen.de (30.05.2023)

Lehramt an Förderschulen. https://www.uni-frankfurt.de (30.05.2023).

Lehramt an Grundschulen. https://www.uni-frankfurt.de (30.05.2023).

Lehramt an Gymnasien. https://www.uni-frankfurt.de (30.05.2023).

Lehramt an Haupt- und Realschulen. https://www.uni-frankfurt.de (30.05.2023).

Medienwerkstatt. https://www.lehrerfortbildung-bw.de (30.05.2023).

Mennel, V. (2017): *Satzzeichen retten Leben.* https://www.veronikamennel.at (19.05.2023).

Mini-Ohrhörer. Jede Prüfung bestehen ohne zu lernen (2017). https://www.lehrerfreund.de (30.05.2023)

Modul. Elektronik. https://www.wissen.de (30.05.2023).

Niedostadek, A. (2018): *Vernetzt lernen – Die Cluster-Methode.* https://wissenschaftsthurm.de (30.05.2023).

Ogette, T. (2020): *Exit Racism. Rassismuskritisch denken lernen.* Münster: UNRAST. 8. Aufl.

Olderdissen, C: (2021): *Genderleicht. Wie Sprache für alle elegant gelingt.* Berlin: Duden.

Operatorenkatalog für die schriftliche Abiturprüfung im Fach Deutsch in Baden-Württemberg. https://www.deutsch-gymnasium.de (30.05.2023).

Otto, J.: *Die Lücken im Lehrerzimmer bedrohen das ganze Land.* In: Die Zeit 41 (2022), S. 35.

Passig, K./S. Lobo, S. (2008): *Dinge geregelt kriegen – ohne einen Funken Selbstdisziplin.* Berlin: Rowohlt.

PERLE – Potenziale entdecken & Leadership entwickeln. 2016–2018. https://www.uni-trier.de (30.05.2023).

Pusch, L. F. (1991): *Das Deutsche als Männersprache. Diagnose und Therapievorschläge.* Dies.: Das Deutsche als Männersprache. Aufsätze und Glossen zur feministischen Linguistik. Frankfurt/M.: Suhrkamp, S. 46–68.

Reich, K. (Hg.) (2007): *Clustering. Methodenpool.* methodenpool.uni-koeln.de (30.05.2023).

Reiter, M. (2012): *Studieren mit Erfolg: Perfekt präsentieren.* Stuttgart: Schäffer Poeschel.

Rico, G. (2020): *Garantiert kreativ schreiben lernen. Writing the Natural Way – mit der Assoziativen Methode neue Ideen entwickeln und die eigene Stimme finden.* Berlin: Autorenhausverlag.

Rieck, C. (2023): *Schummeln/Schreiben! Mit ChatGPT. Texte verfassen mit künstlicher Intelligenz für Schule, Uni und Beruf.* München: YES.

Rogers, C. R. (1983): *Therapeut und Klient. Grundlagen der Gesprächspsychotherapie.* Frankfurt/M.: Fischer.

Sawatzki, D. (Hg.)/Thiel, D. (2013): *Wissenschaftliches Schreiben. Das Praxisbuch zur Förderung von Schlüsselqualifikationen und Soft Skills.* Donauwörth: Auer.

Schäfer, A. (2018): *Immer alles sofort.* Psychologie heute 12, S. 34–37.

Schaper, N. et al. (2012): *Fachgutachten zur Kompetenzorientierung in Studium und Lehre.* https://www.researchgate.net (30.05.2023), S. 12 ff.

Schmidt, A. (2001): *„Flickenteppich aus Plagiaten". Giffey soll sogar bei Masterarbeit abgeschrieben haben.* https://www.merkur.de (30.05.2023).

Schneider, W. (2004): *Deutsch fürs Leben. Was die Schule zu lehren vergaß.* Hamburg: rororo, 13. Aufl.

Schneider, W. (2012): *Kleine Stilkunde.* https://static.uni-graz.at/fileadmin/_Persoenliche_Webseite/parncutt_richard/Pdfs/WieSiebesserschreiben.pdf (30.05.2023).

Schneider, W: (2009): *Gewönne doch der Konjunktiv!: Sprachwitz in 66 Lektionen.* Reinbek: rororo, 3. Aufl.

Schönberger, B. (2017): *„Konzentrieren Sie sich!".* Psychologie heute 6, S. 19–22.

Screencasts. https://www.studiumdigitale.uni-frankfurt.de (30.05.2023).

Shakespeare, W. (ca. 1603): *The Tragedy of Hamlet, Prince of Denmark.* hamlet.pdf (w3.org), (18.04.2023).

Sick, B. (2004): *Der Dativ ist dem Genitiv sein Tod. Ein Wegweiser durch den Irrgarten der deutschen Sprache.* Köln: Kiepenheuer & Witsch.

Sick, B. (2011): *Wie gut ist Ihr Deutsch?. Der große Test.* Köln: Kiepenheuer & Witsch.

Solis, T. (2023): *ChatGPT für deine Hausarbeit, Bachelorarbeit und mehr nutzen.* https://www.scribbr.de (30.05.2023).

Stangl, W. (2023): *Vorzieheritis.Präkrastination.* https://lexikon.stangl.eu (30.05.2023).

Stangl, W.: *Lernmotive und Lernmotivation.* https://arbeitsblaetter.stangl-taller.at (30.05.2023).

Studienakkreditierungsverordnung (StakV) (2019). Gesetz- und Verordnungsblatt für das Land Hessen. Nr. 15. 9. August 2019. https://www.akkreditierungsrat.de (30.05.2023).

Studierwerkstatt der Universität Bremen: Wissenschaftliche Poster erstellen – ein kleiner Leitfaden. https://www.uni-bremen.de (30.05.2023).

Überblick über einige Prüfungsformen. https://www.uni-wuerzburg.de (30.05.2023).

Ueding, G. / Steinbrink, B. (1994): *Grundriss der Rhetorik. Geschichte – Technik – Methode.* Stuttgart / Weimar: Metzler, 3. Aufl.

Vester, F. (1975): *Denken, Lernen, Vergessen. Was geht in unserem Kopf vor, wie lernt das Gehirn, und wann läßt es uns im Stich?* München: dtv. 27. Aufl. 2000.

Volk, B. (2020): *Ordnung von Lernzielen.* P. Tremp & B. Eugster (Hg.) (2020): *Klassiker der Hochschuldidaktik? Kartografie einer Landschaft.* Heidelberg: Springer, S. 219 – 233.

Volk, B. (2020): *Zusammenfassung des Beitrags: Ordnung von Lernzielen – Ordnung des Wissens. Die Bedeutung der Taxonomie von Bloom für die Wissenschaftlichkeit und Praxis der Hochschuldidaktik.* https://www.Ordnung von Lernzielen SpringerLink (30.05.2023).

Was ist ein Modul? Was ist eine Lehrveranstaltung? https://www.tu-darmstadt.de (30.05.2023).

Watzlawick, P. et al. (1969): *Menschliche Kommunikation. Formen. Störungen. Paradoxien.* Bern: Huber. 10. Aufl. 2000, S. 50 –71.

Welche Schularten gibt es?. https://bildung.sueddeutsche.de (30.05.2023).

Wenisch, M. u. a. (26.03.2023): *Debatte um Jogginghosen-Verbot. So stehen Schulen in Hessen zum „Schlabber-Look“.* https://www.fuldaerzeitung.de (30.05.2023).

Wirtschaftspädagogik (Bachelor). https://www.uni-kassel.de (30.05.2023).

Woodworth, R. S: (1918): *Dynamic Psychology.* New York: Columbia University Press. https://www.ttu_fap001_000003.pdf (tdl.org) (30.05.2023).

Wörthmüller, A. (2022): *Motivation.* https://www.Psychologie:Motivation-Psychologie-Gesellschaft-PlanetWissen(planet-wissen).de (30.05.2023).

Übersicht über die Downloadmaterialien

Kapitel 1

Material-Nr.	Bezeichnung
M1	Checkliste: Lehramtsstudium, passt das zu mir?
M2	Checkliste: Interaktion mit Schüler:innen und Kolleg:innen
M3	Checkliste: Teamarbeit
M4	Checkliste: Aufgaben des Lehrberufs
M5	Checklisten: Welche Schulform passt zu mir?

Kapitel 2

Material-Nr.	Bezeichnung
M6	Checkliste zur E-Mail-Kommunikation mit Lehrenden
M7	E-Mails – vier Beispiele
M8	Eisenhower im Studienalltag – ein Planungsbeispiel
M9	Smarte Ziele – Beispiele
M10	Die ALPEN-Methode im Studienalltag – ein Planungsbeispiel

Kapitel 3

Material-Nr.	Bezeichnung
M11	Kleine Checkliste zur inhaltlichen Prüfungsvorbereitung
M12	Clustern – ein einfaches Beispiel
M13	Kleine Checkliste zur mentalen Prüfungsvorbereitung

Kapitel 4

Material-Nr.	Bezeichnung
M14	Das Thema für eine Hausarbeit finden und eingrenzen
M15	Gliederung und Inhaltsverzeichnis einer Hausarbeit – ein Muster
M16	Gut schreiben – in aller Kürze
M17	Beliebte Fehler – eine Übersicht in Stichpunkten
M18	Rechtschreibung, Grammatik, Ausdruck – Übungsmöglichkeiten
M19	Das Deckblatt einer Hausarbeit – ein Beispiel
M20	Die Eigenständigkeitserklärung – ein Beispiel

Kapitel 5

Material-Nr.	Bezeichnung
M21	Flipcharts erstellen
M22	Handouts – Merkblatt und ein „Meta-Handout“
M23	Thesenpapier – Merkblatt
M24	Thesenpapier – Beispiel
M25	Knappe Tipps zum Präsentieren

Kapitel 6

Material-Nr.	Bezeichnung
M26	Checkliste für den Beginn des Praktikums
M27	Unterricht beobachten – Beispielbogen
M28	Unterrichtsentwurf – ein Beispiel

Unter **www.friedrich-verlag.de** finden Sie Materialien zum Buch als Download.
Bitte geben Sie den achtstelligen Download-Code in das Suchfeld ein.

DOWNLOAD-CODE: d31744me

Hinweis:

Das Download-Material enthält Arbeitsblätter, Checklisten und Materialien, die Sie beim „richtig Studieren" unterstützen und / oder Ihnen vertiefende Hintergrundinformationen liefern.

Durch den Kauf dieses Buches (ISBN 978-3-7727-1744-4) haben Sie das Recht erworben, das ergänzende Download-Material in Ihren derzeitigen und zukünftigen Lerngruppen und Klassen einzusetzen und zu vervielfältigen. So können Sie etwa einzelne Seiten ausdrucken und verteilen oder mit Beamer oder Whiteboard verwenden.

Was Sie **nicht** dürfen:

- Das Download-Material oder Teile davon an Kolleginnen und Kollegen weitergeben.
- Das Download-Material oder Teile davon in Netzwerke einstellen, wie etwa Schulserver oder Cloud-Systeme, sodass Kolleginnen und Kollegen darauf Zugriff erhalten.
- Die Lizenzinformation und Quellenhinweise auf dem Downloadmaterial entfernen.
- Bei einer Bibliotheksausleihe des Buches das Download-Material herunterladen.

Bitte tragen Sie im Sinne dieser Lizenz dazu bei, dass wir weiterhin digitales Ergänzungsmaterial für Lehrerinnen und Lehrer bereitstellen können. Der Verlag behält sich dabei vor, auch gegen urheberrechtliche Verstöße vorzugehen.

Unsere Autorinnen und Autoren sowie der Verlag wünschen Ihnen viel Erfolg bei der Nutzung der Materialien!

Haben Sie Fragen zum Download? Dann wenden Sie sich bitte an den Leserservice der Friedrich Verlags GmbH. Schreiben Sie uns oder rufen Sie uns an!

Sie erreichen unseren Leserservice
Montag bis Donnerstag von 8–18 Uhr
Freitag von 8–14 Uhr
Tel.: 0511/40004-150
Fax: 0511/40004-170
E-Mail: *leserservice@friedrich-verlag.de*

Wir freuen uns über Ihre Rückmeldung und helfen Ihnen gerne weiter!